本書の構成

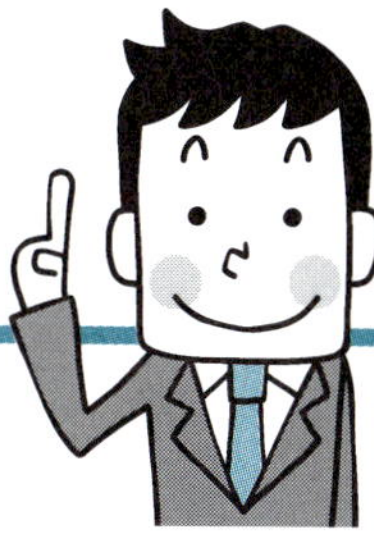

巻頭特集

消費税申告にかかわる疑問や、課税事業者になったときの1年間のスケジュール、申告方法の選択などを解説します。本書の導入ページです。

まずはここから！

パート1

取引をしっかり区別！

消費税の基本はこれでOK

消費税の確定申告をするには、まず消費税の基本知識が欠かせません。最低限知っておくべき消費税のしくみを解説します。

消費税の基本がわかります！

パート2

事業者のための実践知識

知っておきたいインボイス制度

本書の読者の多くはインボイス発行事業者でしょう。さまざまな特例や軽減措置など、内容をしっかりつかんでおかなければなりません。

インボイス制度のポイントがわかります！

パート3

消費税の確定申告

申告方法ごとの手順を完全マスター

いよいよ、1年に一度の消費税の確定申告を行います。その計算方法や記入の手順について理解しておきましょう。

消費税の確定申告のしかたがわかります！

読み方のヒント

- それぞれのパートは、必ずしも最初からすべて読む必要はありません。疑問が生じたときに、目次やさくいんなどから該当項目を読んでもよいでしょう。
- 申告方法の選択によっては、特に気にしなくてもよい項目もあります。目次には一般課税、簡易課税、2割特例に関する内容を示すマークをつけました。必要な項目を確認できます。

「個人事業者・フリーランスの消費税申告」目次

巻頭特集

項目の上についたマークは、
一が一般課税向け、
簡が簡易課税向け、
2が2割特例向け
であることを
示しています。

パート1
取引をしっかり区別！
消費税の基本はこれでOK

パート2 事業者のための実践知識 知っておきたいインボイス制度

パート3

消費税の確定申告

申告方法ごとの手順を完全マスター

巻末特集

注・本書は令和6年10月現在の情報に基づき作成しています。
ご利用の際はご自身で必ず最新情報をご確認ください。

巻頭特集

4つの「わからない」に答えます

消費税の確定申告をしっかり行うには、さまざまな知識が必要です。
基本的な疑問から、その道すじを探っていきましょう。

1 そもそも消費税がわかりません

消費税の帳簿つけや申告の計算は、会計ソフトにまかせていて、課税／非課税取引の区別や軽減税率の扱いなどはあやふやです。

事業によっても必要な知識は異なり、すべてを知る必要はありません。

会計ソフトの最初の設定だけでは、間違いがないかどうかなどのチェックができません。区別があいまいだと税金の額にも影響します。最低限自分の事業に必要な知識は、持っておく必要があります。

▶パート１「消費税の基本はこれでOK」へ

2 インボイス制度がやっぱりわかりません

インボイス制度が始まりましたが、インボイスの確認や保存のしかたなど、いまひとつよくわかっていません。

自分に必要な知識を重点的に把握しましょう。

インボイス制度には、特例や軽減措置も多くややわかりにくいところもあります。事業内容や申告方法の選択で、気にしなくてもよい内容もあります。こうした知識の要不要も知っておきましょう。

▶パート２「知っておきたいインボイス制度」へ

3 申告方法の選び方がわかりません

消費税の申告方法はいくつかあるようですが、深く考えず簡単そうな２割特例を選んでいます。これでよいのでしょうか。

個人事業者なら、まず２割特例が簡単です。

消費税申告の原則的な計算方法を「一般課税」といいます。簡便な方法として簡易課税制度または２割特例があり、条件もありますがいずれかを選べます。個人事業者などなら、多くの場合、２割特例がいちばん簡単で有利でしょう。ただし、令和８年までの限定措置であることに注意してください。

▶10ページの選択フローチャート、パート１とパート２の一般課税、簡易課税、２割特例の項目へ

POINT

仕入のない業種で小規模な個人事業者などは、簡易課税制度を選んだ上で、２割特例の適用を受けるとよい（２割特例終了後の簡易課税への移行がスムーズ）。

4 消費税の確定申告の内容がわかりません

消費税の計算は会計ソフトにまかせています。申告書を見ても、正しいのかどうか、税額の計算方法もよくわかりません。

国税分と地方税分を別に計算するのがポイント。

消費税の確定申告の計算では10%／８%ではなく、まず国税分（7.8%／6.24%）を計算して、それをもとに地方税分（2.2%／1.76%）を計算します。標準税率分、軽減税率分は別に計算するのでなかなか複雑です。申告書の構成を理解して、計算の流れを追えるようにしておきましょう。

▶パート３「申告方法ごとの手順を完全マスター」へ

POINT

使用する申告書は、申告方法によって変わることにも注意（それぞれ、仕入税額控除の計算方法が異なる）。

巻頭特集

申告までのスケジュールをつかむ

課税事業者、インボイス発行事業者の1年間

課税事業者とインボイス発行事業者になったら、
申告までに行う業務を確認して効率よく行いましょう。

課税期間（個人事業者）

12/31 ― 1/1

12月	11月	10月	9月	8月	7月	6月	5月	4月	3月	2月	1月

事業にともなう経理等の業務

日々の業務①

- 請求書を発行する／受け取る
- 経費の領収書を受け取る
- 取引書類を整理して保存する

インボイスと消費税の業務ポイント

- インボイスを発行して保存する
- 受け取ったインボイスは、間違いなどがないか確認する

日々の業務②

- 取引や経費について帳簿入力を行う
  - ・現金出納帳、預金出納帳など。

インボイスと消費税の業務ポイント

- 軽減税率やインボイスの特例など、消費税に関する帳簿入力を確認する

月に一度など定期的に

- 集計して帳簿をチェックする
  - ・ミスやもれはないか確認する。
  - ・事業の状況を把握する。

インボイスと消費税の業務ポイント

- 課税売上などから、納税の見込み額を予測して納税資金を確保する

納税の締め切り

- 事 11/30
- 住 10/31
- 住 事 8/31
- 源 7/10
- 住 6/30

事業税は年２回に分けて納める

納期の特例を受けている場合

住民税は年４回に分けて納める

住＝住民税、源＝源泉所得税、事＝事業税、所＝所得税、消＝消費税

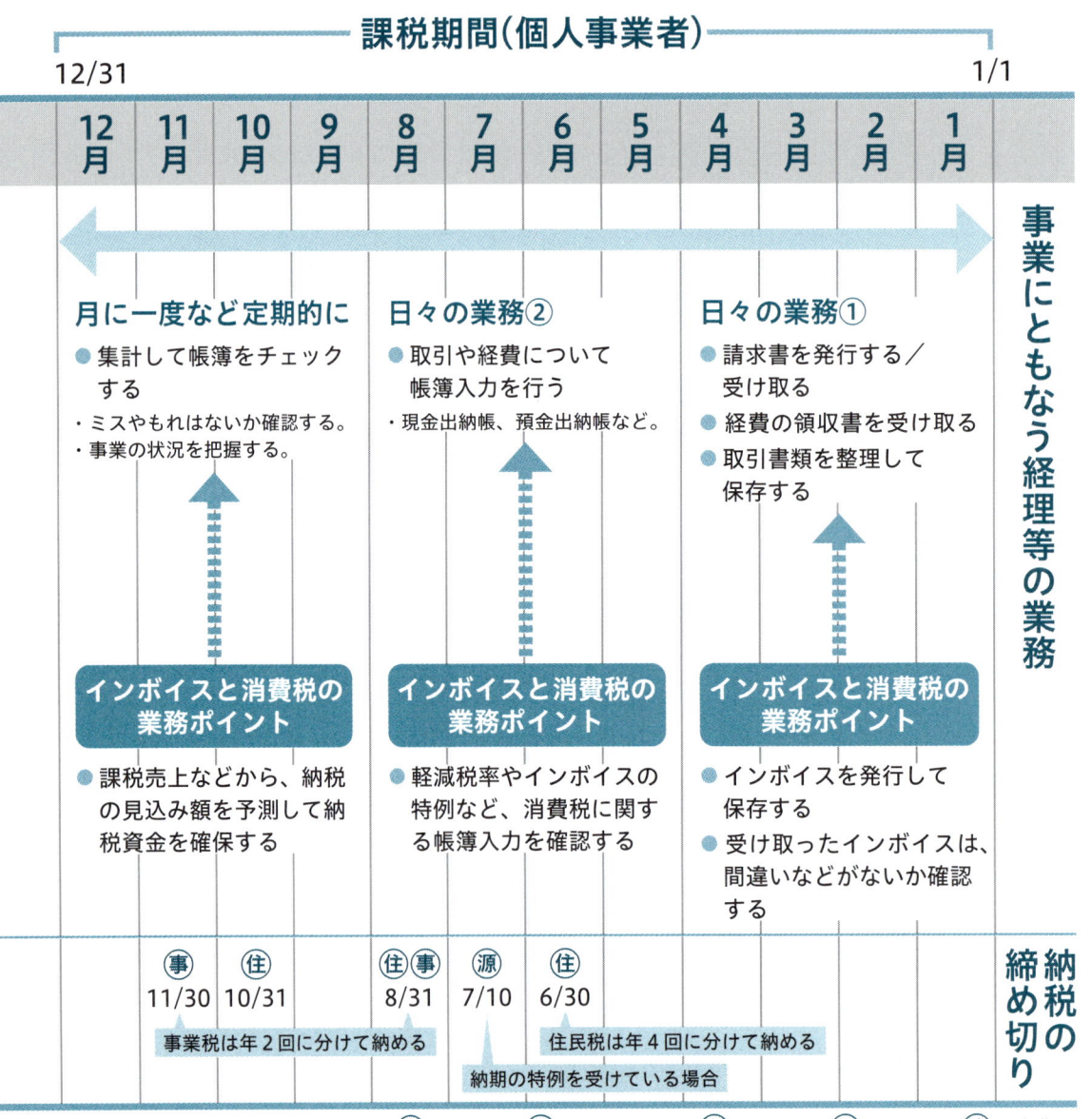

いろいろすることが多くて
たいへんそうです。

会計ソフトを活用していれば、集計や計算は自動なのでそうたいへんではありません。ただし、インボイスのやりとりや帳簿つけは、１年を通して正確に行いましょう。

3月31日まで

3月15日まで

・2月16日から
（還付申告なら1月1日から）

注・申告期限は土日の関係で年により
１～２日ずれる場合あり。

4月	3月	2月	1月

消費税の確定申告

所得税の確定申告

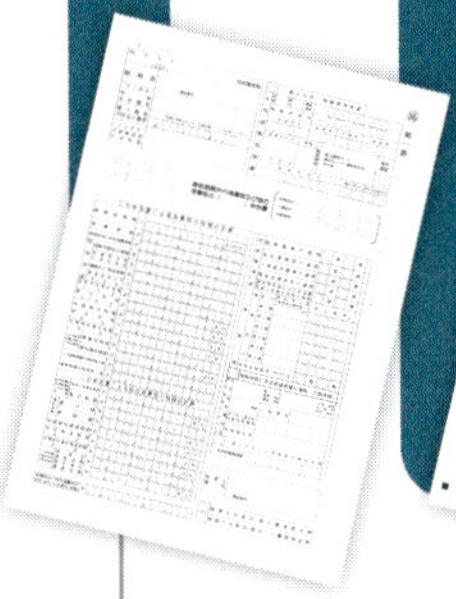

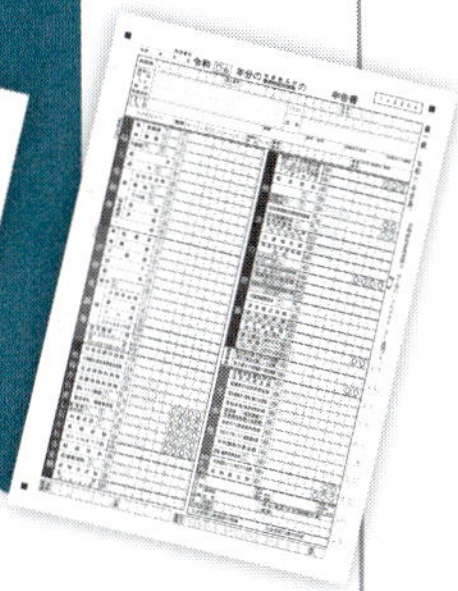

申告期限までに

- 所得税の確定申告書、消費税の確定申告書を作成する

・決算の内容を翌年の帳簿に引き継ぐ。

年末から年明け

- 決算調整→決算を行う

・帳簿を締め切って、１年間の帳簿を集計する。

・年をまたぐ取引などを振り分ける。

・棚卸資産や減価償却費を計上する。

・決算書を作成する。

インボイスと消費税の業務ポイント

- 課税売上や課税仕入を集計する
- 中間申告の要不要を確認する
- 翌年の申告方法を検討する（前年までに）

4月	3月	2月	1月
消 3/31	所 3/15		住 1/31　源 1/20

中間申告の場合の期限は 84 ページ

納期の特例を受けている場合

注・納税の月日はめやす。年により、また市区町村により異なる場合がある。

巻頭特集

個人事業者のための
一般課税／簡易課税／2割特例選択フローチャート
（令和6年分以降）

消費税の確定申告には、一般課税／簡易課税／2割特例という3つの方法があります。選択にはそれぞれ条件があります。課税事業者がどの申告方法を選べるか（選ぶべきか）確認してみましょう。

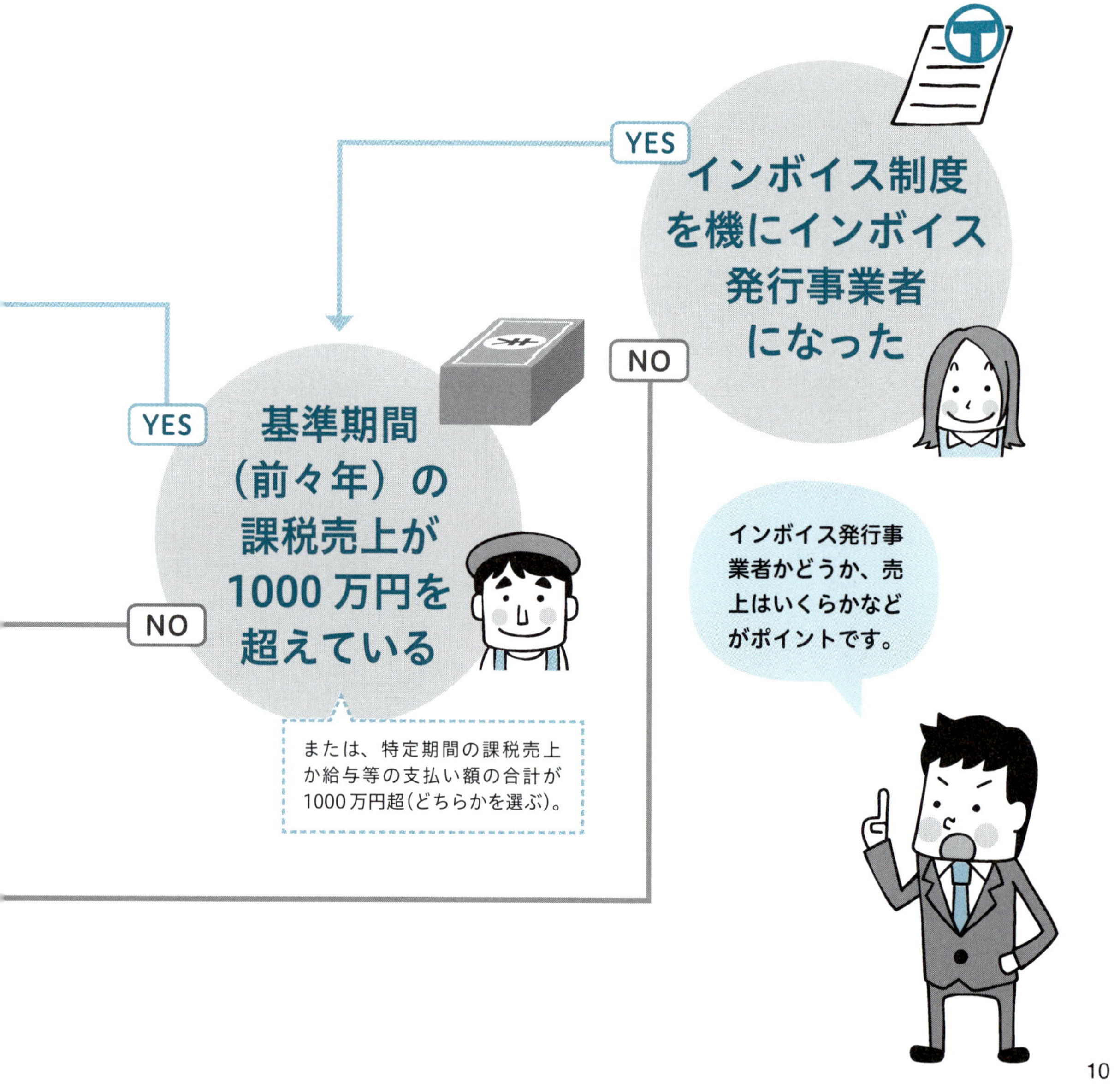

YES
インボイス制度を機にインボイス発行事業者になった
NO
YES
基準期間（前々年）の課税売上が1000万円を超えている
NO
または、特定期間の課税売上か給与等の支払い額の合計が1000万円超(どちらかを選ぶ)。
インボイス発行事業者かどうか、売上はいくらかなどがポイントです。

一般課税

消費税の原則的な申告方法。受け取った消費税額から支払った消費税額を差し引いて、消費税額を計算する。

内容は
1-8 をチェック！

簡易課税（制度）

消費税の簡便な申告方法。受け取った消費税額の一定割合（みなし仕入率）により消費税額を計算する。

内容は
1-10、1-11をチェック！

2割特例

インボイス制度実施にともなう申告の特例。受け取った消費税額の2割を納める。適用を受けられるのは令和8年まで。

内容は
2-7 をチェック！

選べる申告方法

基準期間（前々年）の課税売上が5000万円を超えている

YES → 一般課税で申告する（他の申告方法は不可）

NO → 一般課税か簡易課税を選べる（2割特例は不可）

→ 一般課税、簡易課税、2割特例を選べる

「課税期間特例選択届出書」提出により、課税期間を短縮していないこと*。

＊通常1年間の課税期間は、届出により3か月または1か月に短縮できる。

簡易課税は届出が必要（→12ページ）

→ 2割特例は不可
※免税事業者なら消費税申告・納付の必要なし

次のページで選択のポイントを見てみよう。

２割特例は、令和８年までしか使えないことに注意しましょう。

有利な申告方法を検討してみよう

一般課税のメリット

- [ ] 消費税額を正確にできる。
- [ ] 消費税の還付を受けられる場合がある。

一般課税を選ぶなら、事前の届出などは不要

申告書の書き方や記入例は
3-10 をチェック！

簡易課税のメリット

- [ ] 一般課税より、集計・計算が比較的簡単になる。
- [ ] 税額が有利になることもある。

簡易課税を選ぶなら、「簡易課税制度選択届出書」の提出が必要

1-12 をチェック！

申告書の書き方や記入例は
3-11 をチェック！

２割特例のメリット

- [ ] 集計・計算は、簡易課税よりさらに簡単になる。
- [ ] 税額が有利になることもある。

２割特例を選ぶなら、事前の届出などは不要。申告書（第一表）の「税額控除に係る経過措置の適用（２割特例）」欄に○をする

申告書の書き方や記入例は
3-12 をチェック！

概算により税額をくらべてみる

※計算方法は 71 ページなどでチェック。

一般課税 ・・・・・・・	円
簡易課税 ・・・・・・・	円
２割特例 ・・・・・・・	円

個人事業者の消費税の確定申告書をチェック

この第一表、第二表が消費税の確定申告書です。申告方法によって必要な付表を使います。

第一表（消費税及び地方消費税の申告書）

※簡易課税制度選択なら「簡易課税用」を使う。

「個人事業者用」を使う。

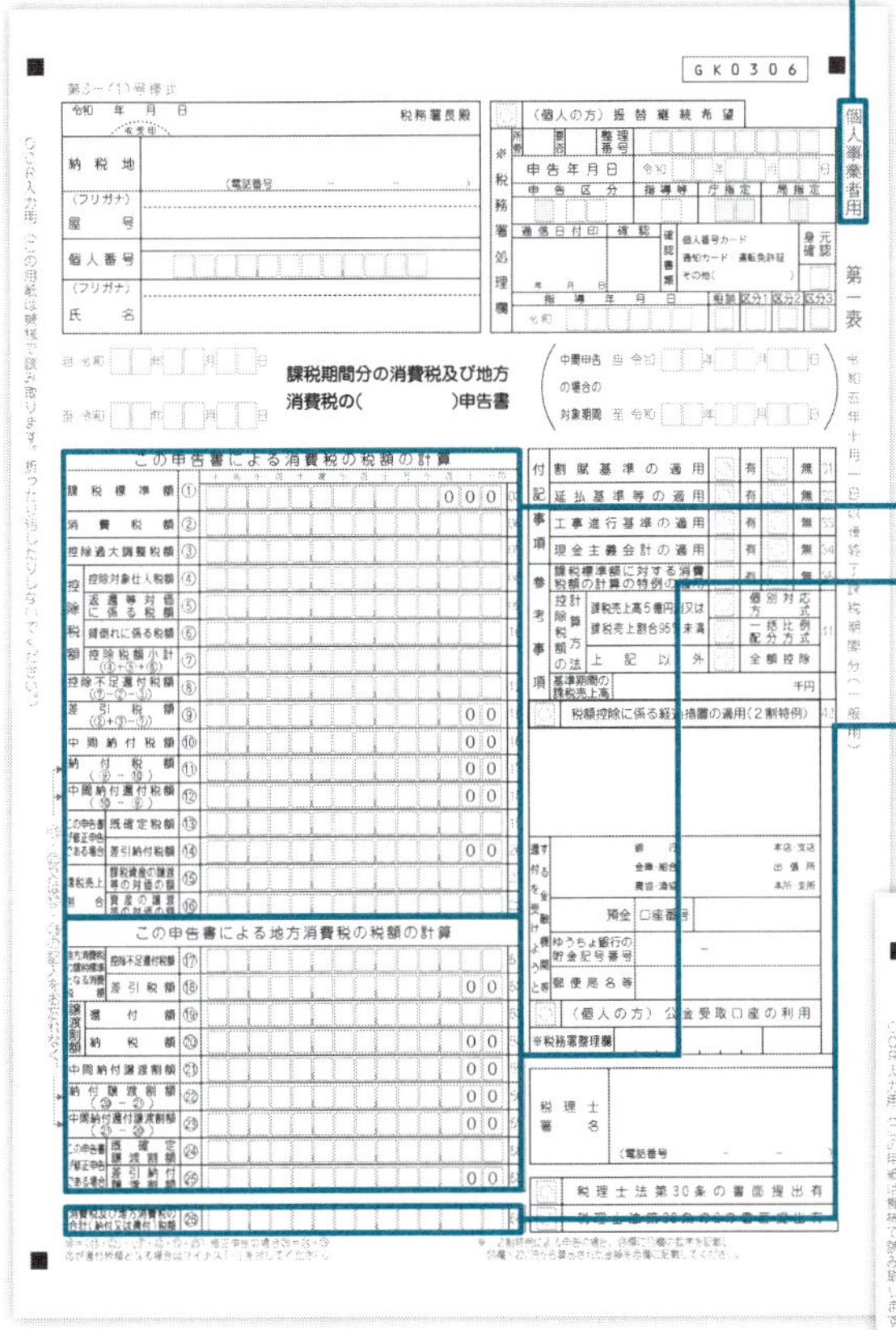

「この申告書による消費税の税額の計算」
・このブロックで国税分の消費税額をまとめる。

「この申告書による地方消費税の税額の計算」
・このブロックで地方税分の消費税額をまとめる。

・この欄で納める消費税額がわかる。

「個人事業者用」を使う。

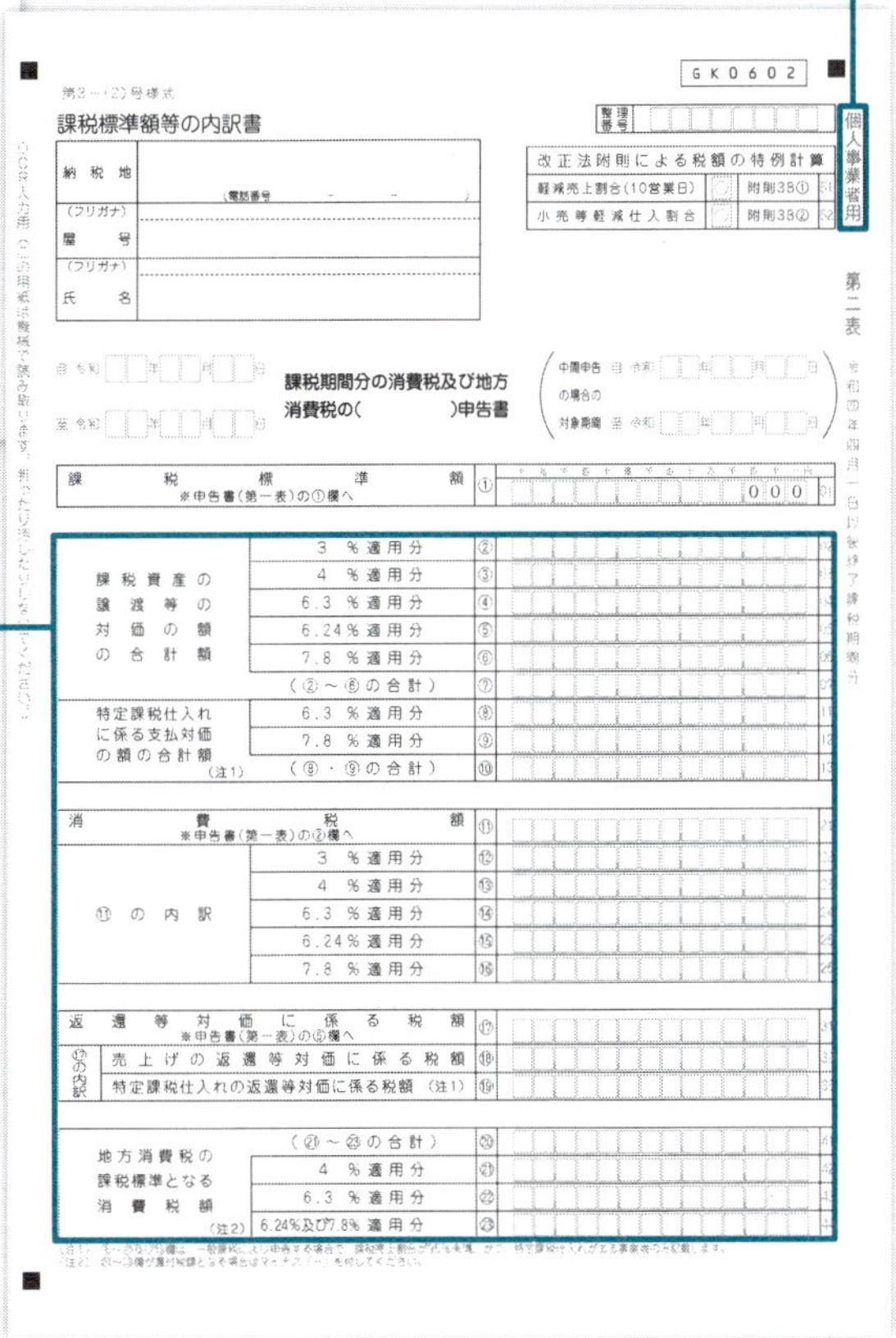

第二表（消費税及び地方消費税の申告書）

・受け取った国税分の消費税額の内訳をまとめて、第一表に転記する。

・適用税率ごとにまとめてから合計する。

付表

・受け取った消費税額、支払った消費税額などを計算して、第一表、第二表に転記する。

巻頭特集

必ずおぼえておきたい
消費税申告 6つの重要キーワード

消費税ではさまざまな専門的な用語が使われます。なかでも、
消費税の確定申告を理解するために必ず知っておきたいのが以下の６つです。

1 課《か》税《ぜい》期《き》間《かん》

消費税額の計算対象となる期間。個人事業者は１月１日から 12 月 31 日までの１年間です。会社の場合は事業年度となり、会社が期間を決められます。

2 課《か》税《ぜい》売《うり》上《あげ》

消費税のかかる売上。本書では、課税売上にかかる消費税額を「受け取った消費税額」としています（売上税額。免税取引の売上を含む）。申告では、課税期間の課税売上の合計額を計算します。また、課税事業者／免税事業者の判定、簡易課税制度適用の判定、課税売上割合の計算などで使われます（この場合、正しくは「課税売上高」という）。

3 課《か》税《ぜい》仕《し》入《いれ》

消費税のかかる仕入や経費。本書では、課税仕入にかかる消費税額を「支払った消費税額」としています（仕入税額）。一般課税の計算で必要になります。

4 基《き》準《じゅん》期《き》間《かん》

前々年の１年間（会社は前々事業年度）。原則として、この年の課税売上が 1000 万円を超える場合には課税事業者となります（課税事業者は税抜き、免税事業者は税込みで判断する）。課税売上の判定には「特定期間（前年の１月１日～６月 30 日）」も使われます。

5 仕《し》入《いれ》税《ぜい》額《がく》控《こう》除《じょ》

消費税の計算で、受け取った消費税額から支払った消費税額を差し引くこと。ただし、簡易課税と２割特例では、支払った消費税額ではなく、受け取った消費税額に一定割合を掛けることで計算します。

6 課《か》税《ぜい》標《ひょう》準《じゅん》額《がく》

課税売上（税抜き）などを合計して、1000 円未満切り捨てした金額で、消費税額計算の基礎となります。課税売上の消費税額の計算で使われます。個別の課税売上の本体価格を「課税標準」といいます。

パート 1

取引をしっかり区別！ 消費税の基本はこれでOK

消費税の確定申告をするには、まず消費税の基本知識が欠かせません。
最低限知っておくべき消費税のしくみを解説します。

このパートで取り上げる内容

一＝一般課税向け、簡＝簡易課税向け、②＝２割特例向け

1-1

消費税はどんな税金？

消費税は、国内で暮らす誰にとっても関係のある税金です。消費税を申告・納付するには、どんな税金なのか知っておく必要があります。

「消費」に対して広く課税される

消費税は、国内の商品の販売やサービスの提供など（消費）に広く課税される税金です。財務省などによれば、**特定の世代に負担が集中せず、税収が景気などに左右されにくいことがメリットとされます。**

標準税率は10％、飲食料品などには８％の軽減税率が設けられています。どちらも、国に納める「消費税」（国税）と市区町村や都道府県に納める「地方消費税」（地方税）を合わせた税率です。

消費税導入の目的は、急速に進む高齢化社会への対応です。主な使いみちは、社会保障（年金、医療、介護、子育てや学校教育など）ということになっています。

消費税の税収は、所得に対する税金（所得税や法人税）の税収について、国の収入のうち大きな割合を占めています。

取引の消費税をまとめて事業者が納める

消費税は、課税される人と納める人が異なる間接税です（→33ページ）。課税されるのは消費者、納めるのは事業者です。

事業者は、取引のなかで消費税を支払うだけでなく受け取ります。原則として、受け取った消費税から支払った消費税を差し引いて納めます。

消費税の申告や納税は、事業者にとって大きな課題です。インボイス制度が始まった今こそ、正しく消費税を理解して対応しましょう。

プラスアルファ　個人事業者と消費税

消費税は消費者などから預かった税金を事業者が納めますが、そのしくみは意外と複雑です。個人事業者にとっては、税負担や事務負担が見逃せないものです。

できるだけ簡単・有利にすませて、事業に集中するためにも、簡易課税制度の選択や２割特例の適用を受けるなど、有利な制度をしっかり活用します。そのために、最低限必要な知識は身につけなければなりません。

幅広く課税され、主に社会保障に使われる

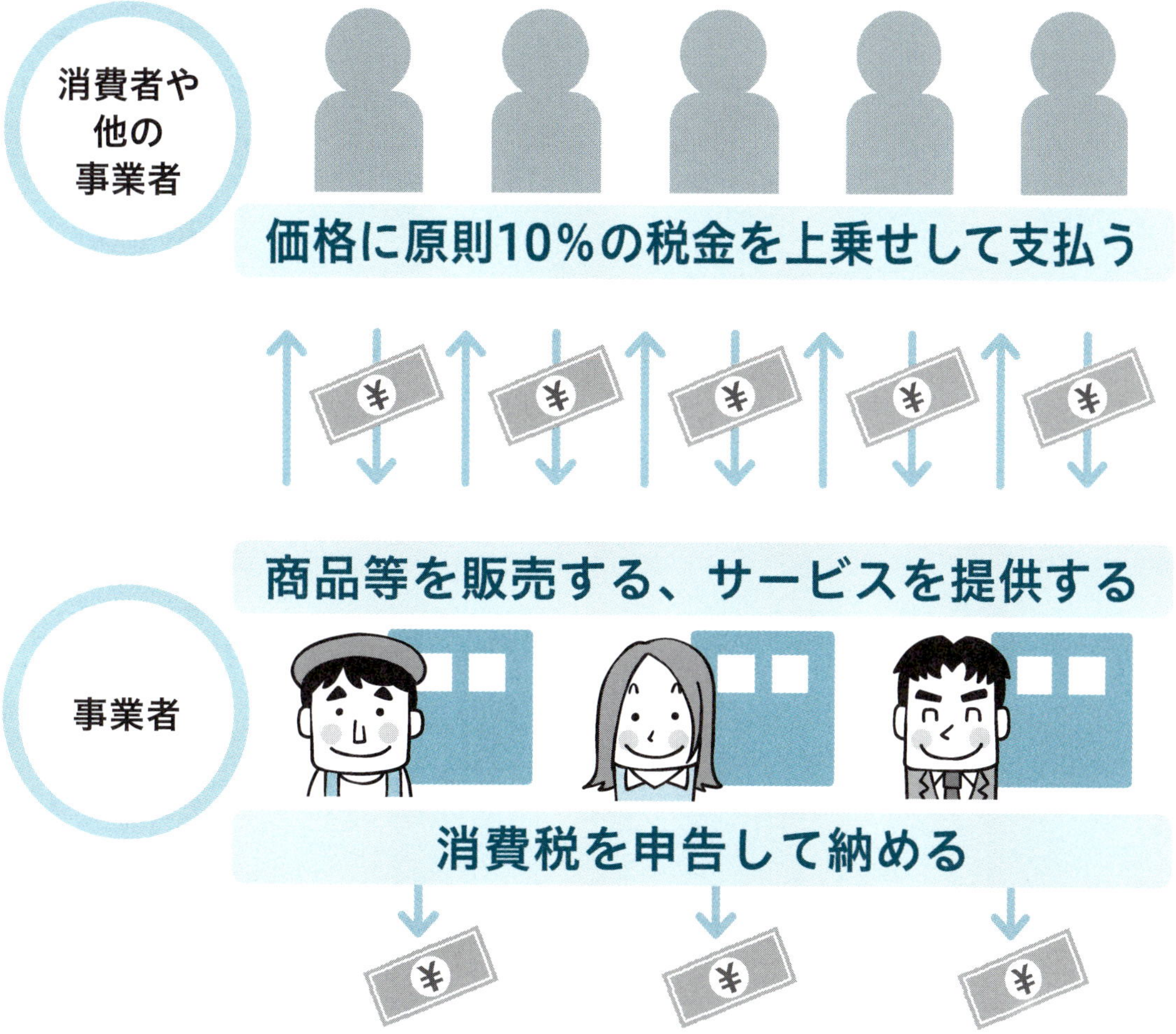
消費者や他の事業者
価格に原則10%の税金を上乗せして支払う
商品等を販売する、サービスを提供する
事業者
消費税を申告して納める

税収の構成比（国税＋地方税）

税収（69.6兆円・令和6年度*）の30%以上が消費税。

＊令和6年度の一般会計予算（租税及び印紙収入）。

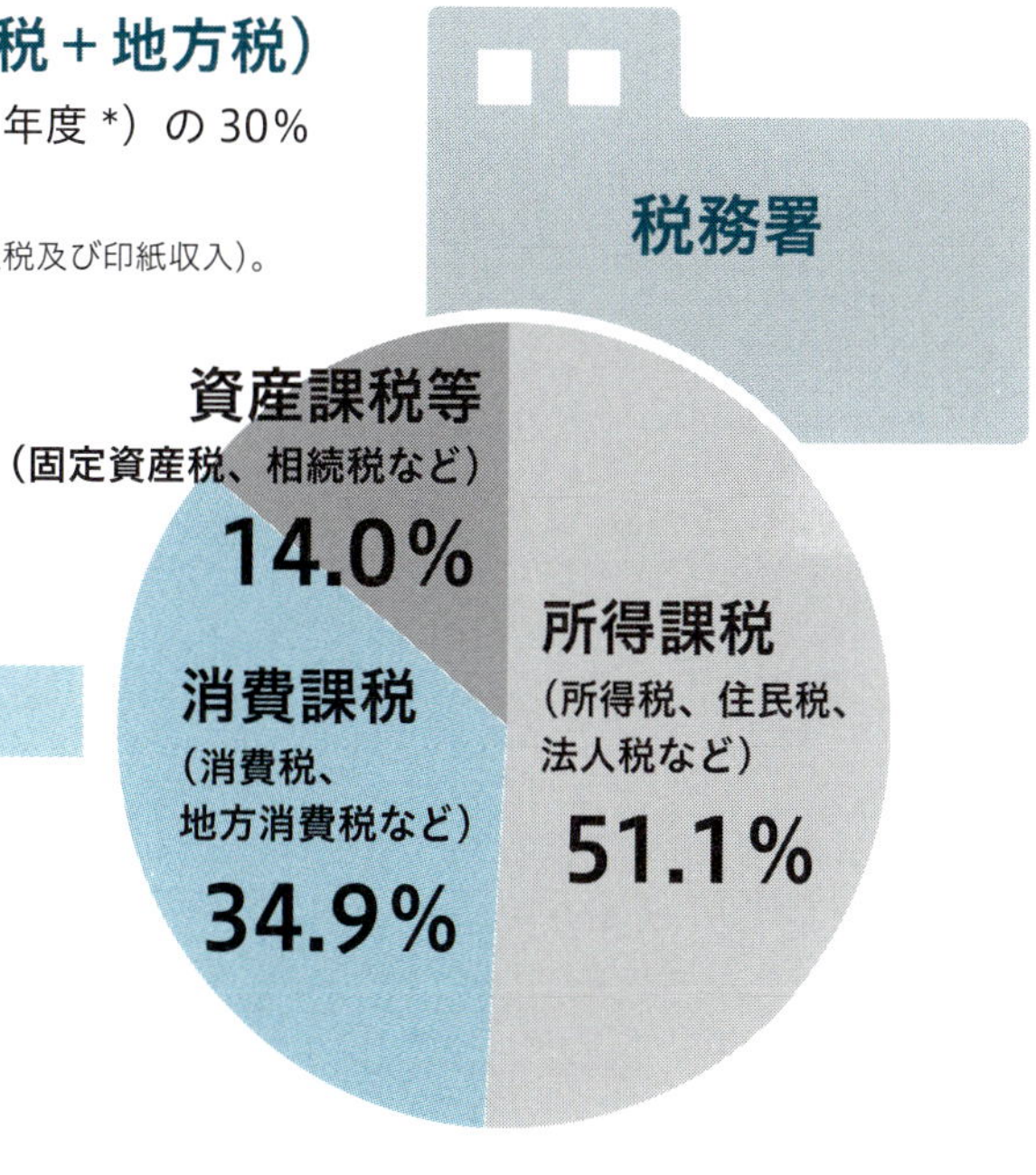
税務署
資産課税等
（固定資産税、相続税など）
14.0%
所得課税
（所得税、住民税、法人税など）
51.1%
消費課税
（消費税、地方消費税など）
34.9%

消費税の使いみち

主に社会保障費（医療や介護、年金、教育や子育て）。

1-2

税率は10％。品目により8％に軽減

消費税の標準税率は10％ですが、一部の品目は8％の軽減税率が適用されます。軽減税率となる範囲を確認しておきましょう。

飲食料品などは税率が抑えられている

消費税の税率は令和元年10月に引き上げられて、現在は10％となっています。消費税率7・8％（国税分）、地方消費税率2・2％（地方税分）の合計です。

ただし、**日々の生活に欠かせない飲食料品（お酒や外食を除く）については、8％に軽減されています**（消費税率6・24％、地方消費税率1・76％の合計）。10％を標準税率、8％を軽減税率といいます。

軽減税率の対象となる飲食料品などの範囲は、おおよそ左ページのようになっています。なお外食は、単なる飲食料品の販売ではなく、サービスがともなうことから標準税率となります。

インボイスでは税率を区別して記載する

課税事業者は軽減税率の売上や仕入（経費）について、取引に適用される税率がわかるように、帳簿などで記載して保存することが必要です。

さらに**インボイス制度では、インボイス（請求書など）に軽減税率とその税額を正確に記載して、標準税率と明確に区別することが求められます。**これは仕入税額控除（→30ページ）の適用を受ける条件です。

取引で飲食料品を扱わない事業者は無関係というわけではありません。たとえば必要経費（交際費、会議費、消耗品費など）では、2つの税率が混在しがちなことに注意しましょう。

プラスアルファ　税率は段階的に引き上げられてきた

消費税は、社会保障の財源を確保するため、平成元年4月に税率3％でスタートしました。

その後は税制改正が行われ、平成9年4月に5％、平成26年4月に8％、令和元年10月に10％（軽減税率8％）と、税率は段階的に引き上げられてきました。

導入から約30年経ちますが、引き下げられたことはありません。今後の動向にも注意が必要です。

軽減税率の対象になるもの／ならないもの

8％ 軽減税率	10％ 軽減税率の対象外・標準税率

飲食料品

8％（軽減税率）

米や野菜、精肉など生鮮食料品、飲料（お茶やジュースなど）、パンや弁当など加工食品

テイクアウトや宅配など

学校給食や有料老人ホームで行う飲食料品の提供

10％（軽減税率の対象外・標準税率）

酒類
- ビール、ワイン、焼酎、日本酒など。

外食
- レストラン、喫茶店、イートインなどでの飲食。
- ケータリング・出張料理など。

医薬品、医薬部外品
- ただし、処方箋《せん》は非課税。健康食品やサプリメントは軽減税率の対象。

一体資産
おもちゃ付きのお菓子、紅茶とカップのセット商品など
▶ 全体の価格や食品部分の価格の割合などで、いずれかの税率が適用される。

新聞

8％（軽減税率）
- 週２回以上発行で定期購読契約のもの。

10％（軽減税率の対象外・標準税率）
- 駅やコンビニなどで販売されるもの。

▼

インボイスには、適用される税率とその税額を区別して記載する。

帳簿では、軽減税率の品名に記号（※など）をつけて区別する。

1-3

課税される取引を確認しよう

消費税は商品やサービスなどに広くかかりますが、事業者が行う取引のうち、課税対象となるものには４つの条件があります。

事業で行われる取引の大半は消費税の対象

商品などの販売やサービスの提供には、その流通過程を含めて消費税がかかります。消費税がかかる取引を課税取引といい、次のような条件があります。

まず、**①国内で行われる取引であることです。**国外で行われる取引などは対象外です。次に、**②事業者が事業として行う取引であることです。**そして、**③対価を得て行う取引であり、④取引内容が商品の販売や貸付け、サービスの提供などであることです。**つまり、事業で行われる取引の多くは課税取引になります。国外から商品などを輸入する取引も消費税の対象になります（→24ページ）。輸出取引は対象外です（輸出免税→「キーワード」）。

給与や賃金には課税されない

取引が①〜④の条件に1つでも該当しなければ、消費税はかかりません。こうした取引を不課税取引といいます。

不課税取引の例として、従業員に支払われる給与や賃金（事業による取引とはいえない）、寄付金、補助金（対価を得る取引ではない）、保険金（事業に対する支払いとはいえない）などがあります。国外で行われる取引も不課税取引となります。

また、個人事業者が個人として行う取引（マイホームの売却など）は、②に該当しないため、代金が事業資金に使われたとしても課税取引にはなりません。

キーワード

「輸出免税」

一定の輸出取引や国際輸送などは、消費が国外で行われ、現地の消費税にあたる税金が課されることから、消費税は免除されます（二重課税を避けるため）。これを輸出免税といいます。輸出免税の適用を受けるには、税関長が取引を証明した輸出許可書などの保存が必要です。

帳簿では「免税取引」として、ほかの取引と区別します。免税取引のための仕入や経費は、仕入税額控除の対象です。

課税取引には4つの条件がある

1 国内で行われる取引

消費税は国内の取引が対象。輸入取引を含む。国外で行われる取引や、輸出取引（免税取引）は対象外。

該当しない ×

2 事業者が事業として行う取引

個人事業者や会社（法人）が行う取引であること。個人事業者が消費者の立場で行う取引は対象外（マイホームの売却など）。

該当しない ×

3 対価を得て行う取引

対価を得る取引であること。寄付金や補助金、保険金などは、対価とはいえないため対象外。

該当しない ×

4 資産の販売や貸付け、サービスの提供などである

資産には商品など有形のもののほか、特許権や商標権など無形のものを含む。

該当しない ×

1～4のうち
いずれか1つでも
該当しなければ

消費税の課税対象外（不課税取引）

主な不課税取引を
チェック

- □ 給与、賃金、退職金
- □ 寄付金、祝い金、見舞金
- □ 国や自治体からの補助金、助成金
- □ 保険金、共済金
- □ 出資に対する配当金
- □ 保証金、権利金（返済義務のあるもの）
- □ 損害賠償金
- □ 個人の自宅や自家用車の売却

すべてに該当する ○

課税取引

取引に消費税がかかる（22ページの非課税取引を除く）。

納める消費税額に影響します。取引をしっかり区別しておきましょう。

1-4

消費税が「非課税」になる取引もある

消費税になじまない取引などは、非課税取引として課税されません。自分の事業に関連するものを確認しておきましょう。

取引の内容によっては課税されない

20ページの課税取引の条件に該当しても、**消費税を課税する趣旨になじまないこと、また社会的な配慮から、例外的に消費税が課税されない取引があります。これを非課税取引といい、13種類あります。**

たとえば、土地は「消費される」ものではないとされ、その売買や貸付けは原則として非課税取引となります。有価証券の売買も、消費ではないため非課税です。

また、社会保険による医療や介護費用、学校教育に関する商品やサービスの代金のほか、居住用住宅の貸付け（家賃の支払い）などは、社会的な配慮から非課税取引とされています。

帳簿で区別しておき別々に集計する

課税取引と非課税取引、また不課税取引は、帳簿でしっかり区別しておくことが必要です。

非課税取引と不課税取引は税額0円という点は同じです。しかし、非課税取引はあくまで課税取引の一部であり、仕入税額控除の金額にかかわる「課税売上割合」の計算に影響します（↓80ページ）。そのため、それぞれの取引の区別をしておく必要があるのです。

もっとも会計ソフトを使っていれば、多くの場合、課税／非課税／不課税などが勘定科目にひもづけられており、自動的に振り分けることができます。

プラスアルファ　不動産の課税／非課税に注意

不動産の売買では、通常建物は課税取引、土地は非課税取引です。

中古住宅などを個人が売却する場合は、建物も非課税になります（事業者の取引ではないため）。

不動産売買の諸費用は、印紙税など各種税金、団体信用生命保険料、ローン保証料などは非課税です。仲介手数料や司法書士への報酬、ローンの事務手数料などは課税されます。

非課税取引は13種類

消費税になじまない取引

1. 土地の売買や貸付け
   - 注意！ 貸付け期間が１か月未満、駐車場など建物に付随して使用される場合は課税。
2. 株式や債券など有価証券の売買
3. 利子や保険料
4. 切手や商品券、プリペイドカードなどの売買
   - 注意！ チケットショップなどでの販売・購入は課税。
5. 行政手続き（登記や免許など）の手数料

社会的な配慮によるもの

6. 公的医療保険による医療費
7. 介護保険による介護等のサービスや社会福祉事業
8. 助産費用
9. 埋葬料・火葬料
10. 身体障害者用物品の売買、貸付け
11. 学校の授業料や入学金
12. 教科用図書の売買
13. 居住用住宅の貸付け
    - 注意！ 家賃のほか、敷金、礼金などを含む。貸付け期間が１か月未満、店舗や事務所の家賃（事業用の貸付け）は課税。

1-5

消費税を課税される事業者、免税される事業者

消費税を申告・納付する事業者を課税事業者、売上などの条件により申告・納付を免除される事業者を免税事業者といいます。

課税期間の消費税を申告・納付する

国内で商品やサービスなどの取引（課税取引）を行った事業者は、原則として消費税を納めることになります（消費税の納税義務者）。**消費税を申告して納める事業者を課税事業者といいます。**

個人事業者の場合、1月1日から12月31日までの1年間（会社は事業年度）の消費税を、翌年3月31日までに納めます。この期間を課税期間といいます。

ただし、すべての事業者が消費税を納めるわけではなく、**前々年の課税売上高などが1000万円以下の事業者は、消費税の申告・納付を免除されます。この事業者を免税事業者といいます。**免税事業者は、取引で受け取った消費税を収入にできます。

課税売上高とは、消費税の対象となる売上の合計額です。この金額の判定については、26ページでくわしく解説します。

インボイス発行かどうかで課税／免税も変わる

令和5年10月にインボイス制度が始まり、取引で事業者が仕入税額控除の適用を受けるには、原則としてインボイスを発行・保存することが条件となりました。**インボイスを発行できるのは、インボイス制度に登録したインボイス発行事業者です。**

インボイス発行事業者には課税事業者しかなれません。免税事業者がインボイスを発行するためには、課税事業者になる必要があります。

キーワード

「輸入取引」

海外で商品などを仕入れて（購入して）、国内に持ち込む取引を輸入取引といいます。輸入取引には、保税地域（税関の許可を得るまで、輸入する商品などを「外国貨物」として一時的に保管するところ）から引き取る際に、消費税が課税されます（通常、輸入申告書を提出する際に納める）。

輸入取引では、課税事業者だけでなく、免税事業者、会社員や主婦などであっても課税され、消費税を納めます。

消費税にかかわる3つの事業者タイプ

課税取引を行った事業者は、消費税を申告・納付するのが原則。ただし、売上などで免税されることがある。

基準期間または特定期間の課税売上高などが1000万円以下なら

▶免税事業者（を選べる）

主な特徴

- 消費税の申告と納付が免除される。
- 取引は仕入税額控除の対象外になる。
- インボイス制度には登録できない。

基準期間または特定期間の課税売上高などが1000万円超なら

▶課税事業者

主な特徴

- 消費税の申告をして消費税を納める。
- インボイス制度に登録できる。
- 売上によらず、課税事業者になることもできる。

インボイス制度に登録すると

▶インボイス発行事業者

主な特徴

- インボイスを発行できる。
- 取引は仕入税額控除の対象になる。
- 免税事業者は、インボイス制度に登録することで課税事業者にもなる。

納税義務は、売上によって免除されることがあるのです。

1-6

売上1000万円の判定方法を知っておこう

課税事業者／免税事業者の判定は、基準期間の売上などで行います。インボイス制度登録なら、売上によらず課税事業者となります。

1000万円の判定はいつの売上か

前々年の課税売上高が1000万円を超えていると、今年は課税事業者となり消費税を計算して納めなければなりません。**この「前々年」を基準期間といいます。課税事業者、免税事業者となるかどうかを判定する年となります。**前々年が基準期間とされるのは、前年の売上は、今年にならないと金額を集計・確定できないためです。

また、**前年の1月1日から6月30日を特定期間といいます。特定期間の課税売上高（または給与等の支払い金額の合計による判定でもよい）が1000万円を超える場合も課税事業者となります。**基準期間と特定期間の判定は1年ごとに行います。

売上で免税事業者になるケースは少なくなる？

売上の判定は税抜きの合計金額で行います。基準期間や特定期間に免税事業者だった場合は、売上で消費税が区別されていないため、税込みの合計金額で判定します。

また、*開業や法人化などから1～2年以内で、対象となる基準期間や特定期間がない場合は、原則として免税事業者です。

課税事業者や免税事業者になるときには、税務署に届出が必要です（↓28ページ）。

インボイス制度の開始により、**取引で仕入税額控除の適用を受けるため、売上に関係なく課税事業者になるケースが増えています。**免税事業者を選ぶ事業者は、少なくなるかもしれません。

＊ただし、資本金1000万円以上の会社は初年度から課税事業者。

● 基準期間、特定期間、課税期間とは（個人事業者）●

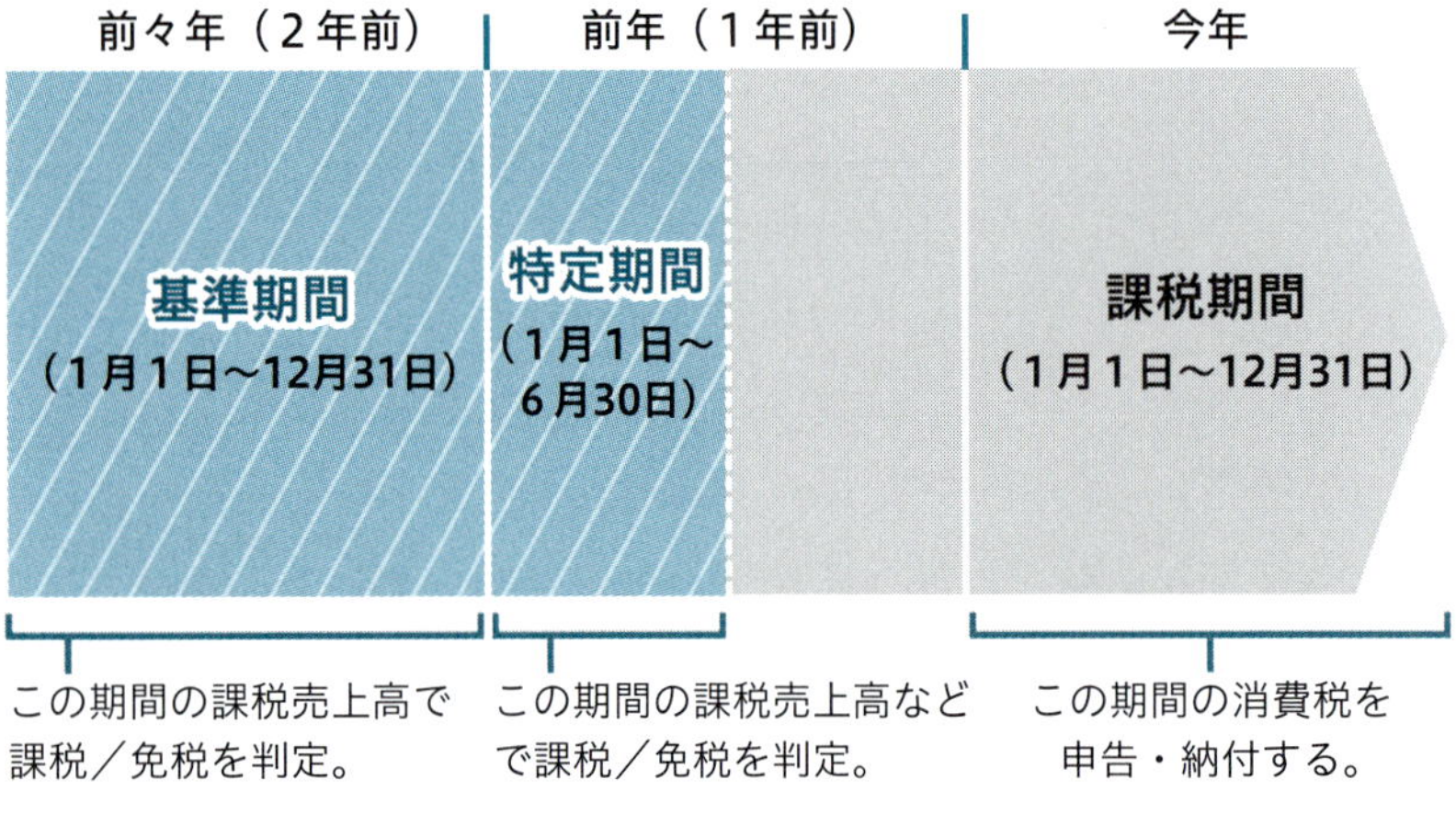

前々年（2年前）
前年（1年前）
今年
基準期間
（1月1日～12月31日）
特定期間
（1月1日～6月30日）
課税期間
（1月1日～12月31日）
この期間の課税売上高で課税／免税を判定。
この期間の課税売上高などで課税／免税を判定。
この期間の消費税を申告・納付する。

注・法人の場合、基準期間は前々事業年度、特定期間は前事業年度開始から6か月、課税期間は現在の事業年度。

課税事業者／免税事業者　判定チャート

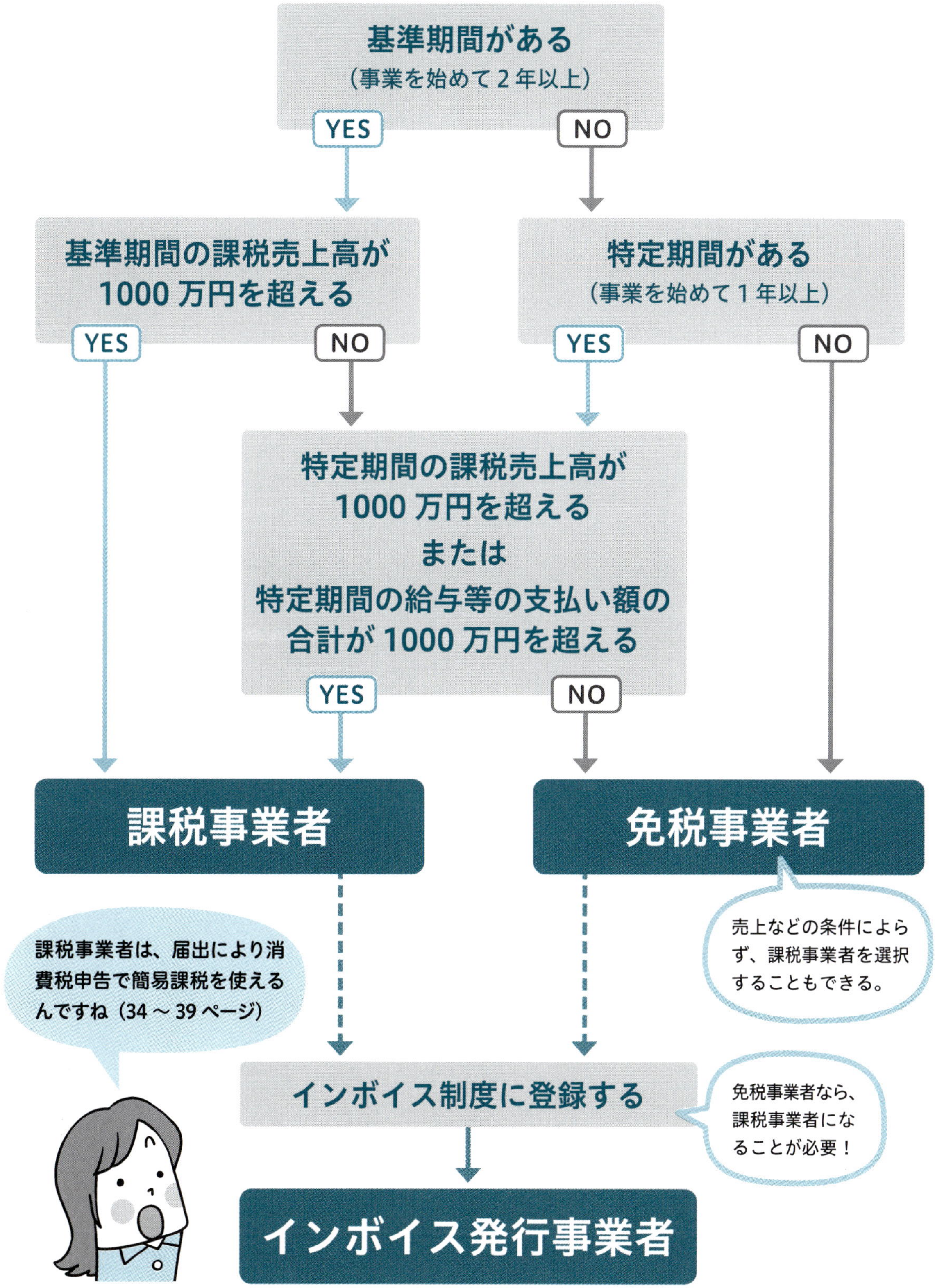
基準期間がある
（事業を始めて２年以上）
YES
NO
基準期間の課税売上高が
1000万円を超える
YES
NO
特定期間がある
（事業を始めて１年以上）
YES
NO
特定期間の課税売上高が
1000万円を超える
または
特定期間の給与等の支払い額の
合計が1000万円を超える
YES
NO
課税事業者
免税事業者
売上などの条件によらず、課税事業者を選択することもできる。
課税事業者は、届出により消費税申告で簡易課税を使えるんですね（34～39ページ）
インボイス制度に登録する
免税事業者なら、課税事業者になることが必要！
インボイス発行事業者

1-7 課税事業者になる「理由」で届出書が異なる

課税事業者になるときには、税務署に届出が必要です。届出書は、売上による場合と自ら選択する場合などで使い分けます。

課税事業者の条件に該当したら税務署に届け出る

基準期間の課税売上高などが1000万円を超えた場合は、すみやかに「消費税課税事業者届出書（以下、課税事業者届出書）」を、管轄する税務署に提出します。

なお提出していない場合でも、消費税の申告・納付はしなければなりません。

使用する届出書は、基準期間による判定か特定期間による判定かによって使い分けます（「基準期間用」または「特定期間用」）。

自ら課税事業者を選ぶなら提出するのは「選択」届出書

売上に関係なく、**自ら課税事業者を選ぶ場合は、選択しようとする課税期間の初日の前日までに「消費税課税事業者選択届出書（以下、課税事業者選択届出書）」を提出します。**

課税事業者を選ぶケースとして、大きな設備投資を行う予定があり、消費税の還付を受けたい場合などがあげられます。また、インボイス制度に登録する場合は、原則としてこの届出をして、課税事業者になる必要があります（令和11年までは、免税事業者がインボイス制度に登録する場合は提出を省略できる）。

課税事業者になると、その年を含む2年間は課税事業者を続けなければなりません。

届出書は税務署の窓口で入手するほか、国税庁ホームページからダウンロードもできます（画面上で直接入力も可能）。また、e-Taxによる電子申請もできます。

プラスアルファ　免税事業者に戻るときも手続きが必要

課税事業者になった後、基準期間の課税売上高などが1000万円以下になった年は、「消費税の納税義務者でなくなった旨の届出書」を提出して翌年から免税事業者に戻れます（選択して課税事業者になっていた場合は「課税事業者選択不適用届出書」）。

またインボイス発行事業者が登録をやめるには、「登録取消しを求める旨の届出書」の提出が必要です（期限に注意→66ページ）。

課税事業者選択届出書の記入例

第1号様式

消費税課税事業者選択届出書

収受印

令和 ○ 年 ○ 月 ○ 日	届出者	(フリガナ)	チヨダク カンダサルガクチョウ
		納税地	(〒 101 － 0064) 千代田区神田猿楽町○－○ (電話番号 03 －0000－ 0000)
		(フリガナ)	
		住所又は居所 (法人の場合) 本店又は主たる事務所の所在地	(〒 －) 同上 (電話番号 － －)
		(フリガナ)	
		名称（屋号）	
		個人番号 又は 法人番号	↓ 個人番号の記載に当たっては、左端を空欄とし、ここから記載してください。 0 0 0 0 0 0 0 0 0 0 0 ×
		(フリガナ)	シンコク オサム
		氏名 (法人の場合) 代表者氏名	新国 おさむ
		(フリガナ)	
神田 税務署長殿		(法人の場合) 代表者住所	(電話番号 － －)

下記のとおり、納税義務の免除の規定の適用を受けないことについて、消費税法第9条第4項の規定により届出します。

適用開始課税期間	自 ○平成 ◉令和 ○ 年 1 月 1 日	至 ○平成 ◉令和 ○ 年 12 月 31 日	
上記期間の基準期間	自 ○平成 ◉令和 ○ 年 1 月 1 日	左記期間の総売上高	8,000,000 円
	至 ○平成 ◉令和 ○ 年 12 月 31 日	左記期間の課税売上高	7,800,000 円

事業内容等	生年月日（個人）又は設立年月日（法人）	1明治・2大正・3昭和・4平成・◉5令和 ○ 年 10 月 15 日	法人のみ記載	事業年度	自 月 日 至 月 日
				資本金	円
	事業内容	コンサルティング業	届出区分	事業開始・設立・相続・合併・分割・特別会計・◉その他	
参考事項			税理士署名	(電話番号 － －)	

1 住所・氏名などを記入する

・納税地、住所地または事務所の所在地など、名称（屋号）、個人番号、氏名など。

2 適用を受ける期間などを記入する

・課税期間（初日と最終日）を記入する。個人事業者は1月1日から12月31日。

・基準期間（初日と最終日）を記入する。個人事業者は前々年の1月1日から12月31日。

・基準期間の総売上高（課税売上以外を含む）と課税売上高（免税事業者は税込み）を記入する。

3 事業内容等を記入する

・個人事業者の場合、生年月日と事業内容。

いつまで	選択しようとする課税期間の初日の前日まで
どこへ	住所地または事務所所在地を管轄する税務署

売上などにより課税事業者になるとき

「課税事業者届出書」を提出する（右の例は基準期間用）。

いつまで	すみやかに
どこへ	住所地または事務所所在地を管轄する税務署

第3－(1)号様式　基準期間用

消費税課税事業者届出書

収受印

令和 年 月 日	届出者	(フリガナ)	
		納税地	(〒 －) (電話番号 － －)
		(フリガナ)	
		住所又は居所 (法人の場合) 本店又は主たる事務所の所在地	(〒 －) (電話番号 － －)
		(フリガナ)	
		名称（屋号）	
		個人番号 又は 法人番号	↓ 個人番号の記載に当たっては、左端を空欄とし、ここから記載してください。
		(フリガナ)	
		氏名 (法人の場合) 代表者氏名	

1-8

納めるときは「支払った消費税額」を差し引く

課税事業者は、1年に一度消費税を申告・納付します。納める税額は、受け取った税額から支払った税額を差し引いた金額です（一般課税）。

1年間の取引を集計して計算する

課税事業者は、消費者などから受け取った消費税をそのまま納めるわけではありません。次のような手順で、納める税額を計算します。

まず1年間の取引のうち、消費税を受け取った売上（課税売上）を集計して、受け取った消費税額を計算します。次に消費税を支払った仕入や経費（課税仕入）を集計して、支払った消費税額を計算します。この計算は税率ごとに行います。

最後に、**受け取った消費税額から支払った消費税額を差し引いて、その差額を納めます。これが原則的な消費税額の計算方法で、一般課税（原則課税）といいます。**

支払った消費税額が多くなるほど、納める消費税額は少なくすむということになります。

仕入税額控除はしっかり理解する

このように、**消費税の計算で支払った消費税額を差し引くことを仕入税額控除といいます。**仕入税額控除により、消費者が負担した消費税を、複数の事業者が流通の過程で過不足なく納めることができます（→32ページ）。

また、個人事業者や中小の会社などであれば、仕入税額控除の計算で、経理負担を軽減できる簡易課税制度（→34ページ）や2割特例（→58ページ）といった方法を利用することもできます。

プラスアルファ　計算結果がマイナスなら還付を受けられる

受け取った消費税額よりも支払った消費税額のほうが多ければ、計算結果はマイナスになります。この場合は、申告することでマイナスの金額が戻ります（消費税の還付）。

還付を受けられるのは、支払った消費税額を集計して計算する一般課税の場合に限られます。簡易課税制度や2割特例では、計算結果がマイナスになることはないため、還付は受けられません（→86ページ）。

納める消費税額の計算の基本（一般課税の計算の流れ）

計算例の条件 課税売上 800 万円、課税仕入 400 万円、取引はすべて税率 10%。

受け取った消費税額

受け取った消費税額の計算

課税売上 × 10%（8%）

- 課税売上：消費税を受け取った売上（課税売上）。
- 10%（8%）：税率ごとに計算して合計する。

計算例

課税売上 800 万円 ×10%
＝受け取った消費税額 80 万円

－ マイナス

支払った消費税額

支払った消費税額の計算

課税仕入 × 10%（8%）

- 課税仕入：消費税を支払った仕入や経費（課税仕入）。
- 10%（8%）：税率ごとに計算して合計する。

計算例

課税仕入 400 万円 ×10%
＝支払った消費税額 40 万円

＝ イコール

納める消費税額

計算例

受け取った消費税額 80 万円
－支払った消費税額 40 万円
＝納める消費税額 40 万円

この計算で、支払った消費税額を差し引くことを「仕入税額控除」といいます。仕入税額控除で差し引く「支払った消費税額」はインボイスによる消費税額だけです（原則）。

消費税は事業者が分担して納める

消費税は、消費者が負担して事業者が納める税金です。仕入税額控除による課税のしくみを知っておきましょう。

消費者が小売価格3000円の商品（Tシャツ）を購入した場合の消費税負担と納付（仕入税額控除）。

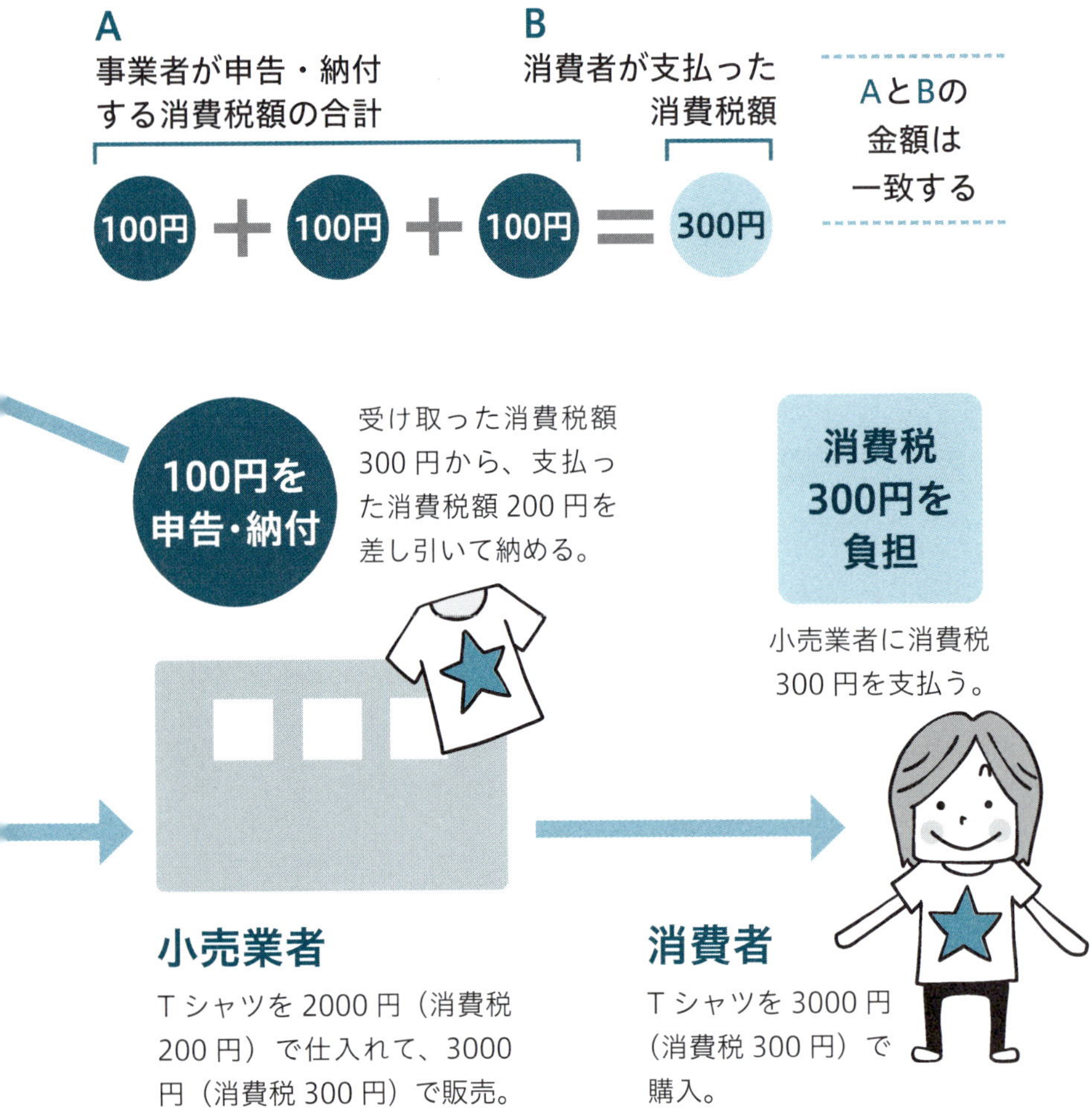
A
事業者が申告・納付する消費税額の合計
B
消費者が支払った消費税額
100円
100円
100円
300円
AとBの金額は一致する
100円を申告・納付
受け取った消費税額300円から、支払った消費税額200円を差し引いて納める。
消費税300円を負担
小売業者に消費税300円を支払う。
小売業者
Tシャツを2000円（消費税200円）で仕入れて、3000円（消費税300円）で販売。
消費者
Tシャツを3000円（消費税300円）で購入。

消費税額が過大になるのを避けるしくみになっている

たとえば３０００円のＴシャツをお店で買うときは、３００円（10％）の消費税を上乗せして支払います。消費税はすべての取引が対象なので、このＴシャツには流通の過程でも課税されます。しかし、それぞれの過程でかかった消費税をそのまま納めると、１つの商品に二重三重の消費税がかかることになってしまいます。

そこで仕入税額控除の計算によって、**それぞれの事業者が納める消費税額は、取引で受け取った消費税から支払った消費税を差し引いた金額となります。結果として、Ｔシャツに対して消費者が負担した３００円の消費税を、事業者が分担して納めるこ**

消費税の負担と納付の流れ（例）

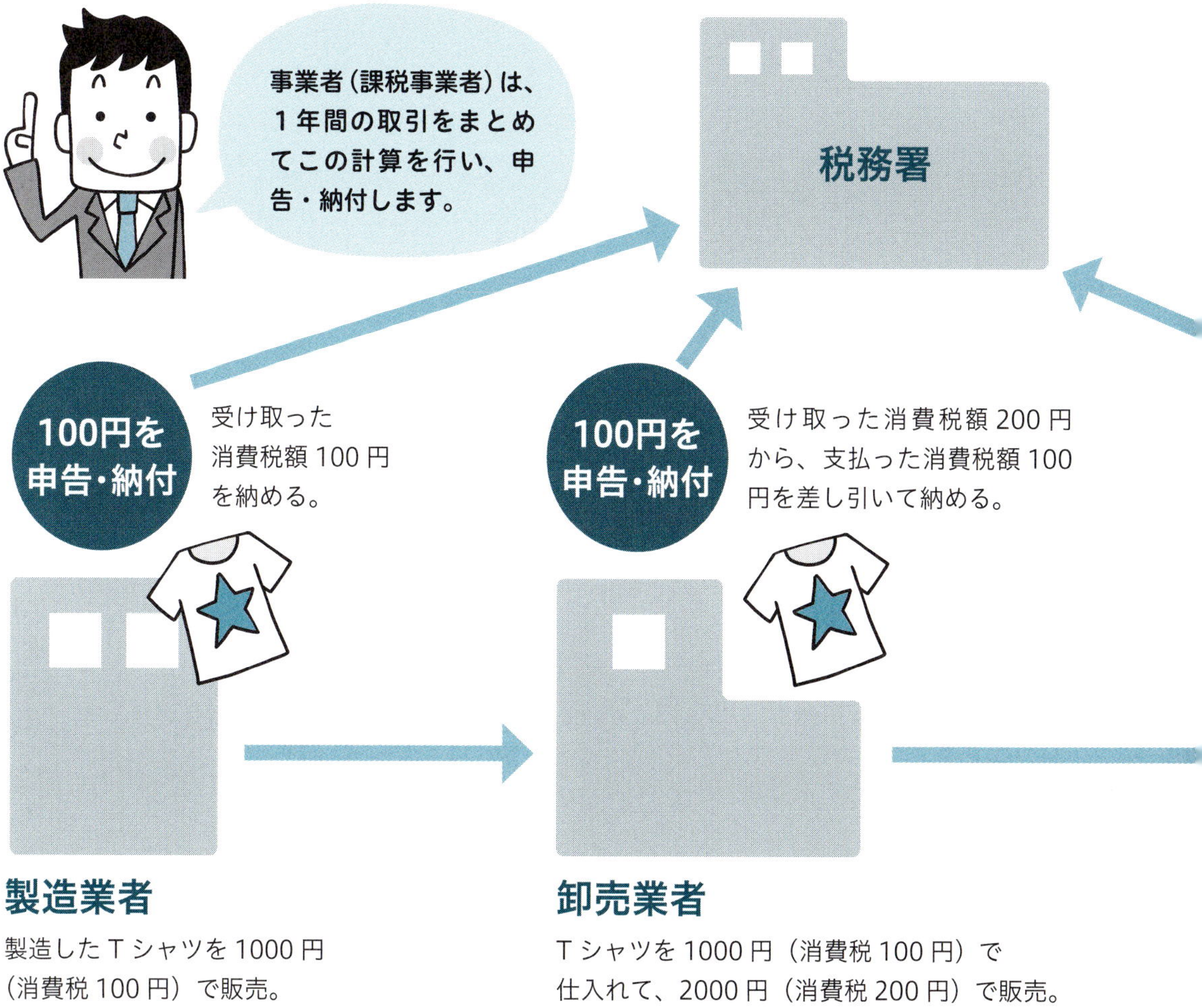
事業者（課税事業者）は、1年間の取引をまとめてこの計算を行い、申告・納付します。
税務署
100円を申告・納付
受け取った消費税額100円を納める。
100円を申告・納付
受け取った消費税額200円から、支払った消費税額100円を差し引いて納める。
製造業者
製造したTシャツを1000円（消費税100円）で販売。
卸売業者
Tシャツを1000円（消費税100円）で仕入れて、2000円（消費税200円）で販売。

とになるのです。

事業者がすべての取引で仕入税額控除の計算を行えば、消費者が支払った消費税を正しく納められます。インボイス制度で、この計算はより正確になります。

キーワード

「直接税／間接税」

間接税は、税金を負担する人と実際に納める人が異なる税金です。消費税のほかには、酒税やたばこ税などが間接税です。

また所得税や法人税など、課税される人や会社が直接納める税金を直接税といいます。納税者の負担能力に応じて課税できますが、負担を感じやすい税金です。間接税は少しずつ広く課税されるため、負担感は小さいものの、低所得者の負担は重くなりがちです。

1-10

納税額を簡単に計算できる方法もある

簡易課税制度を利用すれば、消費税の経理負担を軽くできます。ただし、利用できるのは課税売上高5000万円以下の事業者です。

中小の事業者が利用できる

一般課税による消費税の計算は手間がかかるため、個人事業者や中小の会社には大きな負担です。そこで、消費税の計算を比較的簡単に行うことができる、簡易課税制度が用意されています。

簡易課税制度では、受け取った消費税額を計算した後、受け取った消費税額に一定割合（みなし仕入率）を掛けた金額を差し引いて、その差額を納める消費税額にできます。支払った消費税額について、計算する必要がありません。

簡易課税制度を選べるのは、基準期間の課税売上高5000万円以下の事業者です。選択には届出が必要です（↓38ページ）。

メリットとデメリットを知っておく

計算が簡単になるだけでなく、適用されるみなし仕入率（↓36ページ）によっては、税額が有利になります。

また、支払った消費税額を集計しないため、仕入や経費で受け取る請求書などはインボイスである必要がありません。

一方、実際の課税仕入を計算しないため、商品を多く仕入れたり、多額の設備投資を行う年などがあっても、還付を受けられないことがデメリットです。

簡易課税制度を選択すると、その年を含む2年間は一般課税に戻れません。数年先の事業計画まで視野に入れて、検討しましょう。

簡易課税制度選択　3つのメリット

1
消費税の計算が比較的簡単
仕入や経費については消費税を集計・計算せずにすむ。

2
受け取る請求書はインボイスでなくてよい
仕入等の請求書などは消費税計算に使わないため。

3
税額が有利になることも
みなし仕入率による計算のほうが、多く差し引ける場合がある（要試算）。

簡易課税制度による消費税計算の流れ

計算例の条件　課税売上 800 万円、みなし仕入率は 50%（サービス業）、取引はすべて税率 10%。

受け取った消費税額

受け取った消費税額の計算

課税売上 × 10% (8%)

- 課税売上：消費税を受け取った売上（課税売上）。
- 10% (8%)：税率ごとに計算して合計する。

計算例
課税売上 800 万円 ×10%
　= 受け取った消費税額 80 万円

━ マイナス

受け取った消費税額の一定割合

受け取った消費税額の一定割合の計算

受け取った消費税額 × みなし仕入率

- みなし仕入率：事業区分により 40 ～ 90%（→ 36 ページ）。

計算例
受け取った消費税額 80 万円 × みなし仕入率 50%
　= 40 万円

＝ イコール

納める消費税額

計算例
受け取った消費税額 80 万円
－受け取った消費税額の一定割合 40 万円
　＝納める消費税額 40 万円

簡易課税制度を利用するには、原則としてその前年に届出が必要です。一度選択すると 2 年間は継続しなければならないことにも注意しましょう。

1-11

みなし仕入率は事業の内容で異なる

簡易課税制度で使われるみなし仕入率は、事業内容によって決まります。複数の事業を営んでいる場合には注意が必要です。

みなし仕入率は90％から40％の6種類

簡易課税制度では、**事業を第1種事業～第6種事業に分類して、それぞれ適用されるみなし仕入率が決められています。**

一般に、仕入の多い業種は高く、仕入の少ない業種は低く設定されています。たとえば、小売業ならみなし仕入率は80％、サービス業なら50％です。

当てはまる事業区分とみなし仕入率を確認して、一般課税による計算との比較検討が必要です。

2種以上の事業を営むときは計算が複雑になる

複数の事業を営んでいる場合（取引ごとに判定）、適用するみなし仕入率は事業内容ごとに異なるため、仕入税額控除の計算が複雑になることがあります。

具体的には、事業区分ごとのみなし仕入率を平均（加《か》重《じゅう》平均）した、「平均みなし仕入率」を適用して計算します（下図）。

ただし複数の事業区分のうち、1つの事業区分が課税売上高の75％以上なら、その事業区分のみなし仕入率を使うことができます（75％ルール）。こうした計算を行うために、帳簿で取引ごとの事業区分がわかるようにしておく必要があります。

事業区分の判定が難しい場合もあります。それぞれの事業区分の範囲をよく確認しておきましょう。「事業区分選択フローチャート」を120ページに掲載しているので参照してください。

● 事業が複数ならみなし仕入率を平均する（原則） ●

例　事業区分 A と事業区分 B の取引がある事業者

（事業区分 A のみなし仕入率による消費税額 ＋ 事業区分 B のみなし仕入率による消費税額）
―――――――――――――――――――――
課税売上高全体の消費税額

＝ 平均みなし仕入率

POINT　複数の事業区分のうち、1つが課税売上高の 75％以上なら、その事業区分のみなし仕入率を適用できる（75％ルール）*。

＊事業区分が3種類以上で、2つ（A、B）の事業区分の課税売上高の合計が75％以上なら、その高いほうAの事業区分の売上はAのみなし仕入率、Bを含むその他の事業区分の売上は、低いほうBのみなし仕入率を適用できる。

簡易課税制度の事業区分とみなし仕入率

当てはまる事業	事業区分	みなし仕入率
卸売業 購入した商品の性質や形状を変えずに、ほかの事業者に販売する事業。	第1種事業	90%
小売業など 購入した商品の性質や形状を変えずに、消費者に販売する事業。農林水産業のうち消費者に販売する事業を含む。	第2種事業	80%
農林水産業*、製造業など 鉱業、建設業、電気業、ガス業、熱供給業、水道業もこの区分。 ＊消費者に販売する場合は第2種事業。	第3種事業	70%
飲食店業などのその他の事業* ほかの事業区分に当てはまらない事業。 ＊第1～3、第5、第6種事業のどれにも当てはまらない事業。	第4種事業	60%
サービス業など 飲食店業は除く。金融・保険業、運輸・情報通信業もこの区分。	第5種事業	50%
不動産業* 不動産仲介業、賃貸業、管理業など。 ＊住宅の貸付けなどは含まない（非課税取引のため）。	第6種事業	40%

自分の事業区分はしっかり把握しましょう。

届出の翌年から利用できる（原則）

簡易課税を選ぶときには、税務署に届出が必要です。選択にはいくつかの条件があるので、事前に確認しておきましょう。

適用を受ける前年までに届出を行う

簡易課税制度を選ぶときは、**適用を受けようとする課税期間の初日の前日までに「消費税簡易課税制度選択届出書」（以下、簡易課税制度選択届出書）を管轄の税務署に提出します。**

開業や法人化の最初の年であれば、届出の年から適用を受けられます。また、免税事業者がインボイス制度に登録して簡易課税制度を選ぶ場合は、特例で今年（登録日）から適用を受けられます。

基準期間の課税売上高が５０００万円を超えていると、簡易課税制度は選ぶことができません。また、簡易課税制度を選んだ後、基準期間の課税売上高が５０００万円を超える年は、一般課税による計算・申告となります。

また、調整対象固定資産などの高額特定資産*を取得した場合には、その年を含む３年間は簡易課税制度を選べません。

選択をやめるときも届出が必要になる

簡易課税制度をやめて一般課税で申告したい場合は、適用をやめようとする課税期間の初日の前日までに「消費税簡易課税制度選択不適用届出書（以下、簡易課税制度選択不適用届出書）」の提出が必要です。

ただし、簡易課税制度の適用を受けてから2年間継続した以降の年でないと、取りやめの届出書を提出できないことに注意が必要です。

＊税抜きの取得金額1000万円以上の商品などの棚卸資産と調整対象固定資産（土地など非課税資産を除く、税抜き取得金額100万円以上の固定資産）。

プラスアルファ

チェックを忘れたら翌年から

簡易課税制度選択届出書には、免税事業者がインボイスに登録した場合の特例により、「今年から適用を受ける旨」のチェック欄が設けられています。

この欄のチェックを忘れると、簡易課税の適用が翌年からになってしまいます。届出書記入の際は、十分な注意が必要です。

消費税の届出で期限が設けられているものは、厳守を心がけましょう。

簡易課税制度選択届出書の記入例

第9号様式

消費税簡易課税制度選択届出書

収受印

令和○年○月○日	届出者	（フリガナ）	チヨダク カンダサルガクチョウ
		納税地	（〒101－0064） 千代田区神田猿楽町○－○ （電話番号 03 －0000－0000）
		（フリガナ）	シンコク オサム
		氏名又は名称及び代表者氏名	新国 おさむ
神田 税務署長殿		法人番号	※個人の方は個人番号の記載は不要です。

下記のとおり、消費税法第37条第1項に規定する簡易課税制度の適用を受けたいので、届出します。

☑ 所得税法等の一部を改正する法律（平成28年法律第15号）附則第51条の2第6項の規定又は消費税法施行令等の一部を改正する政令（平成30年政令第135号）附則第18条の規定により消費税法第37条第1項に規定する簡易課税制度の適用を受けたいので、届出します。

①	適用開始課税期間	自 令和○年 1月 1日　至 令和○年 12月 31日
②	①の基準期間	自 令和○年 1月 1日　至 令和○年 12月 31日
③	②の課税売上高	10,000,000円

事業内容等	（事業の内容）コンサルティング業				（事業区分）第 5 種事業
提出要件の確認	次のイ、ロ、ハ又はニの場合に該当する（「はい」の場合のみ、イ、ロ、ハ又はニの項目を記載してください。）			はい □	いいえ ☑
	イ	消費税法第9条第4項の規定により課税事業者を選択している場合	課税事業者となった日	令和 年 月 日	
			課税事業者となった日から2年を経過する日までの間に開始した各課税期間中に調整対象固定資産の課税仕入れ等を行っていない	はい □	
	ロ	消費税法第12条の2第1項に規定する「新設法人」又は同法第12条の3第1項に規定する「特定新規設立法人」に該当する（該当していた）場合	設立年月日	令和 年 月 日	
			基準期間がない事業年度に含まれる各課税期間中に調整対象固定資産の課税仕入れ等を行っていない	はい □	
	ハ	消費税法第12条の4第1項に規定する「高額特定資産の仕入れ等」を行っている場合（同条第2項の規定の適用を受ける場合） （仕入れ等を行った資産が高額特定資産に該当する場合はAの欄を、自己建設高額特定資産に該当する場合は、Bの欄をそれぞれ記載してください。）	A　仕入れ等を行った課税期間の初日	令和 年 月 日	
			A　この届出による①の「適用開始課税期間」は、高額特定資産の仕入れ等を行った課税期間の初日から、同日以後3年を経過する日の属する課税期間までの各課税期間に該当しない	はい □	
			B　仕入れ等を行った課税期間の初日	平成 令和 年 月 日	
			B　建設等が完了した課税期間の初日	令和 年 月 日	
			B　この届出による①の「適用開始課税期間」は、自己建設高額特定資産の建設等に要した仕入れ等に係る支払対価の額の累計額が1千万円以上となった課税期間の初日から、自己建設高額特定資産の建設等が完了した課税期間の初日以後3年を経過する日の属する課税期間までの各課税期間に該当しない	はい □	
		※ 消費税法第12条の4第2項の規定による場合は、ハの項目を裏面の記載要領等に留意の上、記載してください。			
	ニ	消費税法第12条の4第3項に規定する「金地金等の仕入れ等」を行っている場合	「金地金等の仕入れ等」の合計額（税抜金額）が2百万円以上となった課税期間の初日	令和 年 月 日	
			この届出による①の「適用開始課税期間」は、金地金等の仕入れ等を行い、その仕入れ等の合計額（税抜金額）が2百万円以上となった課税期間の初日から、同日以後3年を経過する日の属する課税期間までの各課税期間に該当しない	はい □	
	※ この届出書を提出した課税期間が、上記イ、ロ又はハに記載の各課税期間である場合、この届出書提出後、届出を行った課税期間中に調整対象固定資産の課税仕入れ等又は高額特定資産の仕入れ等を行うと、原則としてこの届出書の提出はなかったものとみなされます。なお、この届出書を提出した課税期間が、上記ニに記載の各課税期間である場合、この届出書提出後、届出を行った課税期間における金地金等の仕入れ等の金額の合計額（税抜金額）が2百万円以上となった場合も同様となります。詳しくは、裏面をご確認ください。				
参考事					

1 住所・氏名などを記入する

- 納税地（住所地または事務所の所在地など）、氏名（名称）など。
- インボイス制度登録で、特例により今年から簡易課税制度の適用を受ける場合はチェックを入れる。

2 適用を受ける期間などを記入する

- 課税期間（初日と最終日）を記入する。個人事業者は1月1日～12月31日。
- 基準期間（初日と最終日）を記入する。個人事業者は前々年の1月1日～12月31日。
- 基準期間の課税売上高（免税事業者は税込み）を記入する。

3 事業内容と事業区分を記入、提出要件を確認する

- イ～ニの内容を確認、該当事項は記入してチェックを入れる。

いつまで	適用を受けようとする課税期間の初日の前日まで（原則）
どこへ	住所地または事務所所在地を管轄する税務署

簡易課税制度の適用をやめるとき

「簡易課税制度選択不適用届出書」を提出する。

いつまで	適用をやめようとする課税期間の初日の前日まで
どこへ	住所地または事務所所在地を管轄する税務署

第25号様式

消費税簡易課税制度選択不適用届出書

収受印

令和 年 月 日	届出者	（フリガナ）	
		納税地	（〒 － ） （電話番号 － － ）
		（フリガナ）	
		氏名又は名称及び代表者氏名	
税務署長殿		法人番号	※ 個人の方は個人番号の記載は不要です。

下記のとおり、簡易課税制度をやめたいので、消費税法第37条第5項の規定により届出します。

日　至 ○平成 ○令和 年 月

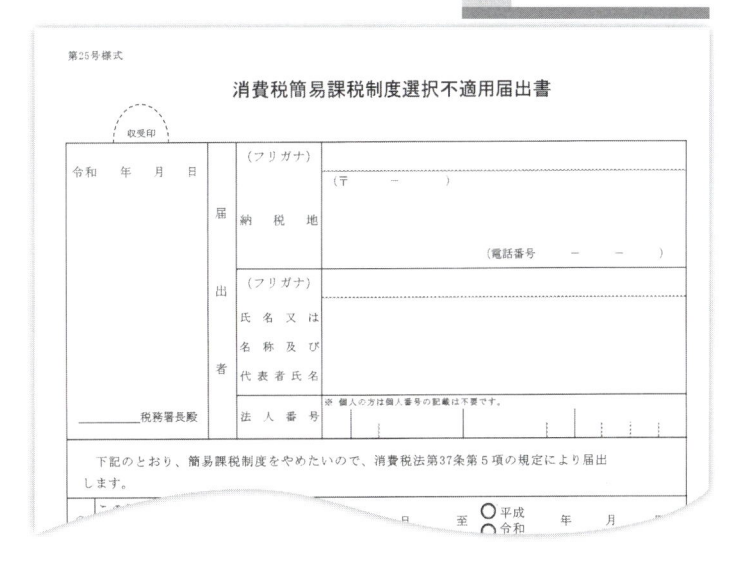

帳簿入力は「税込み」か「税抜き」を選ぶ

消費税を帳簿に記録するときは、本体価格と分けるかどうかを選べます。損得はないので、自分に合ったほうを選びましょう。

税込みで入力するか税抜きで入力するか

取引内容は帳簿に記録していきますが、**取引で発生した消費税の扱い方には、税込みの金額をそのまま入力する税込経理と本体価格と消費税を分けて入力する税抜経理があります。** 課税事業者はどちらかを選べます（免税事業者は税込経理のみ）。

左ページは入力するときの仕訳例です。税込経理では、税込みの金額を入力すれば完了です。税抜経理の場合は、「仮受消費《かりうけしょうひ》税等《ぜいとう》」「仮払消費税等《かりばらいしょうひぜいとう》」という勘定科目を使って消費税額を入力します

多くの会計ソフトでは、税込みの金額を入力すれば自動的に消費税が区別されるため、入力の手間はあまり変わらないかもしれません（預金出納帳など、補助簿から入力する方法もある）。

納める消費税額の計算は決算時に行いますが、税込経理、税抜経理のどちらを選んでも税額は変わりません。

年の途中で変更はできない

税込経理のほうが簡単ですが、税抜経理なら年の途中の売上などを正確につかむことができます。 また、30[*]万円未満で適用される少額減価償却資産の特例などは、税抜きの金額で判定されるため、税抜経理のほうが有利です。こうした点も考慮して選びましょう。

なお、選択した後は年の途中で変更することはできません。

＊会社なら、交際費の上限（800万円）の計算も税込経理のほうが有利。

プラスアルファ　会計ソフトの設定を確認

会計ソフトでは、事前に課税事業者／免税事業者、一般課税／簡易課税、税込経理／税抜経理、端数処理（切り捨て／切り上げ／四捨五入）など、消費税に関する設定をしておけば、基本的に自動処理されます。消費税に関する特別な帳簿なども不要です。年の途中で、取引ごとの変更などはできません（原則）。

課税取引、非課税取引などの区別も、勘定科目により自動的に振り分けられます。

税込経理と税抜経理の帳簿入力とメリット・デメリット

帳簿に入力する取引の条件　1000 円（消費税 100 円）の商品を仕入れて（買掛金）、2000 円（消費税 200 円）で販売した（売掛金）。

税込経理

- 売上や仕入などに消費税額を含めた金額を入力する。
- 決算時に 1 年間の税額を算出して入力する（勘定科目「租税公課」、還付なら「雑収入」）。

仕入時の帳簿入力（仕訳）

借方		貸方	
勘定科目	金額	勘定科目	金額
仕入	1,100	買掛金	1,100
合計	1,100	合計	1,100

売上時の帳簿入力（仕訳）

借方		貸方	
勘定科目	金額	勘定科目	金額
売掛金	2,200	売上	2,200
合計	2,200	合計	2,200

○ **メリット**　入力に手間がかからず集計しやすい。

△ **デメリット**　売上や仕入の金額が大きく見えるため、正確な利益などをつかみづらい。

税抜経理

- 本体価格と消費税額を区別して入力する（受け取った消費税の勘定科目「仮受消費税等」、支払った消費税の勘定科目「仮払消費税等」）。
- 決算時に 1 年間の税額を算出して入力する（勘定科目「未払消費税等」。還付なら「未収消費税等」）。

仕入時の帳簿入力（仕訳）

借方		貸方	
勘定科目	金額	勘定科目	金額
仕入	1,000	買掛金	1,100
仮払消費税等	100		
合計	1,100	合計	1,100

売上時の帳簿入力（仕訳）

借方		貸方	
勘定科目	金額	勘定科目	金額
売掛金	2,200	売上	2,000
		仮受消費税等	200
合計	2,200	合計	2,200

○ **メリット**　年の途中でも、売上や仕入、税額を正確に把握できる。

△ **デメリット**　入力や集計が煩雑になる。

コラム・もっと知りたい

新規開業のインボイス登録はどうするか

これから新規開業する人は、インボイス発行事業者になるかどうかも決めなければなりません。

開業後2年間は、原則として免税事業者となります。課税売上を判定する基準期間や特定期間がないためです。そのため、売上によらず、消費税を申告・納付する必要はありません。

一方、免税事業者のままではインボイス発行事業者になれません。インボイスを発行できないため、取引で不利になる可能性があります。インボイス発行事業者になるかどうか、こうしたポイントをよく検討する必要があります。

インボイス発行事業者（課税事業者）になる場合は、簡易課税制度や2割特例を検討して、税額や事務負担の軽減をはかりましょう。なお、免税事業者が開業の年に申請してインボイス発行事業者になる場合、「課税事業者選択届出書」の提出は省略できます（令和11年まで）。

メリットとデメリットがある

	メリット	デメリット
インボイス発行事業者になる	インボイスを発行できるので、取引相手は仕入税額控除を受けられる。	開業の年から、消費税の申告・納付が必要になる。
インボイス発行事業者にならない	開業から2年間は、消費税の申告・納付が不要になる＊。 ＊特定期間の課税売上によっては、2年目に課税事業者になる。	インボイスを発行できないため、取引相手は仕入税額控除を受けられない。

パート2

事業者のための実践知識
知っておきたいインボイス制度

本書の読者の多くはインボイス発行事業者でしょう。
さまざまな特例や軽減措置など、
内容をしっかりつかんでおかなければなりません。

このパートで取り上げる内容

一＝一般課税向け、簡＝簡易課税向け、2＝２割特例向け

2-1

インボイス制度とはどんな制度か

令和5年10月に始まったインボイス制度により、取引にかかる消費税の扱いは以前より厳格になりました。ポイントを整理しておきましょう。

取引の消費税を正確にやりとりする

インボイス制度は、令和5年10月に始まった消費税に関する新しい制度です。**事業者同士が取引で正確に消費税をやりとりして、申告・納付するためのしくみです。**

インボイス制度では、取引の際に売る側が適用税率とその税額を記載した「インボイス（適格請求書）」を発行して、買う側がそれを受け取って保存します。

納める消費税の計算では、取引で受け取った消費税をそのまま納めるのではなく、支払った消費税分を差し引くことができますが（仕入税額控除→30ページ）、**インボイスの発行・保存が、仕入税額控除の適用を受ける条件となります**（原則）。

インボイス発行事業者がインボイスを発行できる

インボイスを発行できる事業者を、インボイス発行事業者（適格請求書発行事業者）といいます。

インボイス発行事業者になるには、インボイス制度への登録が必要です。登録できるのは、個人や会社を問わず消費税の課税事業者（→24ページ）です。そのため、免税事業者がインボイス発行事業者になるには、課税事業者になって、消費税の申告を行う必要があります。なお、登録するかどうかは、事業者の判断で選べます。

インボイス発行事業者には、事業者ごとに1つの登録番号（T＋13ケタの数字）が割りふられます。

プラスアルファ　インボイス制度には支援措置がある

事業者のインボイス制度対応を支援するため、国は補助金制度などを設けています。その1つに「IT導入補助金」があり、中小企業や小規模事業者が会計ソフトや受発注ソフトなど、ITツールを導入するとき、補助金を受けられます。金額は導入内容により異なりますが、かかった費用の1/2～4/5などです（上限あり）。

こうした制度の利用は、応募の方法や締め切りなど、早めの情報収集が大切です。

インボイス制度のしくみとポイント

インボイス制度とは？

インボイス（適格請求書）により、取引にかかる消費税を正確に集計・計算して、申告・納付するしくみ。

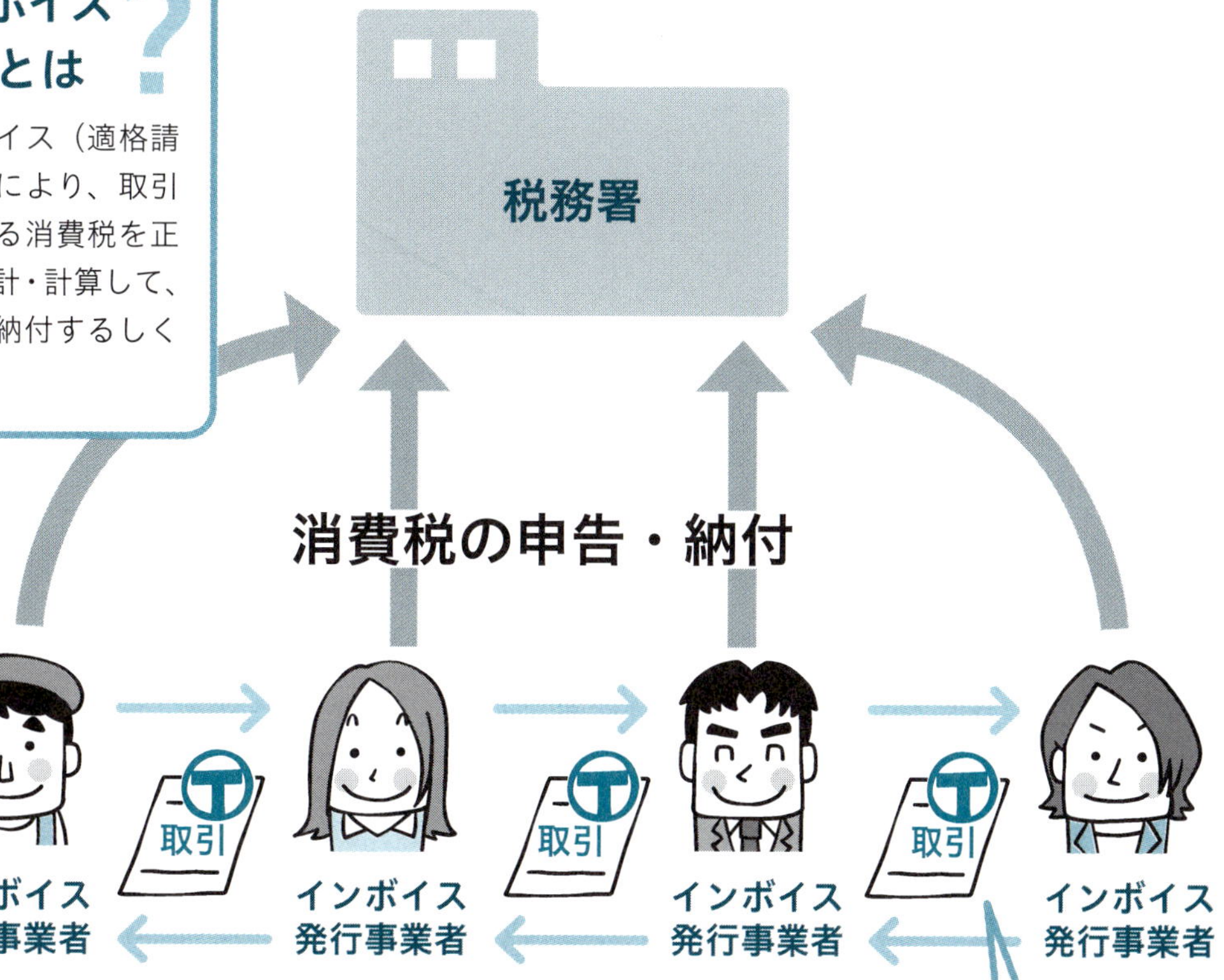

税務署
消費税の申告・納付
取引
取引
取引
インボイス発行事業者
インボイス発行事業者
インボイス発行事業者
インボイス発行事業者

インボイス発行事業者のポイント

- 国に申請して登録することで、事業者ごとに１つの登録番号を持つ。
- 登録できるのは課税事業者のみ（免税事業者は登録できない）。
- 取引でインボイスを発行できる。
- やりとりしたインボイスは保存する。
- 課税事業者として、消費税を帳簿で管理する。
- 課税事業者として、消費税を申告・納付する。

インボイスとは？

請求書などで、登録番号、取引ごとの適用税率とその消費税額を正しく記載したもの(→46ページ)。

令和５年10月にスタートした制度です。これからますます普及が進みます。しっかり理解しておきましょう。

インボイスの発行・保存は、その取引について消費税の仕入税額控除を受ける条件となる。

2-2

インボイスの作成と発行のルールを確認

インボイスに決まった様式はありませんが、登録番号を必ず記載して、消費税額の記載ルールを守らなければなりません。

インボイス発行事業者の登録番号は必須

インボイス（適格請求書）は、決まった様式があるわけではなく、必要な事項がすべて記載されていることでインボイスとなります。請求書や領収書など名称によらず、さまざまな文書をインボイスにできます。

インボイスに必要な記載項目は左ページの通りです。ポイントになるのは、**インボイス発行事業者であることを示す登録番号を記載すること、適用税率（10％または8％）と適用税率ごとの合計額、税率ごとの消費税額を明記することです。**こうした記載が正しく行われていなければ、インボイスとは認められません。

インボイスは、48ページのような発行方法も認められます。たとえば、複数の文書を合わせて1つのインボイスにできます。これまでの取引先とのやりとりに応じた発行方法を採用できます。

変更や修正が必要なら発行側が行う

取引後にインボイスの内容が変更されたり（商品の返品や値引きに応じた、販売奨励金を支払ったなど）、記載にミスが見つかったりすることもあります。

こうした場合、**発行側が変更や修正についてインボイスを再発行します（返還インボイス、修正インボイス）。**受け取った側はインボイスを変更できません（例外あり）。具体的な方法の例は、49ページを参照してください。

キーワード

「簡易インボイス」

スーパーやコンビニ、タクシーなど、不特定多数と取引を行う業種では、記載を簡略化した「簡易インボイス」の発行が認められています。

簡易インボイスでは、「受け取り相手の氏名または名称」を省略できます。また、「適用税率」「税率ごとの消費税額」は、どちらか一方の記載でかまいません。経費の領収書などを受け取ったときは、簡易インボイスが認められる業種のものかどうか確認します。

インボイスの記載ポイント

請求書

令和○年○月○日

株式会社 ×× 御中

新国おさむ
登録番号　T123456789101X

請求金額（税込）　¥　32,800-

月日	品名	金額
6/1	□□□□※	10,000
6/9	□□□□	20,000
合計		30,000

8%対象	10,000　（消費税 800）
10%対象	20,000（消費税 2,000）

※は軽減税率の対象。

1 受け取り相手の氏名または名称

2 発行者の氏名または名称

3 発行者の登録番号
- T + 13 ケタの数字（会社は T ＋法人番号）。

4 取引の内容
- 取引年月日、取引内容（品目など）、取引金額。
- 軽減税率適用がわかる表記（品目に記号をつけるなど）。

5 適用税率（10%または８%）
税率ごとの合計金額（税抜きまたは税込み）
税率ごとの消費税額

✕ こんな記載は認められない

8%対象	10,800
10%対象	22,000

適用税率ごとの消費税額がわからないため。

消費税計算の端数は合計額で処理する

○ 1つのインボイスごとの合計金額で消費税額を計算して、端数を処理する。

月日	品名	金額
10/8	□□□□	2,465
10/15	□□□□	4,453
10/20	□□□□	2,554

8%対象	
10%対象	9,472（税 947）

✕ 品目ごとに消費税額を計算して、端数処理後の税額を合計する。

月日	品名	金額
10/8	□□□□	2,465（税 246）
10/15	□□□□	4,453（税 445）
10/20	□□□□	2,554（税 255）

8%対象	
10%対象	9,472（税 946）

注意！ 軽減税率分があるときは、別に合計して計算する。

注・いずれも端数は切り捨ての場合。

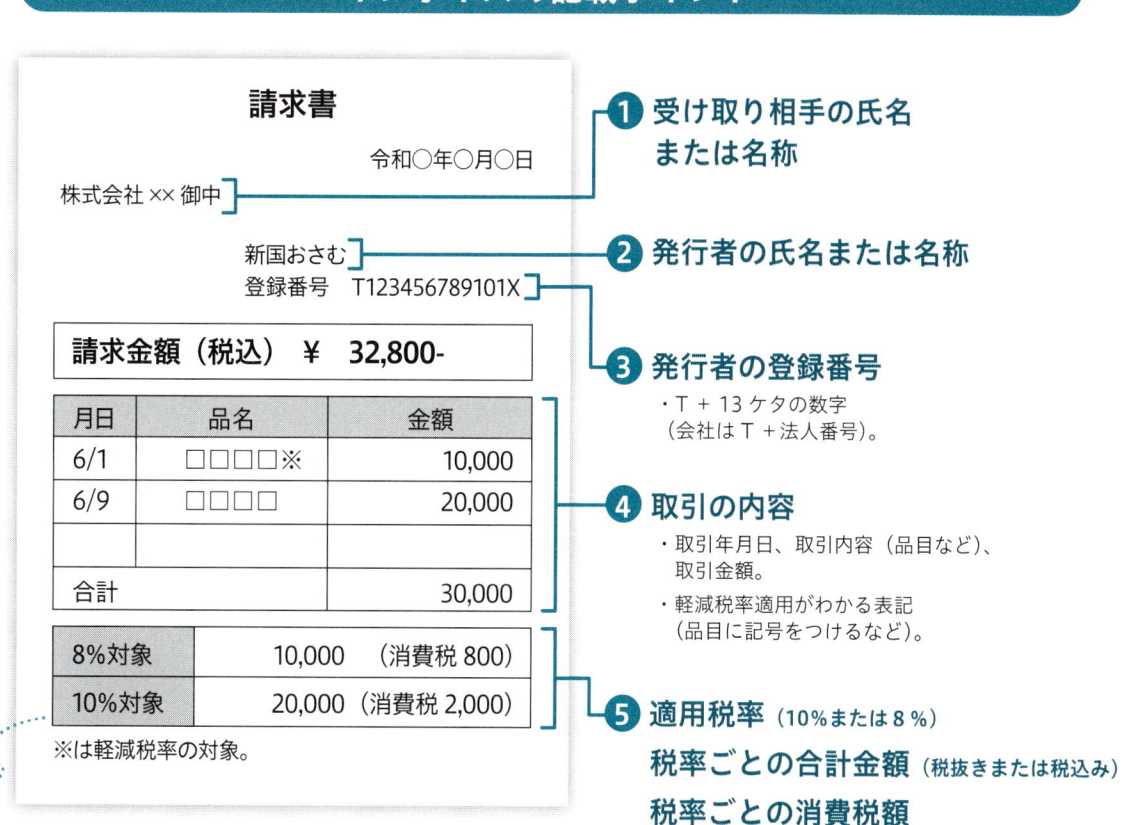

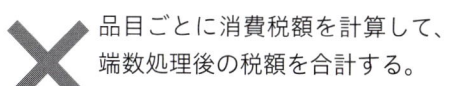

こんな発行方法も認められる

例1 商品などを受け取る側（買う側）が発行する仕入明細書などをインボイスにする

※消化仕入（預かった商品などを売れたときに仕入とする取引）などのケース。

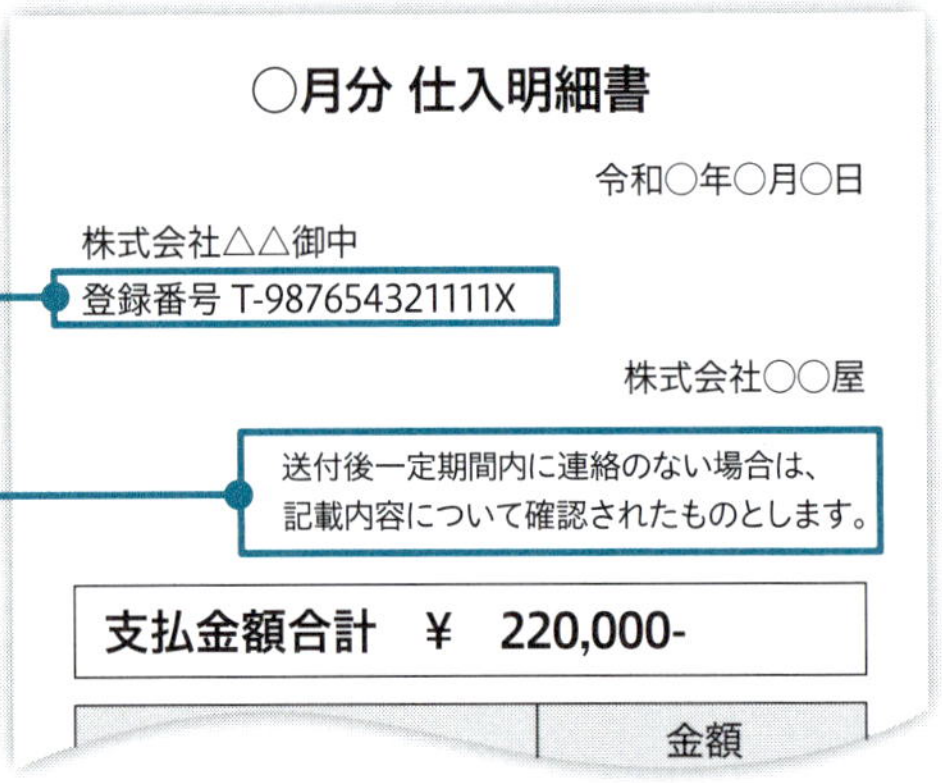

○月分 仕入明細書
令和○年○月○日
株式会社△△御中
登録番号 T-987654321111X
株式会社○○屋
送付後一定期間内に連絡のない場合は、記載内容について確認されたものとします。
支払金額合計 ¥ 220,000-
金額

［作成時のポイント］

売る側の登録番号を記載する。

売る側の了承を得ることが必要。了承の旨の文言を記載して了承に代える方法でもよい。

例2 納品書や請求書など、複数の文書を合わせてインボイスにする

※各取引で納品書を発行して、月ごとに請求書を発行するケースなど。

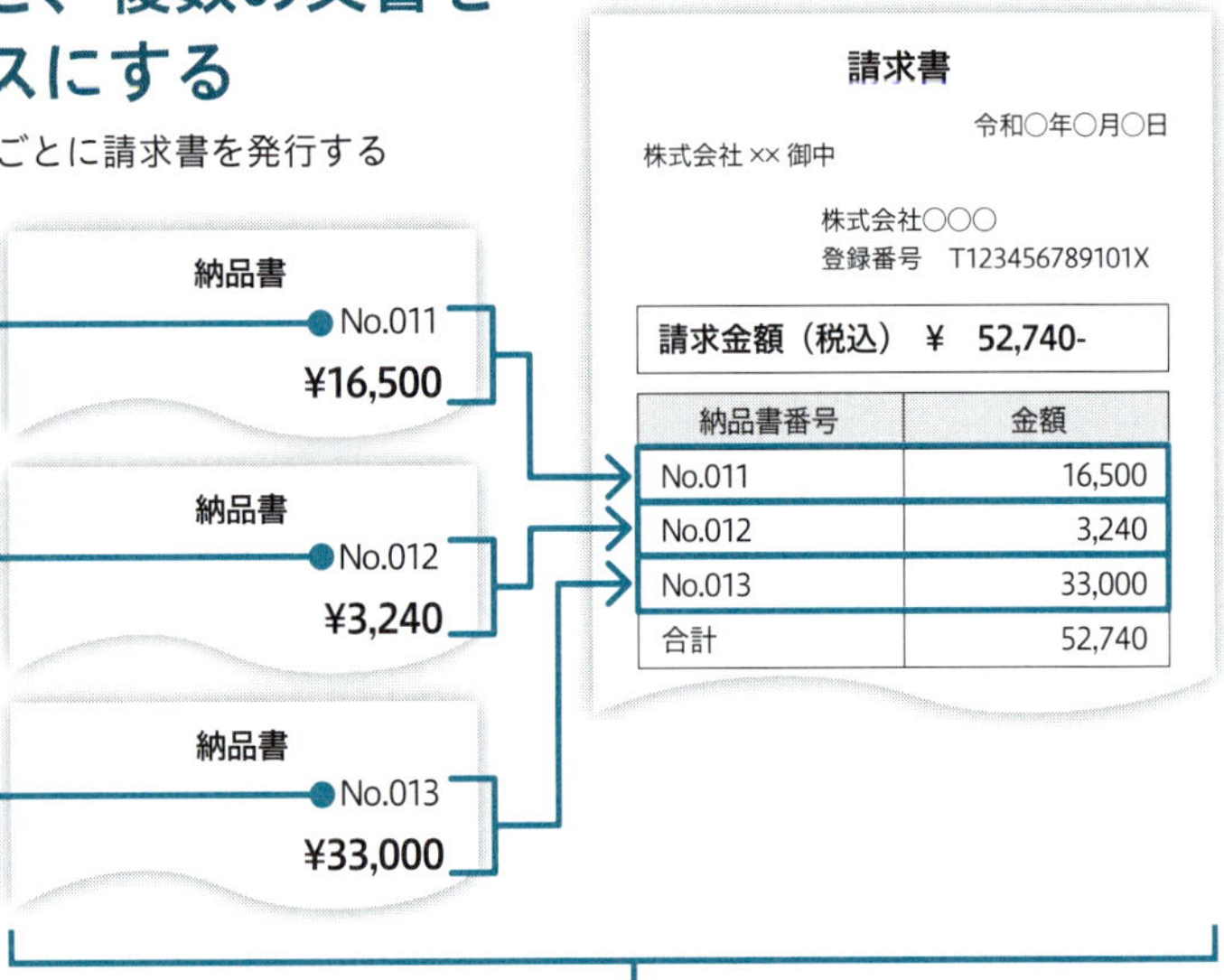

納品書
No.011
¥16,500
納品書
No.012
¥3,240
納品書
No.013
¥33,000
請求書
令和○年○月○日
株式会社 ×× 御中
株式会社○○○
登録番号 T123456789101X
請求金額（税込） ¥ 52,740-
納品書番号 | 金額
No.011 | 16,500
No.012 | 3,240
No.013 | 33,000
合計 | 52,740

［作成時のポイント］

番号などで、文書同士の関連性を明確にしておくこと。

文書はどちらも保存することが必要。

例3 口座振替や振り込み決済で、契約書を利用してインボイスにする

※事務所の家賃や顧問料など。

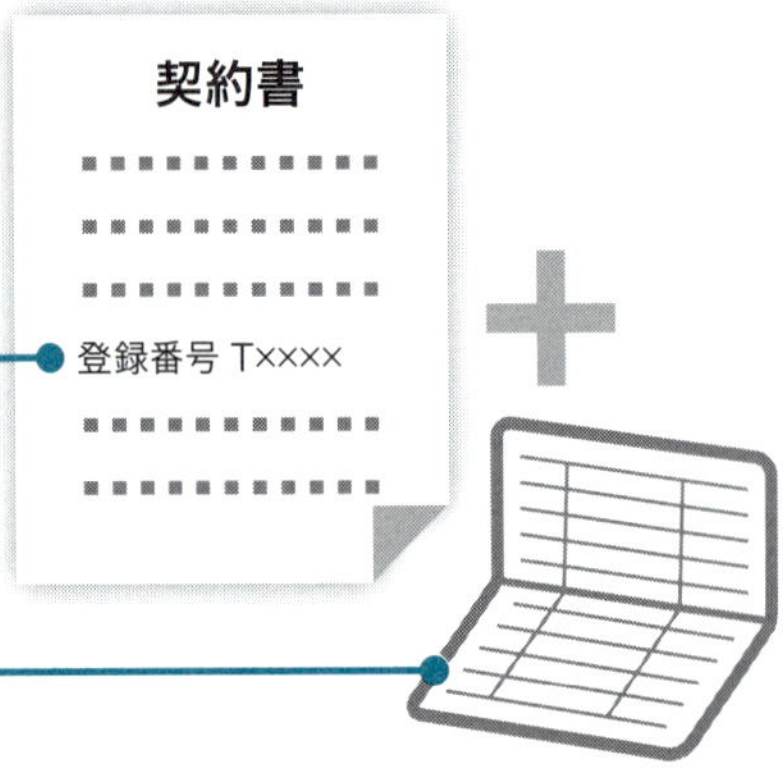

契約書
登録番号 T××××

［作成時のポイント］

契約書に、登録番号や取引に対する消費税額、適用税率を記載する。

取引が印字された預金通帳と合わせて保存する（電子取引ならデータ保存）。

注・一定期間の取引をまとめたインボイスを作成してもよい。

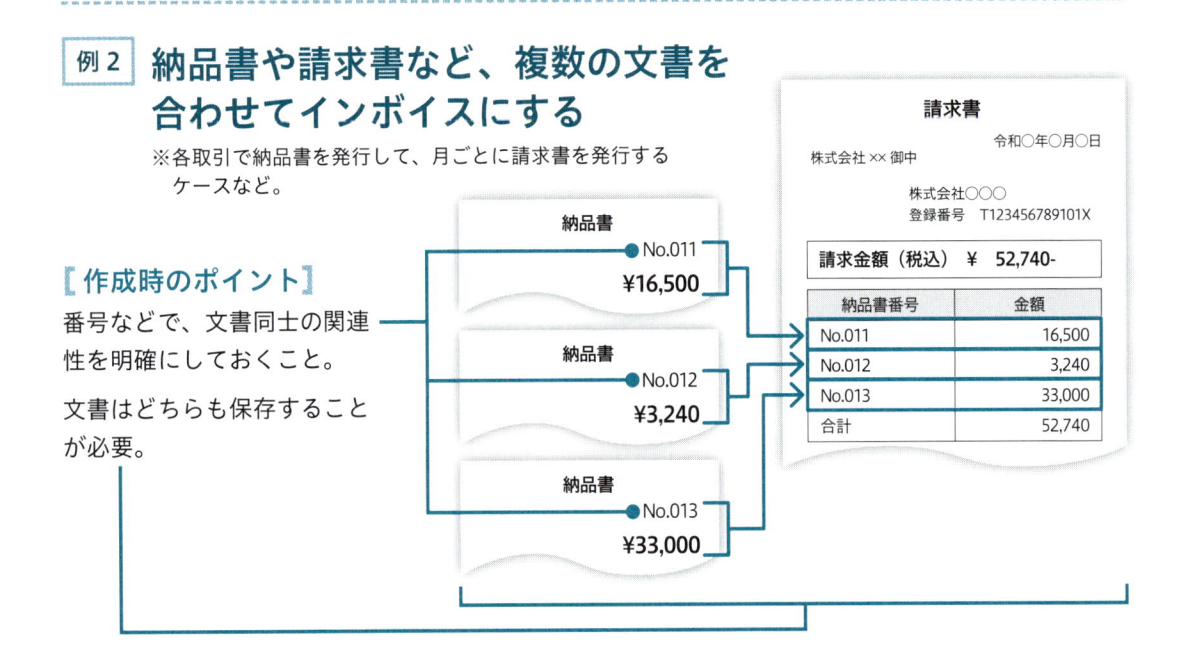

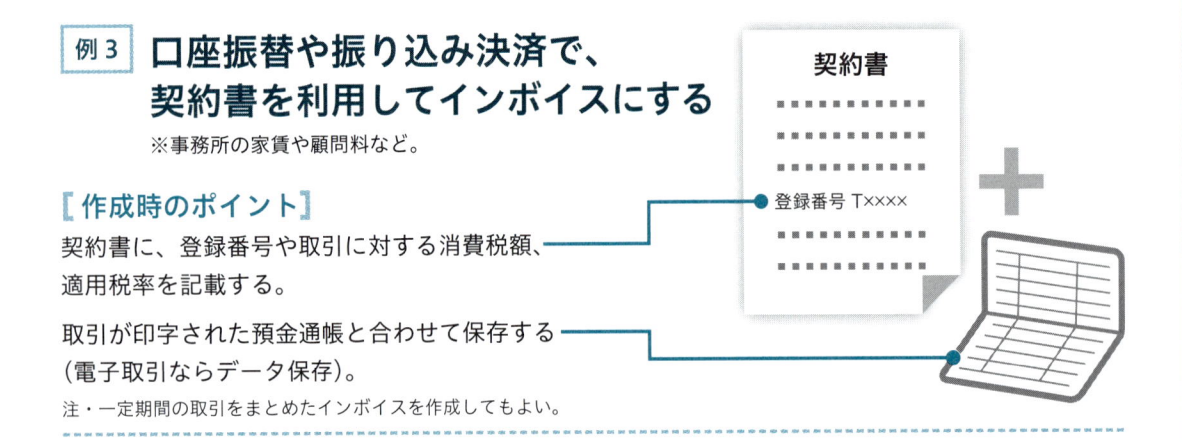

インボイスの変更や修正は原則発行側が行う

インボイス発行後に取引内容に変更があったとき

※商品の値引きをした、返品を受けた、
販売報奨金を支払ったなど。

返還インボイスを発行する

【作成方法】

A 別のインボイスとして発行する(右の例参照)。

B 月ごとの請求書（インボイス）などに、「返品明細書」などとして追記する。

・請求金額と返品等の金額（消費税額）は、別に扱うほか相殺してもよい。

POINT 値引きや返品などが税込み１万円未満なら、返還インボイスの発行は免除される。

返還インボイスの例

納品した□□□□（5,000 円）と
△△△△（10,000 円）が返品された場合。

支払明細書

20XX 年○月○日

株式会社○○御中

新国おさむ
登録番号 T123456789101X

返品支払額 ¥ 16,500-

月日	品名	金額
7/1	□□□□	5,000
7/8	△△△△	10,000

10%対象	15,000 （消費税 1,500）

元の取引が行われた年月日、返品の内容と金額を記載する。

発行したインボイスに間違いが見つかったとき

修正インボイスを発行する

【作成方法の例】

A 正しいインボイスを再発行する(右の例参照)。

B 修正事項を明示した文書を発行する（「修正事項通知」など）。

・修正箇所を記載して、元のインボイスとの関連がわかる文言を入れる（「〇年〇月〇日発行の請求書に下記の誤りがあったため修正します」など）。

POINT 受け取った側が間違いに気づいた場合、受け取った側が修正して、発行側に確認してもらうことも認められる。

修正インボイスの例

元のインボイスで合計金額を「20,000 円（消費税 2,000 円）」としたが、正しくは「30,000 円（消費税 3,000 円）」だった。

「修正」などの文言を加える。

請求書 ＜修正＞

20XX 年○月○日

株式会社○○御中

中尾 正
登録番号 T123456789101X

月日	品名	金額
2/1	□□□	20,000
2/8	□□□	10,000

10%対象	30,000 （消費税 3,000）

正しい内容に修正する。

2-3 記載内容を確認して7年間保存する

インボイスを受け取ったときは、記載に間違いがないかなどを確認します。その後7年間の保存が義務づけられています。

まずは登録番号をチェックする

取引でインボイスを受け取ったら、正しいインボイスかどうか確認します。登録番号の記載があるか（登録番号は正しいか→「キーワード」）、47ページの記載事項に間違いやもれはないかなどです。不備のあるインボイスでは、仕入税額控除を受けられません。スーパーやコンビニなどで発行されるレシートは、簡易インボイスの場合もあるので注意します。間違いなどがあれば、原則として再発行などを依頼します。

取引の前には、相手が課税事業者か免税事業者かを確認しておく必要もあります。

帳簿のみの保存で仕入税額控除が認められる取引（→54ページ）や、1万円未満の仕入や経費ならインボイス不要になる少額特例（→56ページ）の適用も確認します。

適切な保存が仕入税額控除の条件

発行した側はインボイスの控え、受け取った側はそのインボイスを、それを記録した帳簿と合わせて、7年間保存しなければなりません。

書面（紙）はそのまま保存するほか、PDFファイルなど電子データにして保存します。電子データによりインボイスをやりとりした場合は、電子データを保存しなければなりません。出力して紙のみを保存することは認められません。

電子保存については、*電子帳簿保存法のルールにしたがうことに注意します。

＊データを改ざんできないようなしくみをつくる、データをいつでも確認できるようにしておくなど。

キーワード

「適格請求書発行事業者公表サイト」

インボイスの登録番号は、国税庁が運営する「適格請求書発行事業者公表サイト」にアクセスすれば、誰でも確認できます。登録番号を入力することで、該当する事業者と登録された公表情報をチェックできます（一度に10件まで）。ただし、氏名や名称からの検索はできません。

法人の登録番号は「T＋13ケタの法人番号」なので、国税庁の「法人番号公表サイト」で調べることもできます。

インボイス受け取り時の確認と保存ポイント

CHECK（取引前に）

相手が課税事業者か免税事業者か確認する

免税事業者との取引は → 仕入税額控除 NG（経過措置あり→ 52 ページ）。

CHECK

登録番号を確認する

・登録番号の記載はあるか。
・登録番号が正しいかどうか、適格請求書発行事業者公表サイトで確認する。

登録番号の記載がない、間違っている → 仕入税額控除 NG

CHECK

記載内容を確認する

・必要な記載事項などに間違いや抜けはないか。
・間違いなどがあれば、原則として再発行（修正インボイス）を依頼する。

記載に不備のあるインボイスだと → 仕入税額控除 NG

簡易課税制度や2割特例による申告なら、仕入についてこうした確認は不要です。

インボイスは7年間＊保存する

＊翌年最初の2か月を経過した日からの期間。

・取引内容は帳簿に記録して、帳簿も保存する。

インボイスや帳簿を保存してないと → 仕入税額控除 NG

書面（紙）
そのまま保存するか、電子データにして保存する。

メール添付、ネット経由など電子データ
電子データのまま保存する。

POINT 電子帳簿保存法の定めにより、出力紙のみの保存は不可。

簡易課税制度や2割特例を利用する場合も、インボイスの保存は必要です。*

＊所得税の計算で必要になるため、仕入や経費に関するインボイスも保存する。

2-4

免税事業者との取引は経過措置を使える

免税事業者との取引では、原則として仕入税額控除を受けられませんが、急な変化を緩和するため、一定期間は一部適用を受けられます。

令和8年9月までは80%、令和11年9月までは50%

消費税の申告や納付を免除されている免税事業者（→24ページ）は、インボイスを発行できません。そのため、インボイス制度開始以降は、免税事業者との取引で受け取った請求書などにより、相手に消費税を支払っていても、その消費税額は仕入税額控除を受けることはできません。

ただし、取引の大きな変化を緩和するため、免税事業者との取引には、制度開始から6年間の経過措置が設けられています。**免税事業者との取引で支払った消費税は、令和8年9月までは80%、その後令和11年9月までは50%を、仕入税額控除により差し引くことができます。** 令和11年10月から、全額が控除できなくなります。

なお、簡易課税制度や2割特例を選択している事業者は、支払った消費税の計算をしないため、この経過措置を考える必要はありません。

適用を受けるには帳簿に記載すればOK

経過措置の適用を受けるには、その請求書など*（区分記載請求書）の保存とともに、帳簿入力の際、適用を受ける課税仕入である旨を付記して保存します（「80%控除」や「免税事業者からの仕入」など。または記号などをつけて、他の取引と区別できるようにしておく）。

軽減措置期間中に、取引内容を交渉してもよいでしょう。

＊インボイス制度以前の、仕入税額控除の適用条件を満たす請求書など（登録番号と適用税率、税率ごとの消費税額の記載がなくてよい）。

プラスアルファ　免税事業者のままでもよい事業者とは

免税事業者のままでも取引に影響がないような事業もあります。たとえば、取引相手が一般消費者（美容院や学習塾など）、取引のほとんどが非課税取引（医療や介護、学校教育など）といった場合です。課税事業者となってインボイスを発行する必要性は低いでしょう。

また、取り替えのきかない技術などを持つ事業者は、免税事業者のまま取引を続けられるかもしれません。

控除できる金額は段階的に少なくなっていく

免税事業者との取引で支払った消費税額

令和6年		80%差し引ける
令和7年		80%差し引ける
令和8年	9月まで	80%差し引ける
	10月から	50%差し引ける
令和9年		50%差し引ける
令和10年		50%差し引ける
令和11年	9月まで	50%差し引ける
	10月から	全額差し引けない

（80%の期間）帳簿に「80％控除」などと記載する。

［例］
免税事業者に支払った消費税額が1万円の場合、8000円（1万円×80％＝8000円）を差し引ける。

（50%の期間）帳簿に「50％控除」などと記載する。

［例］
免税事業者に支払った消費税額が1万円の場合、5000円（1万円×50％＝5000円）を差し引ける。

（全額差し引けない期間）

［例］
免税事業者に支払った消費税額が1万円の場合、全額差し引けない。

以後、免税事業者との取引で
仕入税額控除は使えない。

取引ごとに帳簿に経過措置を受ける旨を記載しておきます。

2-5

インボイスがなくてもよい取引がある

公共交通機関の運賃など、インボイスの発行や受け取りが難しい取引では、少額であればインボイスのやりとりが免除されます。

運賃などの場合は税込み3万円未満まで

取引の性格上、インボイスの発行や受け取りが難しいことから、インボイスのやりとりが免除される取引があります。

たとえば、電車やバスなどの公共交通機関を利用した際の運賃や、自動販売機による販売・購入です。こうした取引では、インボイスは発行不要で、支払った側はインボイスがなくても仕入税額控除を受けられます。ただし、1回当たり税込み3万円未満という金額の上限があります。

この他に、郵便ポストに投函された郵便物や、展示会や美術館の入場券（回収されるもの）なども対象です。

また、従業員に支払う出張旅費（宿泊費や日当）や通勤手当も、一般に必要と認められる金額までなら、実費精算、定額支給などにかかわらず、精算・支給にともない支払った消費税分は、仕入税額控除を受けられます。

帳簿への記載と保存が欠かせない

インボイス免除の取引による支払いで仕入税額控除を受けるには、**帳簿に通常の記載内容とともに、「3万円未満の鉄道料金」「入場券等」「出張旅費等」など、インボイス不要の取引に該当することがわかる文言を付記します（または記号などで、他の取引と区別する）。**

その上で、この帳簿を保存することが必要です。

プラスアルファ　インボイス不要の業種がある

古物商や質屋、宅地建物取引業者（不動産仲介業など）、再生資源業事業者（リサイクルショップなど）といった、消費者（または免税事業者）から品物を仕入れたり販売する業種は、帳簿への記載と保存のみで仕入税額控除を受けることができます。

ただし、仕入の際などに、その相手が「インボイス発行事業者でない」ことの確認が必要です（その旨を書類に記入してもらうなど）。

インボイスが免除される5つの取引

1 公共交通機関の運賃（税込み3万円未満）

- 電車、バス、船舶の1回あたりの支払い。
- 飛行機、タクシーは対象外。

注意！ 複数枚のチケットを一度に購入した場合は、合計額で判定する。

2 自販機などからの購入（税込み3万円未満）

- その他、コインロッカー、コインランドリーなど自動サービス機の利用。

注意！ セルフレジ、有料道路のETC、コインパーキングなどは対象外。

3 郵便ポストに投函された郵便物

注意！ 窓口から差し出した場合は、インボイス（レシートなど）が必要。

4 展示会や美術館などの施設で、回収される入場券など

- 簡易インボイス発行の条件を満たす施設などのもの。

5 従業員に支払う出張旅費（宿泊費や日当含む）、通勤手当など

- 一般に必要と認められる金額まで。実費精算でも定額支給でもよい。

経費の処理をするとき、経理の負担が軽くすみますね。

→ **インボイスがなくても仕入税額控除が受けられる**

帳簿への記載・保存が必要

記載する内容は、取引相手の氏名（名称）、取引の年月日、取引の内容（1～5の取引に該当する旨を付記する）、金額（適用税率とその税額）。

2-6 1万円未満ならインボイスなしでもOK

取引が1万円未満なら、帳簿への記載のみで仕入税額控除を受けられます。中小事業者の負担を軽減する期間限定の特例の1つです。

課税売上高1億円以下の事業者が対象

インボイス制度の負担軽減措置の1つに、**税込み1万円未満の仕入や経費（課税仕入）なら、インボイスの保存が免除される「少額特例」があります。** 基準期間の課税売上高1億円以下の事業者が対象です。

この特例により、一定の事項を記載した帳簿の保存のみで仕入税額控除を受けられます。免税事業者との取引でも、仕入税額控除を受けられることになります。

なお、インボイス発行事業者の発行義務が免除されるものではないため、求めれば1万円未満の取引であってもインボイスを発行してもらうことはできます。

「税込み1万円未満の仕入や経費」は、1件当たりの取引金額で判断します。複数の商品を同時に購入して、1つの請求書により請求金額が1万円以上になる場合などは適用されません（左ページ下図）。

少額特例は、令和11年9月までの限定措置です。

返還インボイスでも免除される

インボイス発行事業者が返品や値引きなどを行うと、通常返還インボイスの発行が必要ですが、その金額が税込み1万円未満であれば免除されます。**少額の値引きなどは、帳簿への記載・保存のみで仕入税額控除を受けられることになります。**

この措置には適用期限がなく、適用対象者の条件もありません。

少額特例の対象期間

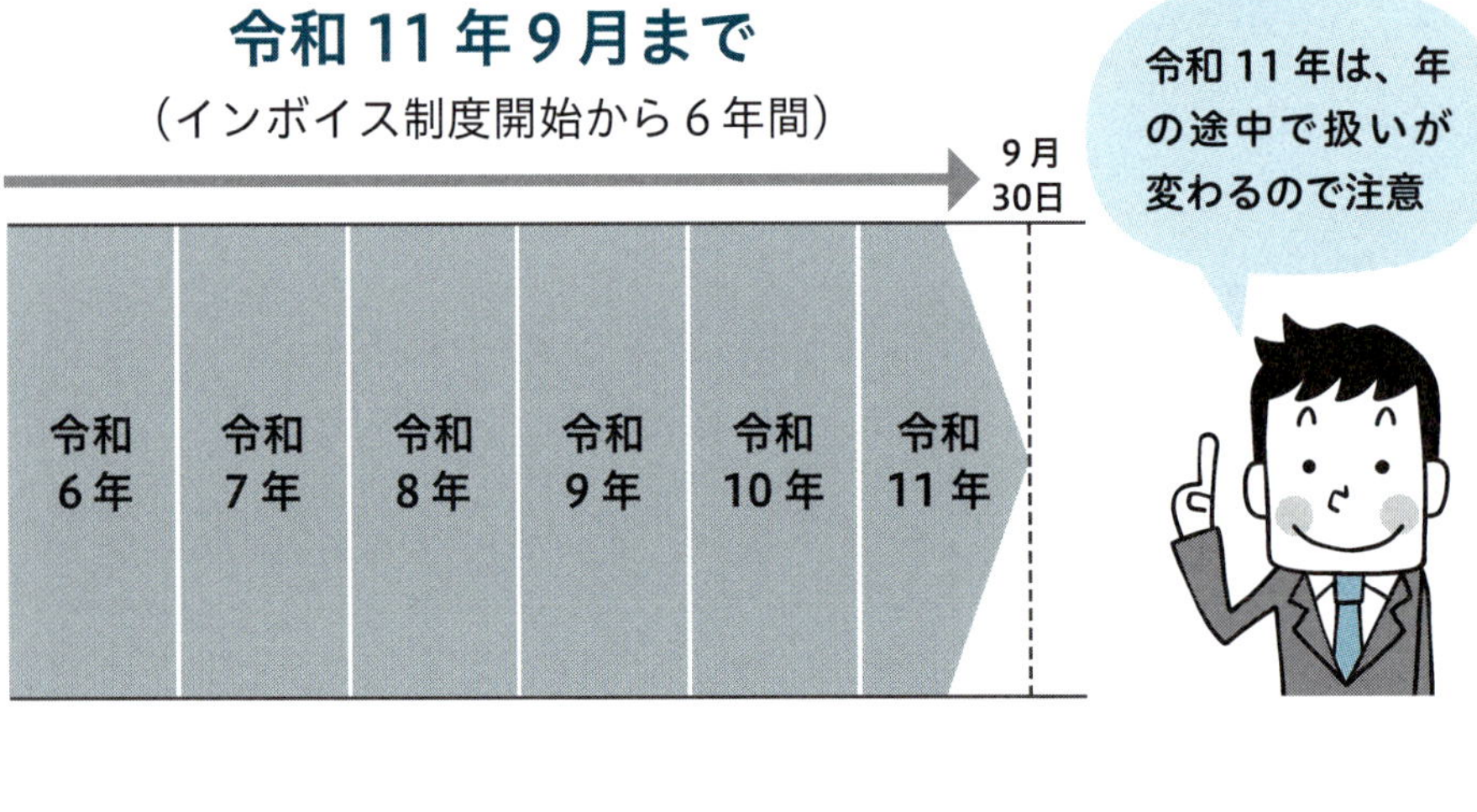
令和11年9月まで
（インボイス制度開始から6年間）
9月30日
令和6年
令和7年
令和8年
令和9年
令和10年
令和11年
令和11年は、年の途中で扱いが変わるので注意

税込み1万円未満の取引に適用される

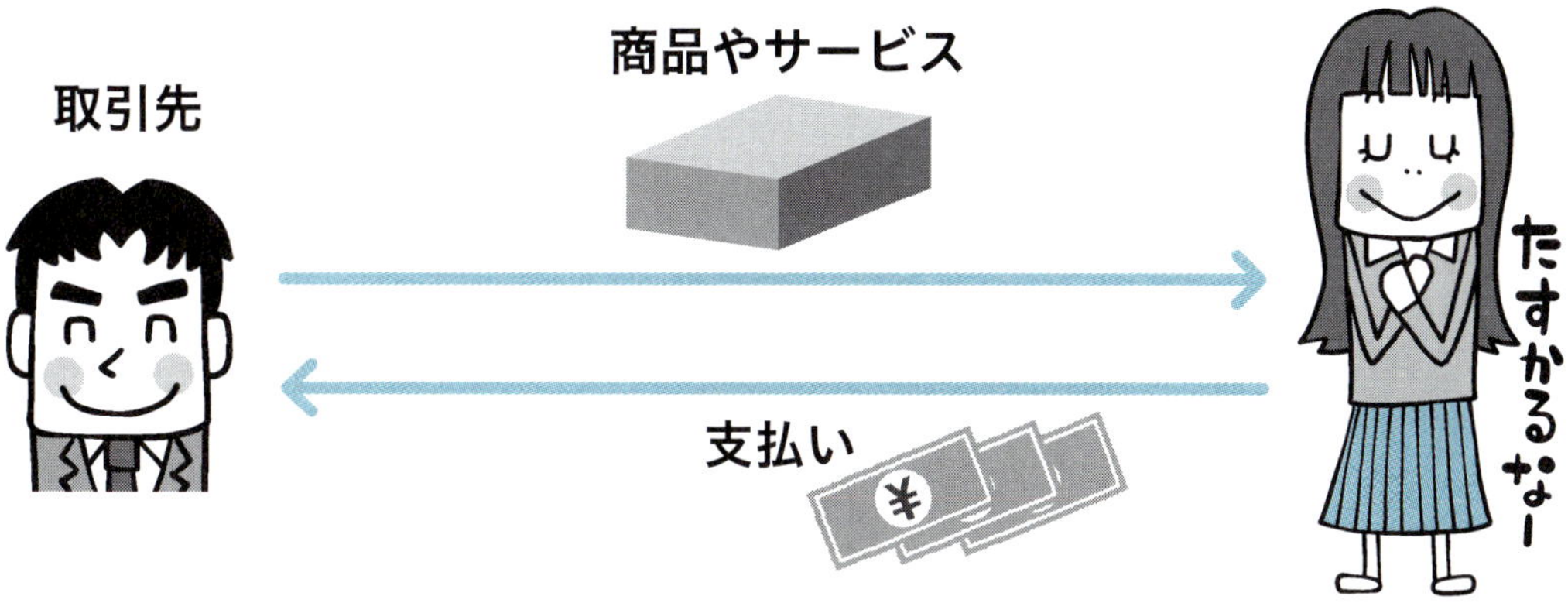

1件1万円未満（税込み）の仕入や経費なら

対象となる事業者
基準期間の課税売上高が1億円以下＊の個人事業者や会社
＊または特定期間（前年1～6月・個人事業者の場合）の課税売上高5000万円以下。

少額特例

帳簿への記載のみ＊で仕入税額控除を受けられる。

＊取引相手の氏名（名称）、取引の年月日、取引の内容、金額（適用税率とその税額）を記載する。

「1件1万円未満」の判定例

同じ取引先から、5000円の商品と6000円の商品を同時に購入した（合計1万1000円を支払った）。	✕ 適用されない
月契約4万円の清掃業務費用（稼働日数5日・1回当たり8000円）を支払った。	✕ 適用されない
同じ取引先から、5000円の商品と6000円の商品を別の日に購入して、それぞれに支払いをした。	○ 適用される
1回7000円のクリーニング業務を同じ月（別の日）に3回依頼して、1か月分（2万1000円）をまとめて支払った。	○ 適用される

2-7 2割特例なら消費税の申告が簡単・有利

新規の課税事業者なら、消費税の申告が簡単になる「2割特例」を利用できます。中小事業者の負担を軽減する、期間限定の特例の1つです。

元・免税事業者は必ずチェック

インボイス制度のために免税事業者から課税事業者になった事業者は、消費税の申告で「2割特例」という負担軽減措置を選べます。**2割特例では、納める消費税額を、受け取った消費税額の2割として計算できます。**仕入や経費で支払った消費税額について、計算する必要がありません。

消費税の計算を簡単に行う方法には、簡易課税制度（→34ページ）がありますが、2割特例では、簡易課税制度のように事業区分やみなし仕入率を考えなくてよいため、さらに簡単な方法といえます。

また、受け取った消費税額から一律80％を差し引くことができるため、税額は一般課税や簡易課税の計算より有利になることが多いでしょう（卸売業はみなし仕入率90％のため、簡易課税制度が有利）。一般課税、簡易課税との比較は、71ページを参照してください。

売上によっては適用されないことがある

2割特例には事前手続きは不要です。申告書作成時に該当欄に○をするだけで、適用を受けられます。ただし、**令和8年までの限定措置であるため、2割特例の適用終了後の申告方法について、検討しておく必要があります。**

また、基準期間の課税売上高が1000万円などを超える年は、適用を受けられないことに注意します。

2割特例の対象期間

令和8年12月まで＊
（インボイス制度開始から3年間）

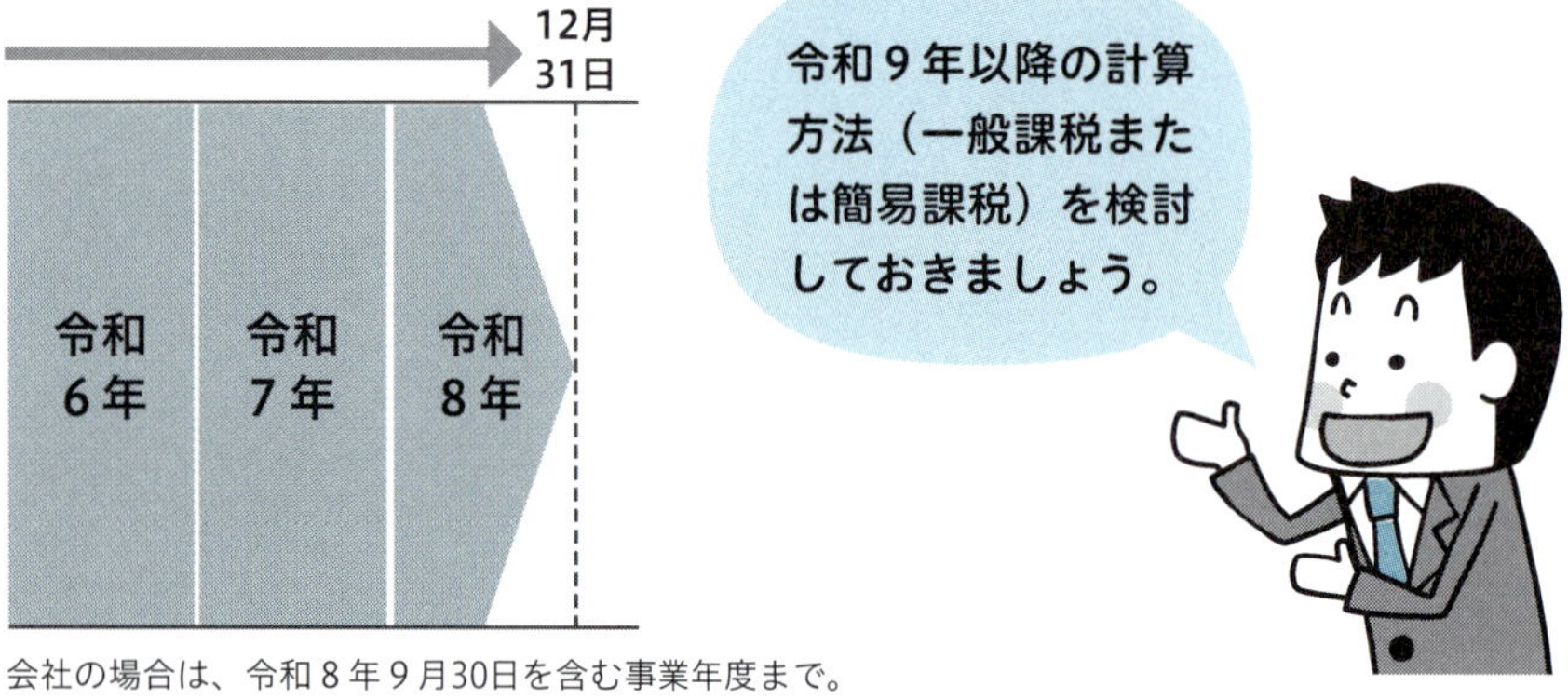
12月
31日
令和6年
令和7年
令和8年
令和9年以降の計算方法（一般課税または簡易課税）を検討しておきましょう。

会社の場合は、令和8年9月30日を含む事業年度まで。

インボイス発行事業者を選んだ免税事業者が対象

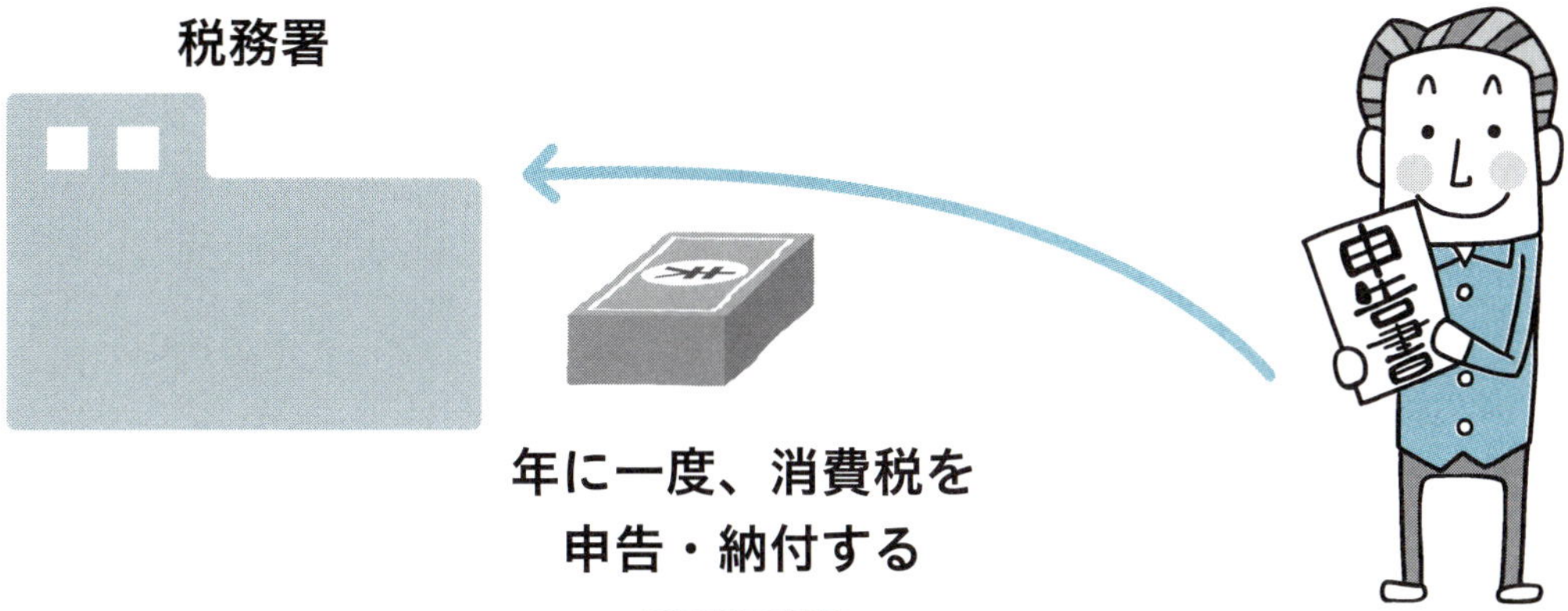

年に一度、消費税を
申告・納付する

2割特例

納める消費税額を「受け取った消費税額の2割」にできる。

- 消費税額の計算が簡単になる（仕入や経費で支払った消費税額の計算が不要）。
- 通常の消費税計算より、税額が有利になることが多い。

対象となる事業者

インボイス制度を機に、免税事業者から課税事業者（インボイス発行事業者）になった個人事業者や会社。

× 基準期間の課税売上高1000万円超など、売上要件で課税事業者になる年は対象外。

2割特例による納付税額のめやす

計算式 受け取った消費税額 − 受け取った消費税額×80% ＝ 納める消費税額

課税売上	受け取った消費税額 *	納める消費税額
1000万円	100万円	20万円
800万円	80万円	16万円
600万円	60万円	12万円
400万円	40万円	8万円

＊すべての取引が標準税率10％の場合。

登録手続きは郵送かオンラインで行う

インボイスを発行するには、税務署に登録の手続きをする必要があります。これから登録する人はよく確認しておきましょう。

登録申請手続きの流れ

郵送

登録申請書を作成する
- 記入例は 61、62 ページ参照。

↓

登録申請書を提出する
- インボイス登録センターに郵送する（窓口持参は不可）。

↓

税務署の確認・審査を受ける

↓

登録通知書（登録番号）が郵送で送られてくる
- 一般に 1 ～ 2 か月程度かかる。

登録完了

↓

オンライン（e-Tax）

登録申請書を作成する
- e-Tax ソフトにアクセス。画面の指示にしたがい、登録申請データを作成する。

e-Tax に未登録なら、まず e-Tax の開始手続きが必要（→76 ページ）。

↓

登録申請データを送信する
- 「受信通知」をチェックして、送信完了を確認する。

↓

税務署の確認・審査を受ける

↓

登録通知書（登録番号）が郵送で送られてくる
- 申請時に希望すれば、電子データで通知を受けられる。この場合、郵送より早く交付される。

登録完了

↓

適格請求書発行事業者公表サイトで公表される

窓口への直接申請はできない

インボイス制度の登録申請は、郵送または e-Tax によりオンラインで行います。

郵送の場合は、「適格請求書発行事業者の登録申請書（以下、登録申請書）」を税務署窓口で入手するほか、国税庁のホームページからダウンロードして必要事項を記入、管轄のインボイス登録センター（都道府県の国税局に設置されている）に郵送します。税務署に直接出向いての申請はできません。

e-Tax による登録申請は、e-Tax ソフトにアクセスして（マイナンバーカードがあると手続きしやすい）、登録申請データを作成・送信します。スマホやタブレットからも申請可能です。

登録申請書（1枚目／初葉）の記入例（個人事業者の場合）

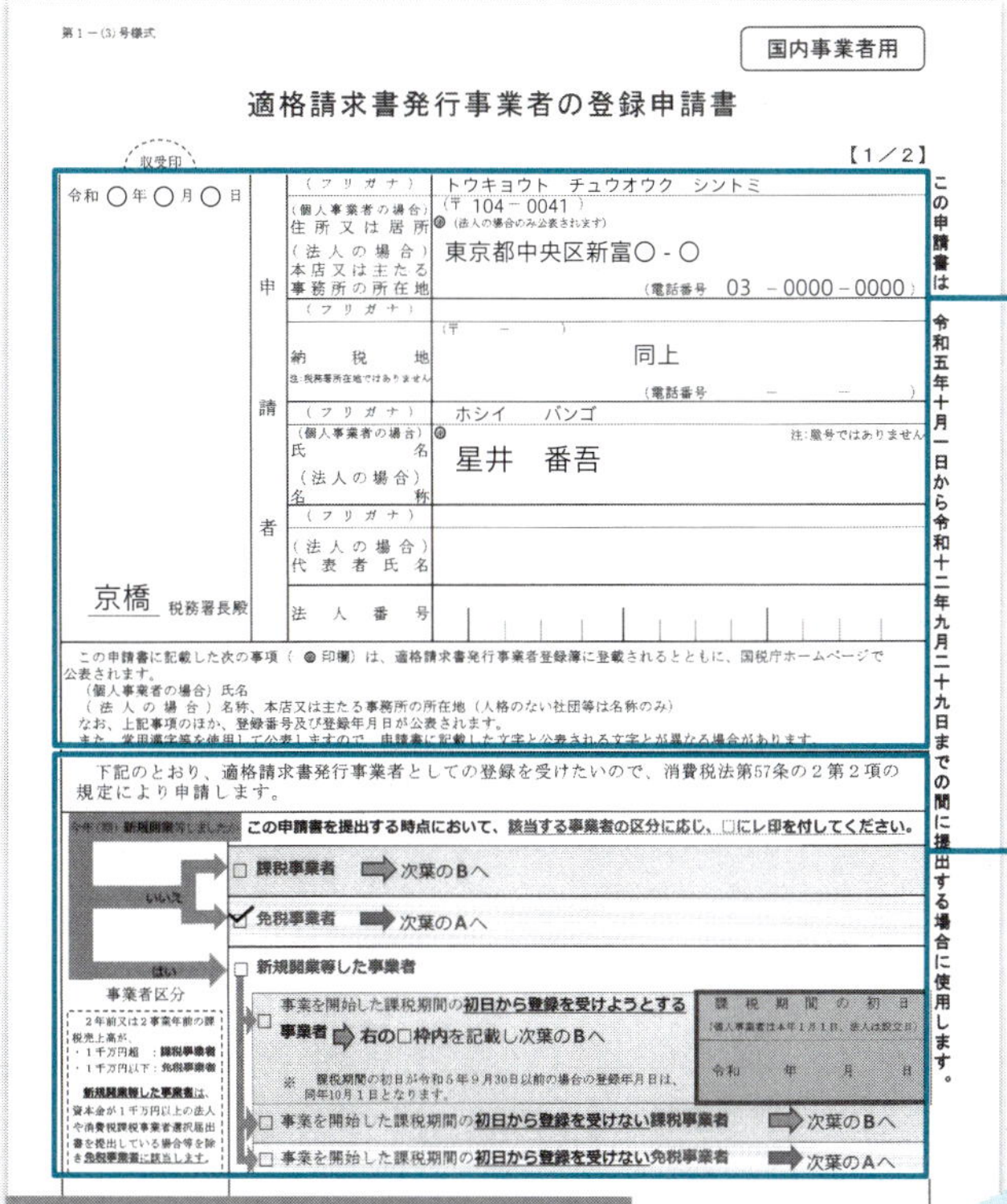
第1－(3)号様式

国内事業者用

適格請求書発行事業者の登録申請書

収受印

【1／2】

令和 ○年 ○月 ○日

申請者	（フリガナ）	トウキョウト　チュウオウク　シントミ
	（個人事業者の場合）住所又は居所 （法人の場合）本店又は主たる事務所の所在地	（〒 104－0041） ◎（法人の場合のみ公表されます） 東京都中央区新富○－○ （電話番号　03 －0000－0000）
	（フリガナ）	
	納税地 注：税務署所在地ではありません	（〒 － ） 同上 （電話番号 － － ）
	（フリガナ）	ホシイ　バンゴ
	（個人事業者の場合）氏名 （法人の場合）名称	◎　注：屋号ではありません 星井　番吾
	（フリガナ）	
	（法人の場合）代表者氏名	
	法人番号	

京橋 税務署長殿

この申請書に記載した次の事項（◎印欄）は、適格請求書発行事業者登録簿に登載されるとともに、国税庁ホームページで公表されます。
（個人事業者の場合）氏名
（法人の場合）名称、本店又は主たる事務所の所在地（人格のない社団等は名称のみ）
なお、上記事項のほか、登録番号及び登録年月日が公表されます。
また、常用漢字等を使用して公表しますので、申請書に記載した文字と公表される文字とが異なる場合があります。

下記のとおり、適格請求書発行事業者としての登録を受けたいので、消費税法第57条の2第2項の規定により申請します。

この申請書を提出する時点において、該当する事業者の区分に応じ、□にレ印を付してください。

- □ 課税事業者 ➡ 次葉のBへ
- ✓ 免税事業者 ➡ 次葉のAへ
- □ 新規開業等した事業者
  - □ 事業を開始した課税期間の初日から登録を受けようとする事業者 ➡ 右の□枠内を記載し次葉のBへ
    - 課税期間の初日（個人事業者は本年1月1日、法人は設立日）　令和　年　月　日
    - ※ 課税期間の初日が令和5年9月30日以前の場合の登録年月日は、同年10月1日となります。
  - □ 事業を開始した課税期間の初日から登録を受けない課税事業者 ➡ 次葉のBへ
  - □ 事業を開始した課税期間の初日から登録を受けない免税事業者 ➡ 次葉のAへ

いいえ　はい

事業者区分

2年前又は2事業年前の課税売上高が、
・1千万円超　：課税事業者
・1千万円以下：免税事業者
新規開業等した事業者は、資本金が1千万円以上の法人や消費税課税事業者選択届出書を提出している場合等を除き免税事業者に該当します。

この申請書は令和五年十月一日から令和十二年九月二十九日までの間に提出する場合に使用します。

（電話番号 － － ）

通信日付印　年　月　日　確認

個人番号カード／通知カード・運転免許証　その他（ ）

て提出してください。

いつまで　登録希望日（提出日から15日以後の登録を受ける日として希望する日・令和11年までの経過措置）

どこで　住所地または事務所所在地を管轄する税務署

❶ 住所・氏名などを記入する

- 住所または事務所の所在地、電話番号を記入する。
- 氏名または名称を記入する（いずれも公表事項）。
- 個人事業者の場合、住所や事務所の所在地は公表されない。

POINT　**個人事業者が「事務所の所在地などを公表したい」「屋号も公表したい」という場合は、「適格請求書発行事業者の公表事項の公表（変更）申出書」を、登録申請書に添付する。**

❷ 事業者区分などにチェックを入れる

- 課税事業者、免税事業者、新規開業など（提出時）から選ぶ。チェックにより2枚目の該当欄に進む。

登録申請書は税務署で入手するほか、国税庁のホームページからダウンロードできます。また、画面上で直接入力もできます。

課税事業者か免税事業者かなどにより、記入内容はやや異なります。また免税事業者は、登録希望日（いつからインボイス発行事業者になるか）を選ぶことができます。ただし、提出日から15日を経過した日以降の日となります。

申請内容の確認・審査後、登録通知書（登録番号）が送られてきます。通知までには、1～2か月程度かかります。

インボイス制度開始による経過措置がある

免税事業者がインボイス発行事業者となるには、本来、その前年までに「課税事業者選択届出書」を税務署に提出して、課税事業者となる必要があります（↓28ページ）。しかし、**免税事業者のインボイス登録なら、課税事業者選択届出書の提出を省略して、登録日からインボイス発行事業者と同時に課税事業者になれます。**

またインボイス登録とともに簡易課税制度を選ぶ場合、「簡易課税制度選択届出書」を合わせて提出します（↓38ページ）。本

登録申請書（2枚目／次葉）の記入例（個人事業者の場合）

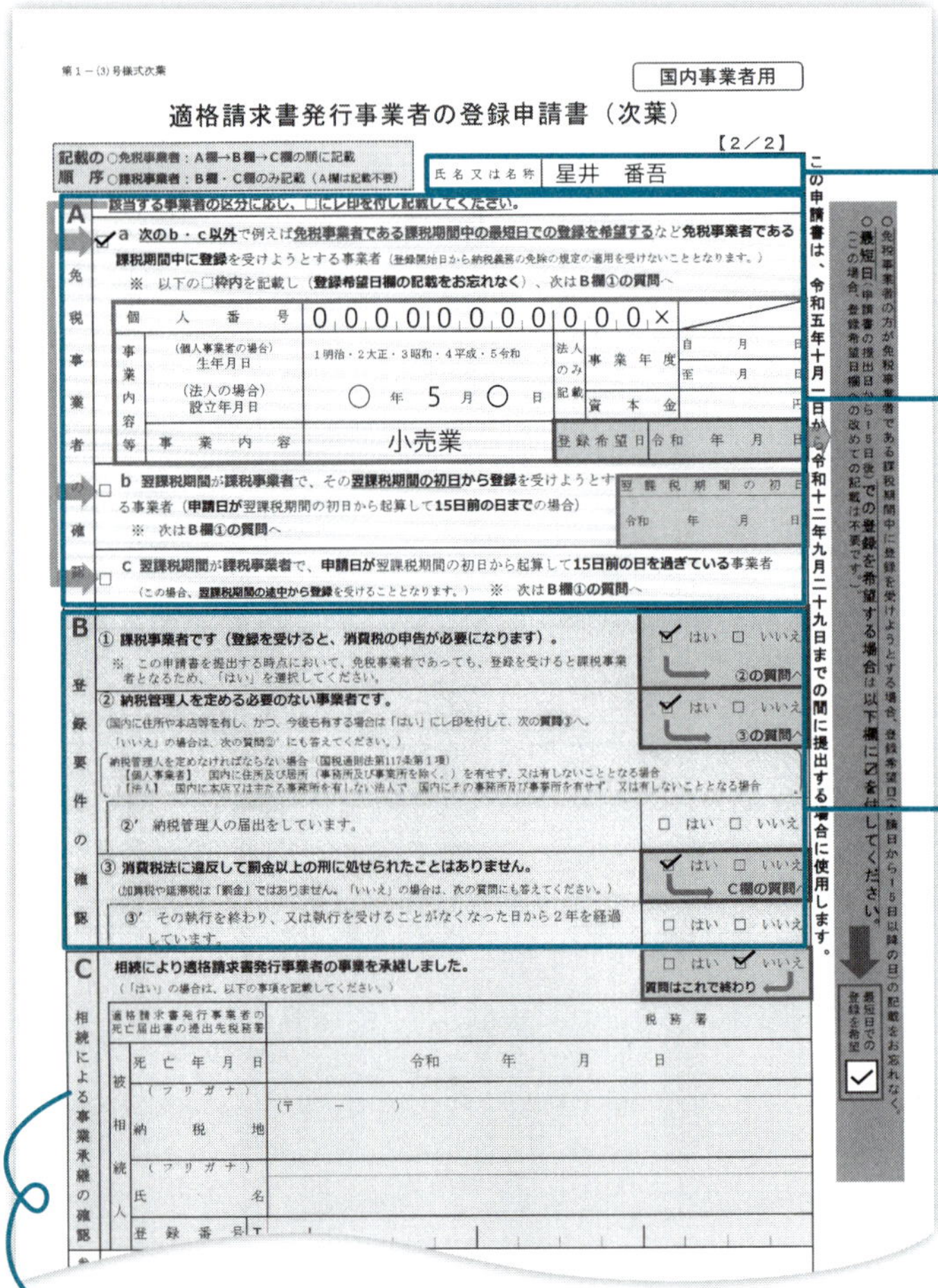

第1－(3)号様式次葉

国内事業者用

適格請求書発行事業者の登録申請書（次葉）

【2／2】

記載の順序 ○免税事業者：A欄→B欄→C欄の順に記載
○課税事業者：B欄・C欄のみ記載（A欄は記載不要）

氏名又は名称　星井　番吾

A 免税事業者の確認
該当する事業者の区分に応じ、□にレ印を付し記載してください。

☑ a 次のb・c以外で例えば免税事業者である課税期間中の最短日での登録を希望するなど免税事業者である課税期間中に登録を受けようとする事業者（登録開始日から納税義務の免除の規定の適用を受けないこととなります。）
※ 以下の□枠内を記載し（登録希望日欄の記載をお忘れなく）、次はB欄①の質問へ

個人番号		0000 0000 0000×			
事業内容等	（個人事業者の場合）生年月日（法人の場合）設立年月日	1明治・2大正・3昭和・4平成・5令和　○年　5月　○日	法人のみ記載	事業年度	自　月　日　至　月　日
				資本金	円
	事業内容	小売業	登録希望日	令和　年　月　日	

□ b 翌課税期間が課税事業者で、その翌課税期間の初日から登録を受けようとする事業者（申請日が翌課税期間の初日から起算して15日前の日までの場合）
※ 次はB欄①の質問へ
翌課税期間の初日　令和　年　月　日

□ c 翌課税期間が課税事業者で、申請日が翌課税期間の初日から起算して15日前の日を過ぎている事業者（この場合、翌課税期間の途中から登録を受けることとなります。）　※ 次はB欄①の質問へ

B 登録要件の確認

① 課税事業者です（登録を受けると、消費税の申告が必要になります）。　☑はい □いいえ →②の質問へ
※ この申請書を提出する時点において、免税事業者であっても、登録を受けると課税事業者となるため、「はい」を選択してください。

② 納税管理人を定める必要のない事業者です。　☑はい □いいえ →③の質問へ
（国内に住所や本店等を有し、かつ、今後も有する場合は「はい」にレ印を付して、次の質問③へ。「いいえ」の場合は、次の質問②'にも答えてください。）
（納税管理人を定めなければならない場合（国税通則法第117条第1項）
【個人事業者】 国内に住所及び居所（事務所及び事業所を除く。）を有せず、又は有しないこととなる場合
【法人】 国内に本店又は主たる事務所を有しない法人で、国内にその事務所及び事業所を有せず、又は有しないこととなる場合）

②' 納税管理人の届出をしています。　□はい □いいえ

③ 消費税法に違反して罰金以上の刑に処せられたことはありません。　☑はい □いいえ →C欄の質問へ
（加算税や延滞税は「罰金」ではありません。「いいえ」の場合は、次の質問にも答えてください。）

③' その執行を終わり、又は執行を受けることがなくなった日から2年を経過しています。　□はい □いいえ

C 相続による事業承継の確認

相続により適格請求書発行事業者の事業を承継しました。　□はい ☑いいえ　質問はこれで終わり
（「はい」の場合は、以下の事項を記載してください。）

適格請求書発行事業者の死亡届出書の提出先税務署		税務署
被相続人	死亡年月日	令和　年　月　日
	（フリガナ）納税地	（〒　－　）
	（フリガナ）氏名	
	登録番号	T

この申請書は、令和五年十月一日から令和十二年九月二十九日までの間に提出する場合に使用します。

○免税事業者の方が免税事業者である課税期間中に登録を受けようとする場合、登録希望日（提出日から15日以降の日）の記載をお忘れなく。
○最短日（申請書の提出日から15日後）での登録を希望する場合は以下欄に☑を付してください。（この場合、登録希望日欄への記載は不要です。）

最短日での登録を希望 ☑

C欄は、相続によりインボイス発行事業者の事業を引き継ぐ場合に記入する。

❸ 氏名または名称を記入する

❹ 61ページの❷で「免税事業者」などにチェックを入れた場合に記入する

・いずれかの□にチェックを入れる（主に登録日に関する確認）。
・aにチェックを入れた場合は、マイナンバー*、生年月日、事業内容、登録希望日を記入する。

＊マイナンバーカードまたは通知カード等と運転免許証などのコピー添付が必要。

❺ 登録要件について記入する

・課税事業者か、免税事業者が登録で課税事業者になる場合、①で「はい」にチェック。
・国内居住（納税管理人は不要）で、消費税について罰金などを受けたことがなければ、②③も「はい」にチェック。

注意！ ②③のどちらが「いいえ」の場合、登録が認められないことがある。

来、簡易課税制度の適用を受けられるのは届出の翌年からですが、免税事業者のインボイス登録なら、登録日から適用を受けられます。どちらも、令和11年まで（個人事業者の場合）の経過措置です。

プラスアルファ　やめるときにも届出が必要

インボイス登録を取り消すときも手続きが必要です。登録を取り消すには、その旨の届出書（左ページ上）を提出します。翌年から登録を取り消せます（提出期限に注意）。

また、インボイス発行事業者が亡くなると、相続人がその旨の届出書（左ページ下）により、登録を取り消します。なお、相続開始の翌日から4か月は、亡くなった人の登録番号でインボイスを発行できます。*

＊「みなし登録期間」。この期間中に事業の整理や承継等を行う。

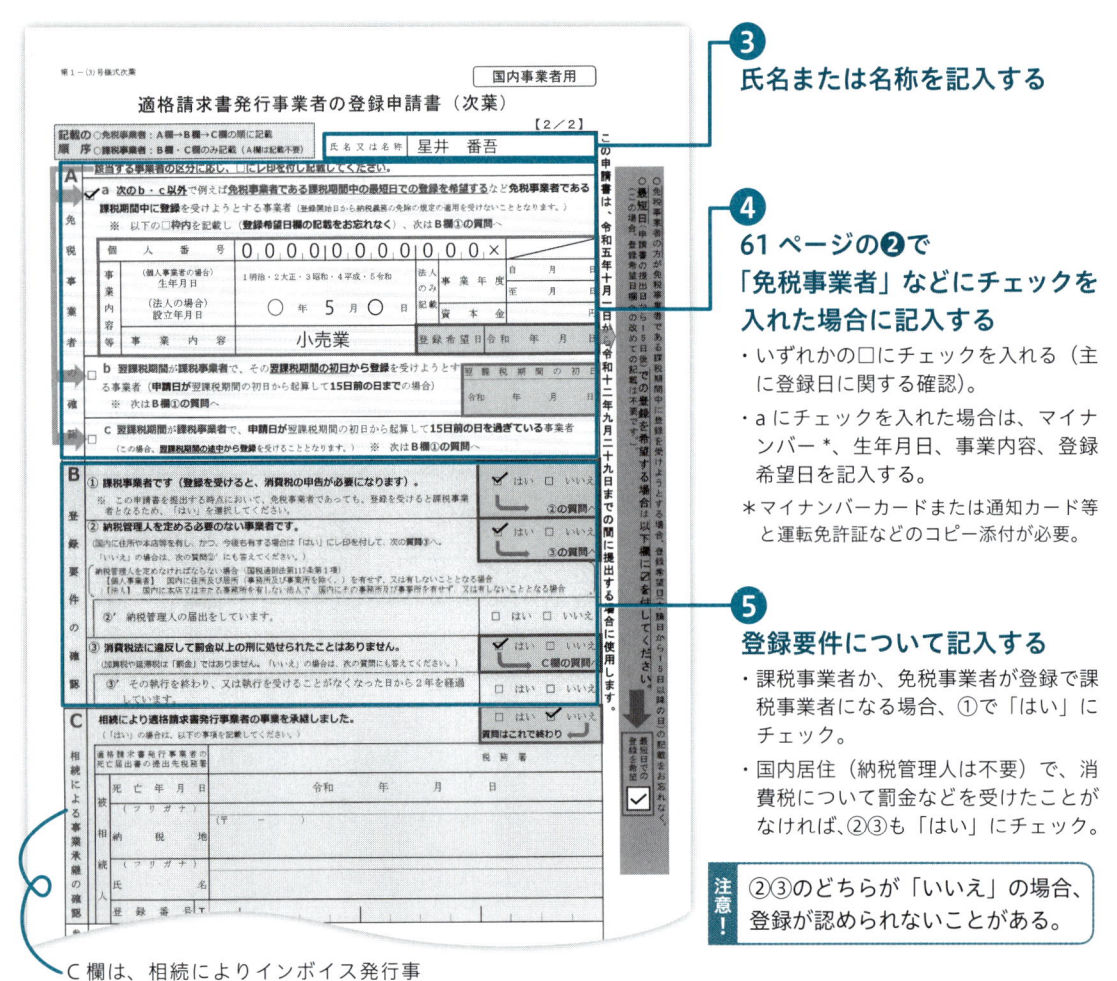

登録を取り消すときの届出書類の例

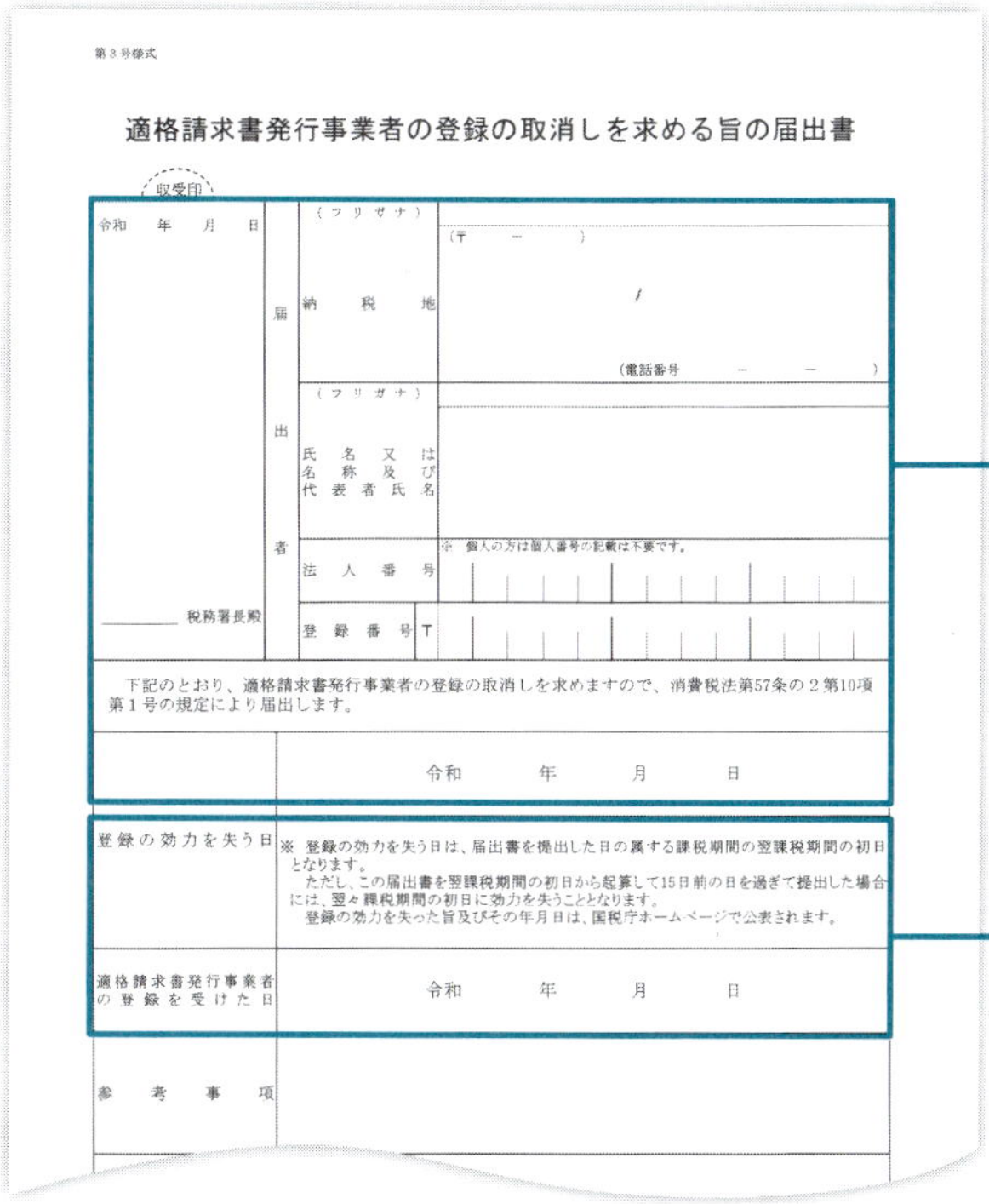

第３号様式

適格請求書発行事業者の登録の取消しを求める旨の届出書

収受印

令和　年　月　日	届出者	（フリガナ）	
		納税地	（〒　－　） （電話番号　－　－　）
		（フリガナ）	
		氏名又は名称及び代表者氏名	
		法人番号	※ 個人の方は個人番号の記載は不要です。
＿＿＿＿税務署長殿		登録番号	T

下記のとおり、適格請求書発行事業者の登録の取消しを求めますので、消費税法第57条の２第10項第１号の規定により届出します。

	令和　年　月　日
登録の効力を失う日	※ 登録の効力を失う日は、届出書を提出した日の属する課税期間の翌課税期間の初日となります。 ただし、この届出書を翌課税期間の初日から起算して15日前の日を過ぎて提出した場合には、翌々課税期間の初日に効力を失うこととなります。 登録の効力を失った旨及びその年月日は、国税庁ホームページで公表されます。
適格請求書発行事業者の登録を受けた日	令和　年　月　日
参考事項	

適格請求書発行事業者の登録の取消しを求める旨の届出書

インボイス発行事業者の登録を取り消す場合に提出する。

・死亡や事業廃止が原因なら不要（下の死亡届出書や「事業廃止届出書」を提出する）。

①

住所、氏名、登録番号などを記入する

②

登録の取消日などを記入する

・この届出書を提出した翌年に効力を失う（原則）。

・登録を受けた日を記入する。

いつまで	取り消したい課税期間の初日から起算して15日前の日まで
どこへ	住所地または事務所所在地を管轄する税務署

適格請求書発行事業者の死亡届出書

インボイス発行事業者が亡くなったときに提出する。

①

相続人の住所・氏名、マイナンバーなどを記入する

②

亡くなったインボイス発行事業者（被相続人）について記入する

・住所・氏名、登録番号、届出をする人との関係。

いつまで	すみやかに
どこへ	被相続人の納税地を管轄する税務署

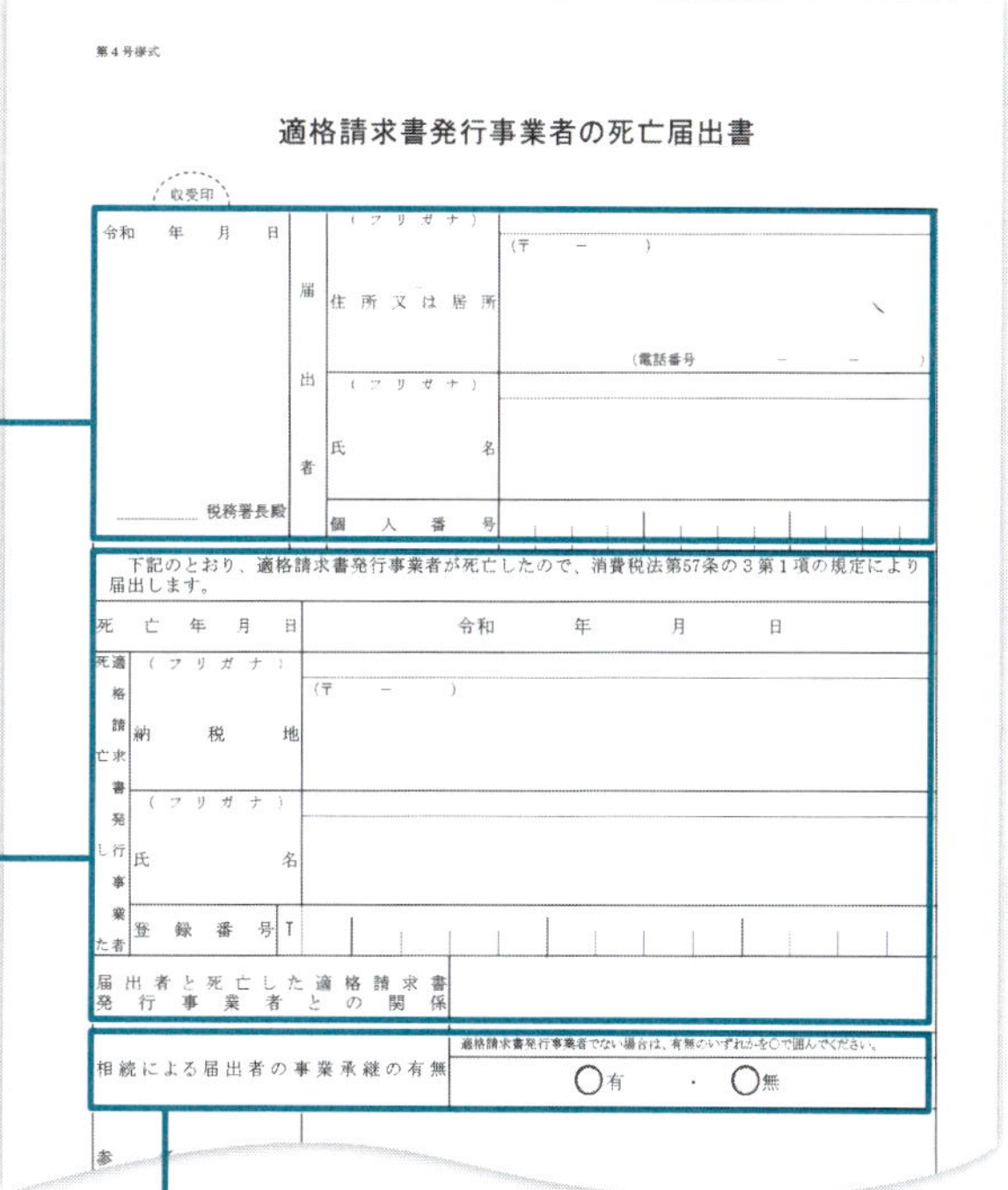

第４号様式

適格請求書発行事業者の死亡届出書

収受印

令和　年　月　日	届出者	（フリガナ）	
		住所又は居所	（〒　－　） （電話番号　－　－　）
		（フリガナ）	
		氏名	
＿＿＿＿税務署長殿		個人番号	

下記のとおり、適格請求書発行事業者が死亡したので、消費税法第57条の３第１項の規定により届出します。

死亡年月日		令和　年　月　日
死亡した適格請求書発行事業者	（フリガナ）	
	納税地	（〒　－　）
	（フリガナ）	
	氏名	
	登録番号	T
届出者と死亡した適格請求書発行事業者との関係		
相続による届出者の事業承継の有無		適格請求書発行事業者でない場合は、有無のいずれかを○で囲んでください。 ○有　・　○無
参		

届出人がインボイス発行事業者でない場合に、事業承継についてどちらかに○をする。

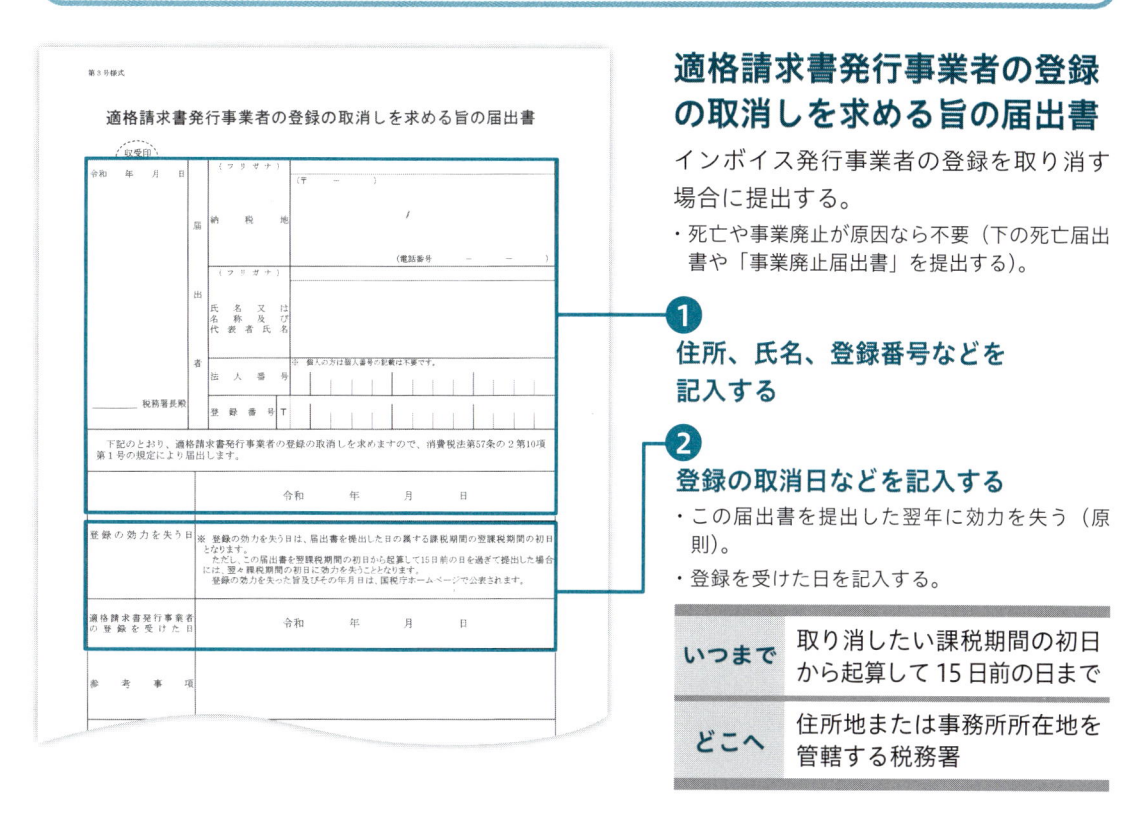

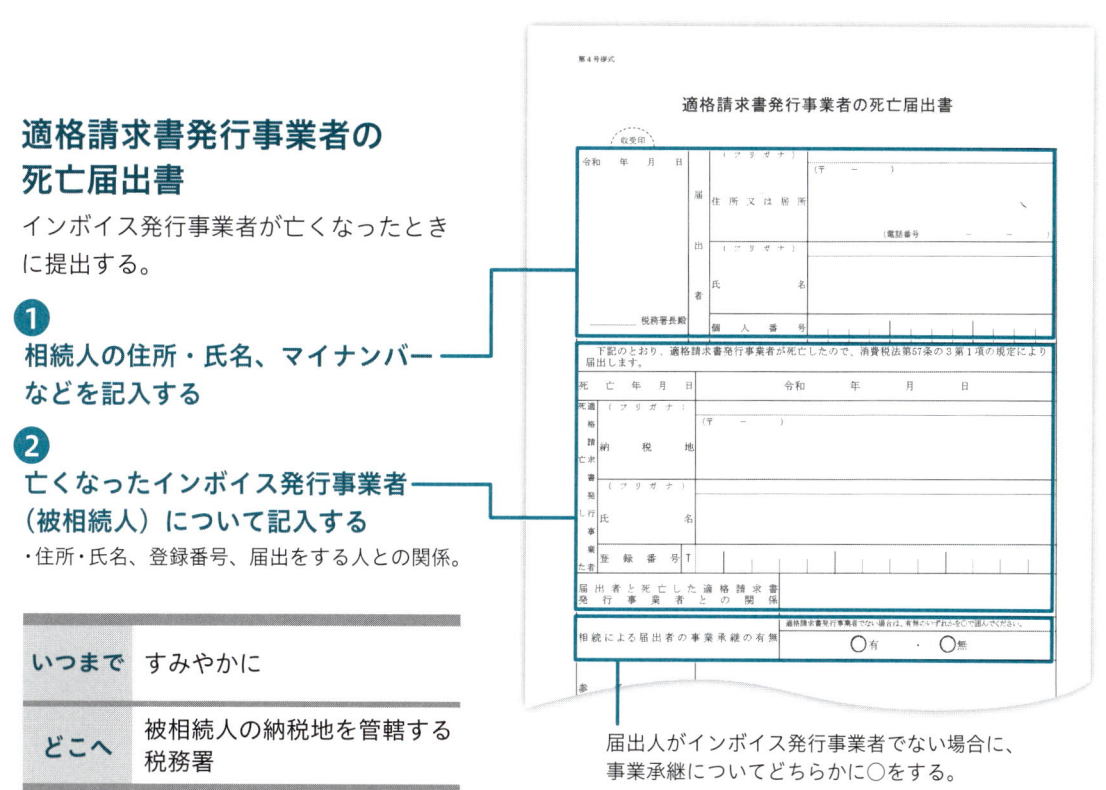

2-9

インボイスのルール違反には罰則がある

インボイス制度による取引が適切に行われるよう、違反に対しては罰則もあります。制度をしっかり理解して、ルールはしっかり守りましょう。

罰金だけでなく懲役刑もある

インボイス制度は、正確な消費税の計算・申告のための制度です。ごまかしや嘘、ルーズな運用などが横行しては意味がありません。そこで、違反には罰則が設けられています。

偽のインボイスの発行により仕入税額控除を受けたり、インボイス発行事業者へのなりすましなどが税務調査などで発覚した場合、1年以下の懲役または50万円以下の罰金が科される可能性があります。偽のインボイスと知らずに受け取って仕入税額控除を受けた事業者は、追徴課税を受ける場合があります。

さらに、こうした罰則を受けた場合、インボイス発行事業者の登録が取り消されるおそれもあります。

不利な取引の強要は禁じられている

また、インボイス制度開始にともなう取引条件の見直しなどで、**取引で優位な立場である課税事業者が、免税事業者に対して不利な取引を強制したり、インボイス制度への登録を強要することは、「優越的地位の濫用《らんよう》」として禁じられています。**違反が見つかった場合、公正取引委員会による勧告や指導・罰金などを受けることがあります。

これは下請法や独占禁止法によるルールです。適正な取引を行うためにも、こうしたルールについて、知識を持っておく必要があります。

キーワード

「登録取消し」

上記のように、偽のインボイス発行などで罰金以上の刑を受けた場合、インボイス登録は取り消されることがあります。

その他、虚偽の内容でインボイスの登録を受けていた、1年以上の所在不明（申告書未提出などで税務署が事業者と連絡が取れないなど）、事業が廃止されたと認められるといった場合は、税務署の判断で登録が取り消されることがあります。

インボイスに関する違反例と罰則

インボイスを偽造して発行した

例　仕入税額控除を受けるため、偽のインボイス（取引の捏造《ねつぞう》、取引金額の水増し）により取引した。

インボイス発行事業者になりすまして取引した

例　免税事業者が、取引の継続のためや消費税相当額を詐取《さしゅ》するために、他人の登録番号や架空の登録番号で偽のインボイスを発行した。

1年以下の懲役、または50万円以下の罰金を科されることがある

＋

- インボイス発行事業者は、登録を取り消される場合もある。
- 罰則を科されてから2年間はインボイスに登録できない。

免税事業者に不利益を強いる取引に注意

取引で優位な立場にある課税事業者が、免税事業者との取引に関して、一方的に下のような対応を行うことは禁じられている（優越的地位の濫用）。

- ✕ 取引対価を引き下げる（消費税相当額を支払わない）
- ✕ 商品・サービスの受け取りを拒否する、返品する
- ✕ 一方的に取引を停止する
- ✕ インボイス制度への登録を強要する

優越的地位の濫用に対しては、公正取引委員会の勧告や指導が行われたり、罰金が科されたりすることもあります。

コラム・もっと知りたい

インボイス届出の「15日前ルール」に注意

60ページで解説していますが、免税事業者が翌年（翌課税期間）初日からインボイスに登録するときは、登録希望日（提出日から15日以後の日）を記載して登録申請書を提出します。これは令和11年までの経過措置で、それ以降は、翌課税期間の初日から起算して15日前の日(15日目の日の前日)までに登録申請書を提出します。なお、15日前の日が土日祝日ならその翌日が期限です。

登録を取り消す場合は、「登録の取消しを求める旨の届出書」を、翌課税期間の初日から起算して15日前の日までに提出します。たとえば翌1月1日から登録を取り消す場合、12月17日が提出期限です。12月17日が土日祝日でも、期限は延長されません。

この提出期限を「15日前ルール」といい、他の消費税関連の届出書とは異なるので注意が必要です。期限後に提出すると適用は翌々課税期間からです。期限ぎりぎりの届出は避けたほうが無難です。

インボイス登録／取消し届出期限の日数計算

例 1月1日（翌課税期間の初日）から登録／取消しの適用を受ける場合。

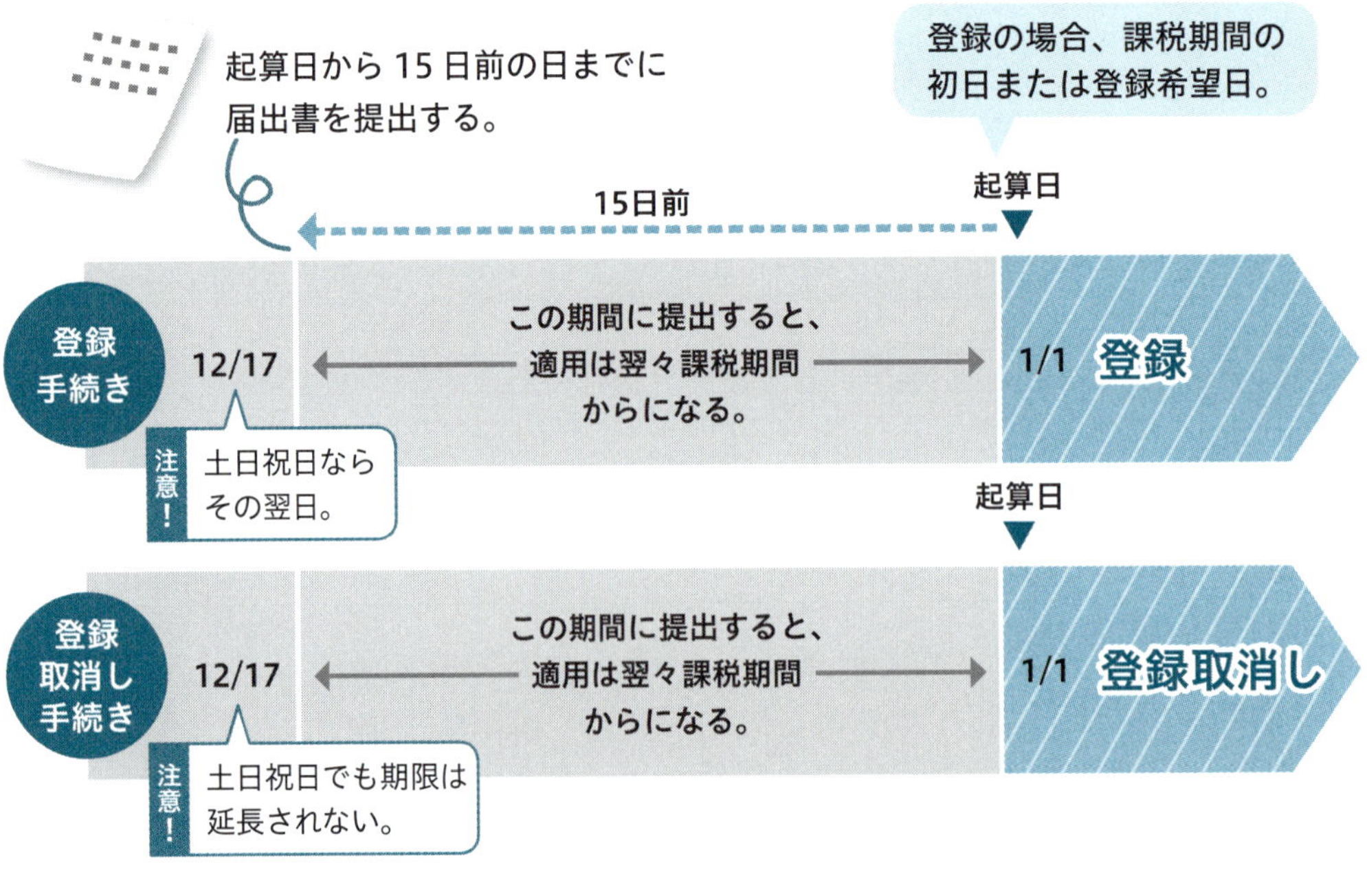

起算日から15日前の日までに届出書を提出する。
登録の場合、課税期間の初日または登録希望日。
15日前
起算日
登録手続き
12/17
この期間に提出すると、適用は翌々課税期間からになる。
1/1
登録
注意！
土日祝日ならその翌日。
起算日
登録取消し手続き
12/17
この期間に提出すると、適用は翌々課税期間からになる。
1/1
登録取消し
注意！
土日祝日でも期限は延長されない。

パート3

消費税の確定申告
申告方法ごとの手順を完全マスター

いよいよ、1年に一度の消費税の確定申告を行います。
その計算方法や記入の手順について理解しておきましょう。

このパートで取り上げる内容

一＝一般課税向け、簡＝簡易課税向け、2＝2割特例向け

3-1 申告

1年間の税額を3月31日までに申告する

年が明けると、個人事業者は決算作業を始めます。所得税の確定申告とともに消費税の確定申告についても準備しましょう。

いつまでに誰が行うか

消費税の課税事業者は、個人事業者の場合、原則1月1日～12月31日（課税期間）の消費税額を計算して、消費税の確定申告書を作成、税務署に提出して消費税を納めます。

申告期限は翌年3月31日です（土日の関係で1～2日ずれる場合あり）。所得税の確定申告とは期限が異なるので注意します。会社は、事業年度（課税期間）終了の翌日から2か月以内の申告となります。

申告は、原則として事業者本人が行います（または税理士）。そのため、マイナンバーカードの提示または添付などにより、本人確認を受けることが必要です（郵送なら表面・裏面をコピーして同封する。e-Taxなら不要）。

どこへどのように行うか

申告する税務署は、個人事業者の場合、住所地を管轄する税務署です。**申告書は税務署の窓口に直接提出するほか、郵送することもできます。また、e-Taxなどにより、オンラインで申告や納付を行うこともできます（事前登録が必要↓76ページ）。**

また、前年の消費税の納付税額が48万円（国税分）を超えると、翌年はその税額に応じて中間申告と納付（↓84ページ）が必要になります。

なお免税事業者は、消費税の申告をする必要はありません。

プラスアルファ 申告の疑問はどうする？

消費税の計算や申告について疑問がある場合、国税庁の電話相談センターを利用できます。税務署の代表電話や「国税相談専用ダイヤル」*から、音声案内により職員につながります。また、窓口での相談は事前予約が必要です。確定申告の時期は混雑するため、早めに相談しましょう。

基本的な内容なら、国税庁ホームページのAIによる自動回答サービス「チャットボット（ふたば）」を利用できます。

＊国税相談専用ダイヤル 0570-00-5901（ナビダイヤル）。

個人事業者（課税事業者）の確定申告スケジュール

インボイスなどからの日々の帳簿入力

▼

12月31日

帳簿の締め切り

- 1月1日～12月31日の取引に課税される。

▼

1～3月

1年間の帳簿を集計して、決算を行う

- 年をまたぐ取引などを処理する（決算調整）。
- 1年間の売上や利益を確定させる。決算書を作成する。
- 消費税のかかる取引を集計して、消費税額を計算する。

3月15日まで

注・期限は土日の関係で1～2日ずれる場合あり。

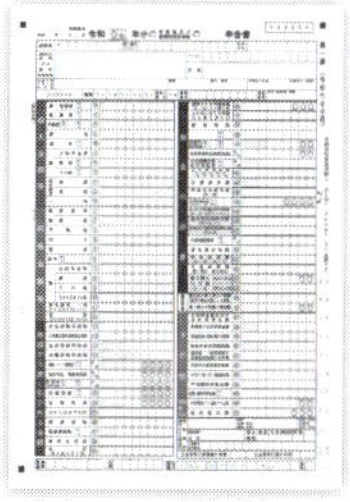

所得税の確定申告・納付

住所地または事業所所在地を管轄する税務署へ

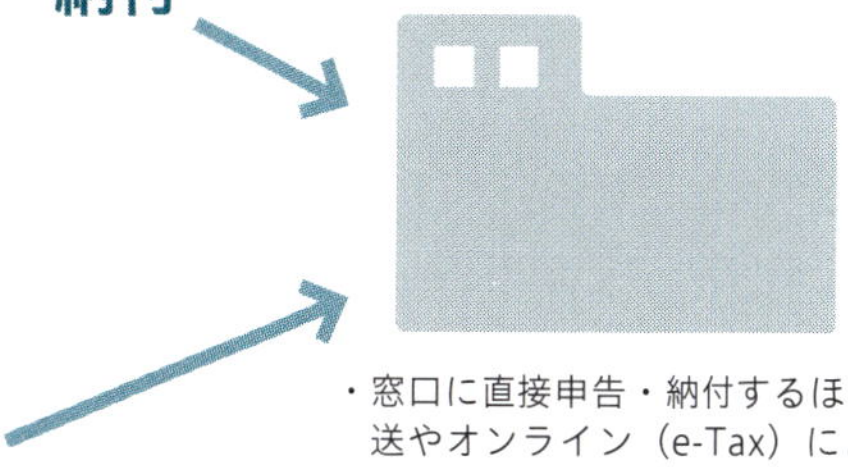

・窓口に直接申告・納付するほか、郵送やオンライン（e-Tax）による申告もできる。

3月31日まで

注・会社（法人）は事業年度終了の翌日から2か月以内。期限は土日の関係で1～2日ずれる場合あり。

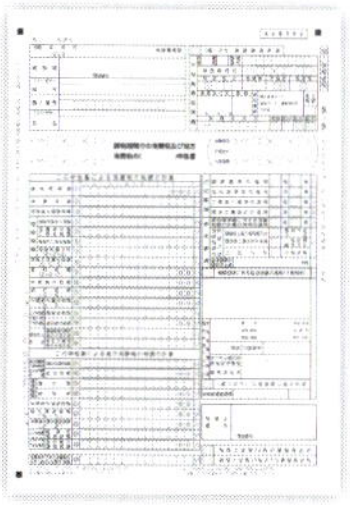

消費税の確定申告・納付

必要書類

- □ 申告書や付表、計算明細書など（申告内容により異なる）
- □ マイナンバーカード *

*マイナンバーカードを持っていない場合は、番号確認書類（通知カードまたはマイナンバー記載の住民票の写し）と身元確認書類（運転免許証など）が必要。

納税資金対策なども考えておきましょう。

▼

税額を帳簿に反映する

- 翌年は中間申告が必要かどうか確認する（国税分の消費税額が48万円超→84ページ）。

申告のしかたは条件により選べる

申告の方法には、一般課税、簡易課税、2割特例の3つがあります。損得などをよく調べて、自分の事業に合った方式を選びましょう。

仕入税額控除の計算のしかたが異なる

消費税の申告方法は、一般課税（↓30ページ）、簡易課税制度（↓34ページ・以下、簡易課税）、2割特例（↓58ページ）から選べます。

違いは仕入税額控除（↓30ページ）の計算です。一般課税では支払った消費税額を差し引くため、仕入に関する取引の集計や計算が必要です。簡易課税では事業内容による「みなし仕入率」で計算します。2割特例は一律80％を差し引きます。

個人事業者などは、多くの場合集計や計算が簡単になる、簡易課税や2割特例が有利です。それぞれ、使用する申告書や必要になる付表が異なります。

2割特例なら事前の手続きは不要

簡易課税は基準期間の課税売上高が５０００万円以下の課税事業者、2割特例はインボイス発行事業者になった元免税事業者が受けられます。

簡易課税で申告するには、原則としてその前年までに税務署への届出が必要です。ただし、インボイス制度登録により課税事業者になる場合は、届出の年（登録日）から適用を受けられます。

2割特例による申告では、事前の届出などは不要で、第一表に適用を受ける旨のチェックを入れるだけでOKです。一般課税、簡易課税のどちらを選んでいても適用を受けられます。

キーワード

「国税庁ホームページ」

消費税をはじめとする、国税に関する情報や基本知識を知りたいときは、国税庁ホームページ*で調べられます。

このホームページから、申告書や国税関連の届出書類などをダウンロードすることもできます。「確定申告書等作成コーナー」では、申告書の作成もできます。

最も信頼できる税金の情報源です。毎年行われる税制改正など、定期的にチェックしましょう。

＊国税庁ホームページ https://www.nta.go.jp。

一般課税、簡易課税、2割特例の比較

	一般課税	簡易課税	2割特例
メリット	消費税額を正確に計算できる。 多額の設備投資がある場合など、還付を受けられる。	集計・計算が比較的簡単にできる。 税額が有利になることもある。	集計・計算が比較的簡単にできる。 税額が有利になることもある。
デメリット	集計や計算に手間がかかる。	複数の事業を営んでいると計算が複雑になることもある。 還付は受けられない。	令和8年までしか利用できない。 還付は受けられない。
税額の比較	計算式 受け取った消費税額 □円 － 支払った消費税 □円 ＝ 納める消費税額 □円	計算式 受け取った消費税額 □円 － 受け取った消費税 □円 × みなし仕入率 □% ＝ 納める消費税額 □円	計算式 受け取った消費税額 □円 － 受け取った消費税 □円 × 80% ＝ 納める消費税額 □円

概算でよいので、消費税額を比較してみましょう。

参考

条件　課税売上1000万円、課税仕入400万円、取引は標準税率（10%）のみ。受け取った消費税額100万円、支払った消費税額40万円。簡易課税のみなし仕入率50%（サービス業）。

	一般課税	簡易課税	2割特例
参考	受け取った消費税額 100万円 － 支払った消費税 40万円 ＝ 納める消費税額 60万円	受け取った消費税額 100万円 － 受け取った消費税 100万円 × みなし仕入率 50% ＝ 納める消費税額 50万円	受け取った消費税額 100万円 － 受け取った消費税 100万円 × 80% ＝ 納める消費税額 20万円

3-3 申告

申告書は第一表＋第二表＋付表が1セット

消費税の確定申告書は、決められた様式を使わなければなりません。申告方法によって必要な申告書が異なるため、間違えないよう注意します。

申告方法により使い分ける

消費税の確定申告書で、基本となるのは第一表と第二表です。**第一表は、一般課税なら「一般用」、簡易課税制度を選んでいれば「簡易課税用」です。2割特例の適用を受ける場合は、選んでいるほうの第一表を使用します。第二表は共通です。**第一表、第二表には「個人事業者用」と「法人用」があるので注意します。

付表などを使って取引を集計・計算する

課税売上や課税仕入の計算では、付表を作成します。申告方法などにより使用する付表は異なります。また、消費税の還付を受ける場合は、消費税の還付申告に関する明細書（個人事業者用）が必要です。

消費税の集計・計算には、課税取引金額計算表、課税売上高計算表、課税仕入高計算表という書式も用意されています（→74ページ）。会計ソフトによる自動計算では使う必要はありませんが、こうした計算表の内容を把握しておくと、計算の流れを理解しやすくなります。

申告書は最寄りの税務署で入手できるほか、国税庁のホームページからダウンロードすることもできます。**必ず最新のものを入手しましょう。**

確定申告書等作成コーナー（→75ページ）やe-Tax（→76ページ）などを利用すれば、パソコンやスマホで申告書を作成することもできます。

プラスアルファ　会計ソフトなら申告書不要？

会計ソフトを使っていれば、多くの場合、消費税の計算は会計ソフトによって自動的に行うことができます。申告書なども自動作成されます。

消費税の設定を確認して、最新版にアップデートされていることを確認しておきましょう。

作成された申告書は、間違いなどがないか確認した上で、印刷して提出するほか、e-Taxなどによるオンライン申告もできます。

必要な申告書を把握しておこう

「一般課税」の申告書

消費税及び地方消費税の申告書（個人事業者用）

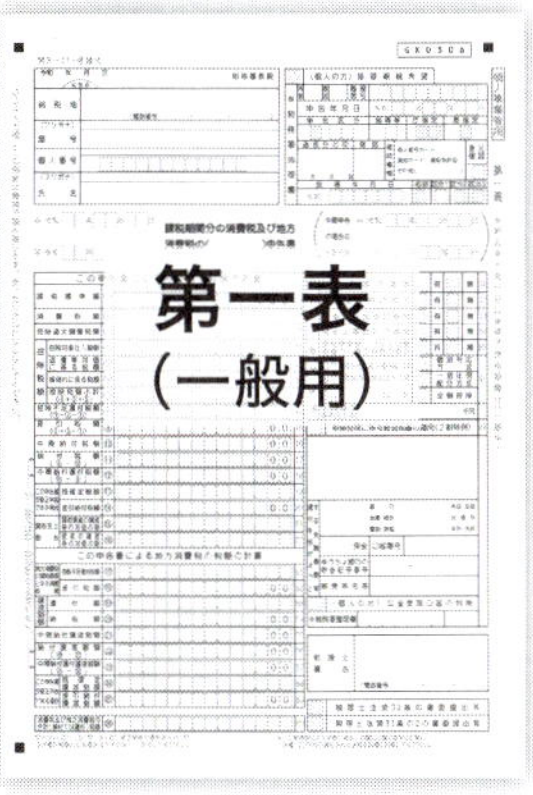
第一表
（一般用）

＋

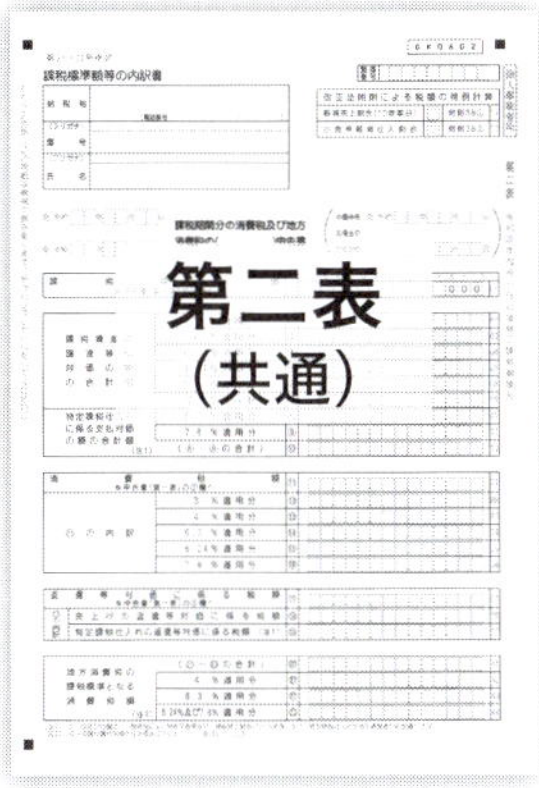
第二表
（共通）

＋

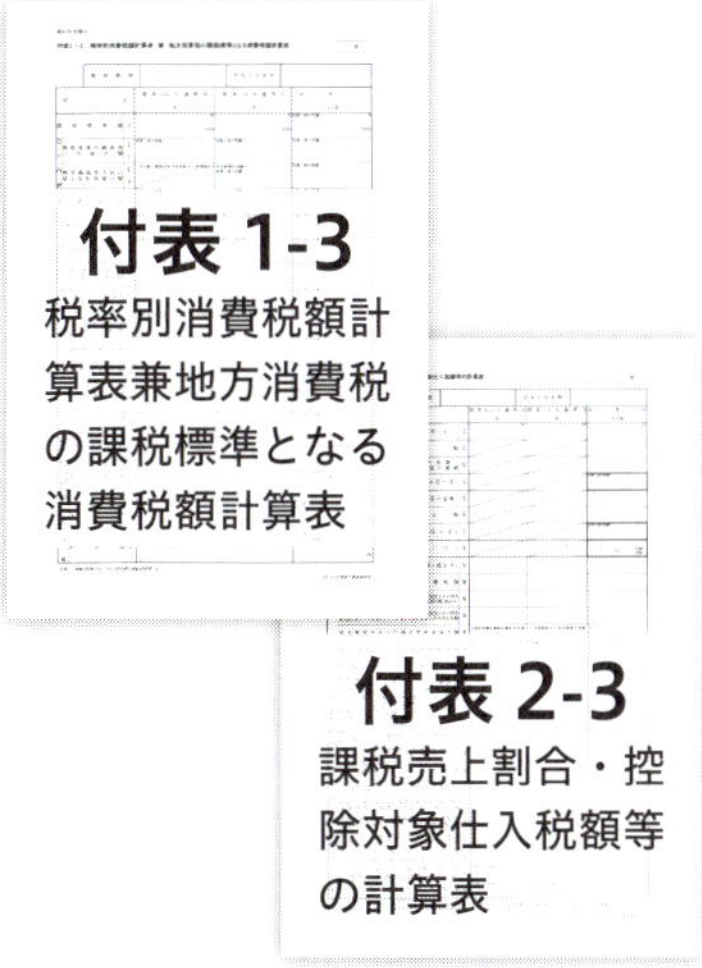
付表 1-3
税率別消費税額計算表兼地方消費税の課税標準となる消費税額計算表
付表 2-3
課税売上割合・控除対象仕入税額等の計算表

「簡易課税」の申告書

消費税及び地方消費税の申告書（個人事業者用）

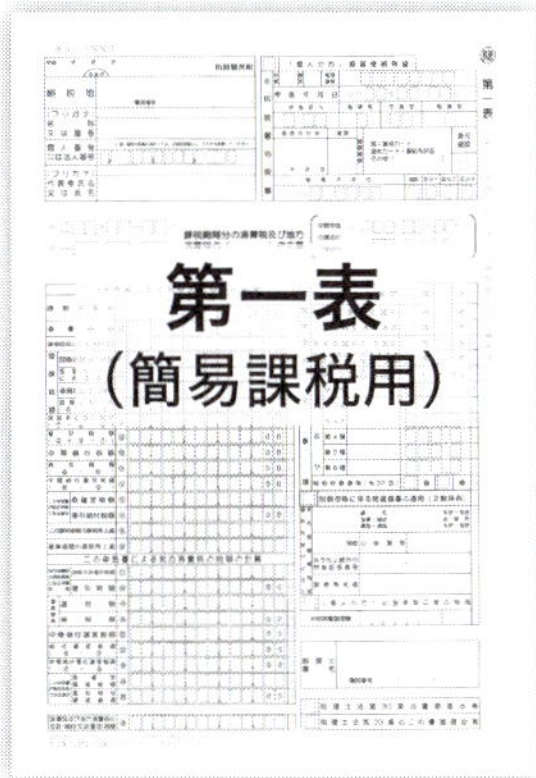
第一表
（簡易課税用）

＋

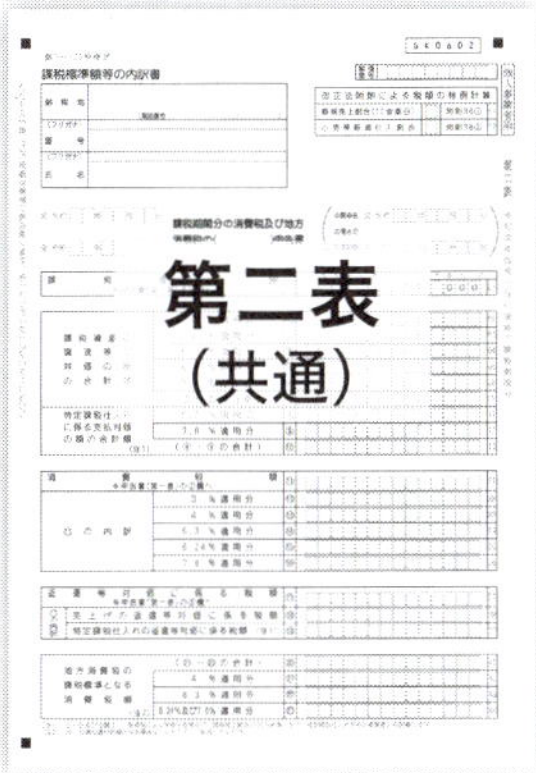
第二表
（共通）

＋

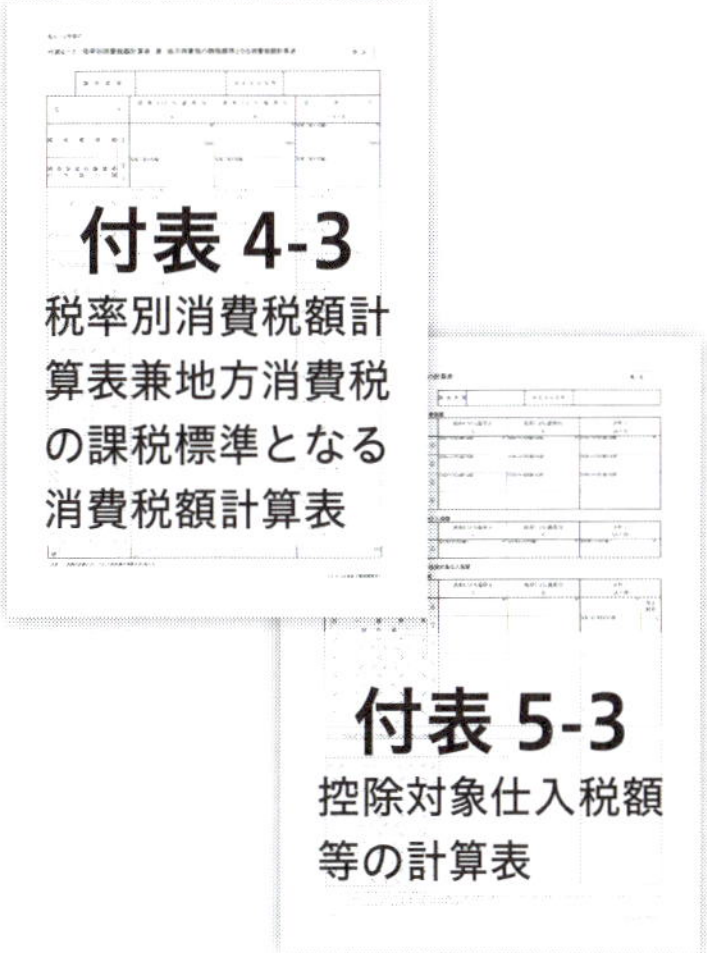
付表 4-3
税率別消費税額計算表兼地方消費税の課税標準となる消費税額計算表
付表 5-3
控除対象仕入税額等の計算表

「２割特例」の申告書

消費税及び地方消費税の申告書（個人事業者用）

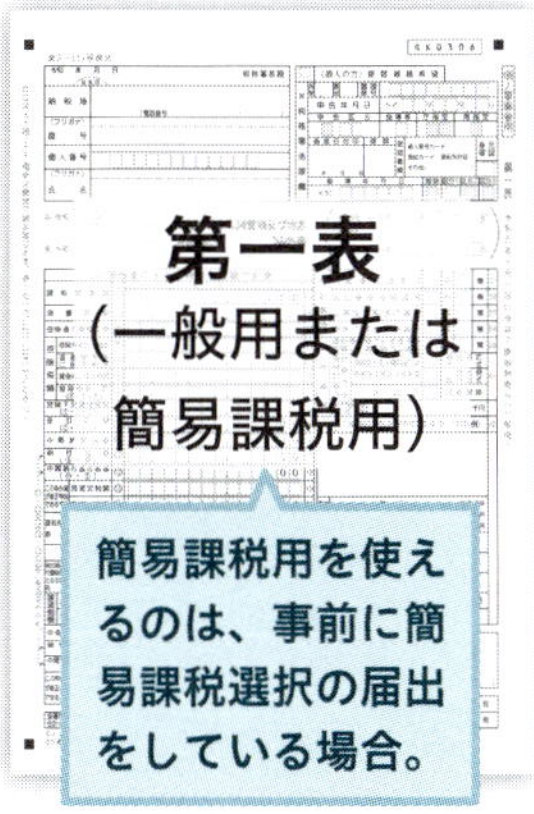
第一表
（一般用または簡易課税用）

簡易課税用を使えるのは、事前に簡易課税選択の届出をしている場合。

＋

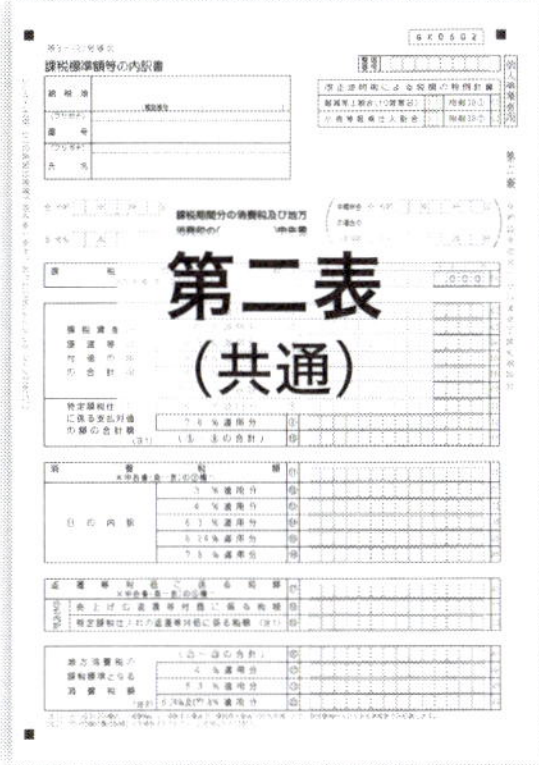
第二表
（共通）

＋

通常版のほか、簡易版も用意されている。

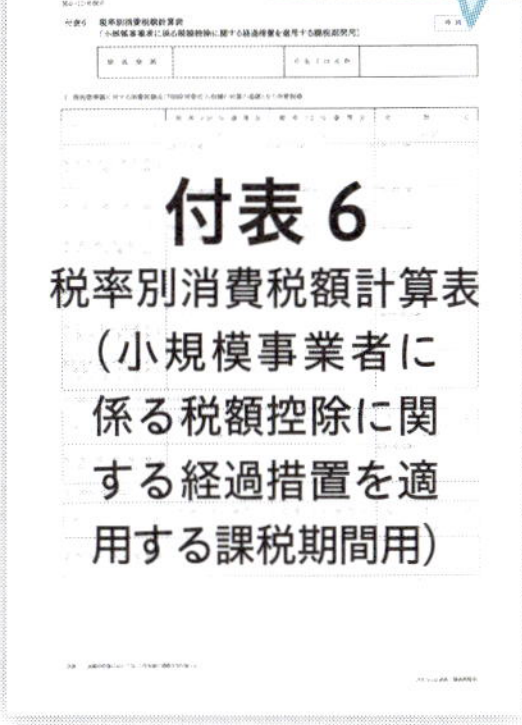
付表 6
税率別消費税額計算表（小規模事業者に係る税額控除に関する経過措置を適用する課税期間用）

便利な消費税の計算表（提出は不要）

課税取引金額計算表

帳簿や決算書などから、1年間の課税取引を勘定科目ごとに記入して合計する。

・一般課税、簡易課税、２割特例による税額計算で使用する。

表イ－１

課税取引金額計算表

（令和　年分）　　　　　　　　　　　　　（事業所得用）

科目		決算額 A	Aのうち課税取引にならないもの（※1） B	課税取引金額（A−B） C	うち軽減税率6.24%適用分 D	E	うち標準税率7.8%適用分 F	G
売上（収入）金額（雑収入を含む）	①	円	円	円	円	円	円	円

	科目		決算額 A	Aのうち課税取引にならないもの（※1） B	課税取引金額（A−B） C	うち軽減税率6.24%適用分 課税仕入高 D	うち軽減税率6.24%適用分 経過措置（8割控除）の適用を受ける課税仕入高 E	うち標準税率7.8%適用分 課税仕入高 F	うち標準税率7.8%適用分 経過措置（8割控除）の適用を受ける課税仕入高 G
売上原価	期首商品棚卸高	②							
	仕入金額	③							
	小計	④							
	期末商品棚卸高	⑤							
	差引原価	⑥							
差引金額		⑦							
経費	租税公課	⑧							
	荷造運賃	⑨							
	水道光熱費	⑩							
	旅費交通費	⑪							
	通信費	⑫							
	広告宣伝費	⑬							
	接待交際費	⑭							
	損害保険料	⑮							
	修繕費	⑯							
	消耗品費	⑰							
	減価償却費	⑱							
	福利厚生費	⑲							
	給料賃金	⑳							
	外注工賃	㉑							
	利子割引料	㉒							
	地代家賃	㉓							
	貸倒金	㉔							
		㉕							
		㉖							
		㉗							
		㉘							
		㉙							
		㉚							
	雑費	㉛							
	計	㉜							
差引金額		㉝							
③＋㉜		㉞							

太枠の箇所は課税売上高計算表及び課税仕入高計算表へ転記します。

※1　B欄には、非課税取引、輸出取引等、不課税取引を記入します。
また、売上原価・経費に特定課税仕入れに係る支払対価の額が含まれている場合には、その金額もB欄に記入します。

※2　斜線がある欄は、一般的な取引において該当しない項目です。

課税売上高計算表

１年間の課税売上を記入して合計する（課税取引金額計算表からの転記など）。

・一般課税、簡易課税、２割特例による税額計算で使用する。

表ロ

課税売上高計算表

（令和　　年分）

(1) 事業所得に係る課税売上高		金額	うち軽減税率6.24%適用分	うち標準税率7.8%適用分
営業等課税売上高	①	円	円	円
農業課税売上高	②			

(2) 不動産所得に係る課税売上高		金額	うち軽減税率6.24%適用分	うち標準税率7.8%適用分
課税売上高	③			

(3) （　　）所得に係る課税売上高		金額	うち軽減税率6.24%適用分	うち標準税率7.8%適用分
損益計算書の収入金額	④			
④のうち、課税売上げにならないもの	⑤			
差引課税売上高（④－⑤）	⑥			

(4) 業務用資産の譲渡所得に係る課税売上高		金額	うち軽減税率6.24%適用分	うち標準税率7.8%適用分
業務用固定資産等の譲渡収入金額	⑦			
⑦のうち、課税売上げにならないもの	⑧			
差引課税売上高（⑦－⑧）	⑨			

(5) 課税売上高の合計額（①＋②＋③＋⑥＋⑨）				
	⑩			

(6) 課税資産の譲渡等の対価の額の計算		
円×100/108 税抜経理方式によっている場合、⑩軽減税率6.24%適用分欄の金額に課税売上げに係る仮受消費税等の金額を加算して計算します。	⑪	（1円未満の端数切捨て） （一般用）付表1－3の①－1A欄へ （簡易課税用）付表4－3の①－1A欄へ （特例用）付表6の②A欄へ
円×100/110 税抜経理方式によっている場合、⑩標準税率7.8%適用分欄の金額に課税売上げに係る仮受消費税等の金額を加算して計算します。	⑫	（1円未満の端数切捨て） （一般用）付表1－3の①－1B欄へ （簡易課税用）付表4－3の①－1B欄へ （特例用）付表6の②B欄へ

課税仕入高計算表

課税取引金額計算表により、課税仕入を転記・合計する。

・一般課税による税額計算で使用する。

表ハ

課税仕入高計算表

（令和　　年分）

(1) 事業所得に係る課税仕入高		金額	うち軽減税率6.24%適用分 課税仕入高	うち軽減税率6.24%適用分 経過措置（8割控除）の適用を受ける課税仕入高	うち標準税率7.8%適用分 課税仕入高	うち標準税率7.8%適用分 経過措置（8割控除）の適用を受ける課税仕入高
営業等課税仕入高	①					
農業課税仕入高	②					

(2) 不動産所得に係る課税仕入高		金額	うち軽減税率6.24%適用分 課税仕入高	うち軽減税率6.24%適用分 経過措置（8割控除）の適用を受ける課税仕入高	うち標準税率7.8%適用分 課税仕入高	うち標準税率7.8%適用分 経過措置（8割控除）の適用を受ける課税仕入高
課税仕入高	③					

(3) （　　）所得に係る課税仕入高		金額	うち軽減税率6.24%適用分 課税仕入高	うち軽減税率6.24%適用分 経過措置（8割控除）の適用を受ける課税仕入高	うち標準税率7.8%適用分 課税仕入高	うち標準税率7.8%適用分 経過措置（8割控除）の適用を受ける課税仕入高
損益計算書の仕入金額と経費の金額の合計額	④					
④のうち、課税仕入れにならないもの	⑤					
差引課税仕入高（④－⑤）	⑥					

(4) 業務用資産の取得に係る課税仕入高		金額	うち軽減税率6.24%適用分 課税仕入高	うち軽減税率6.24%適用分 経過措置（8割控除）の適用を受ける課税仕入高	うち標準税率7.8%適用分 課税仕入高	うち標準税率7.8%適用分 経過措置（8割控除）の適用を受ける課税仕入高
業務用固定資産等の取得費	⑦					
⑦のうち、課税仕入れにならないもの※1	⑧					
差引課税仕入高（⑦－⑧）	⑨					

(5) 課税仕入高の合計額（①＋②＋③＋⑥＋⑨）						
	⑩		付表2－3の⑩A欄へ	付表2－3の⑬A欄へ	付表2－3の⑩B欄へ	付表2－3の⑬B欄へ

(6) 課税仕入れに係る消費税額の計算※2					
円×6.24/108	⑪	（1円未満の端数切捨て） 付表2－3の⑪A欄へ	円×6.24/108×80%	⑬	（1円未満の端数切捨て） 付表2－3の⑫A欄へ
円×7.8/110	⑫	（1円未満の端数切捨て） 付表2－3の⑪B欄へ	円×7.8/110×80%	⑭	（1円未満の端数切捨て） 付表2－3の⑫B欄へ

※1　⑧欄は、課税仕入れにならないもの（非課税、免税、不課税の仕入れ等）のほか、居住用賃貸建物の取得等に係る仕入税額控除の制限の規定の適用を受ける場合は、当該居住用賃貸建物の取得費を合わせて記載します。

※2　課税仕入れに係る消費税額の計算について、積上げ計算による場合には、この表の計算式によらず、消費税法施行令第46条第1項又は第2項の規定により算出した金額を記載します。

会計ソフトならこうした集計は自動的に行われますが、国税庁の「消費税及び地方消費税の確定申告の手引き」などでは、これらの計算表を利用した申告書作成を解説しています。

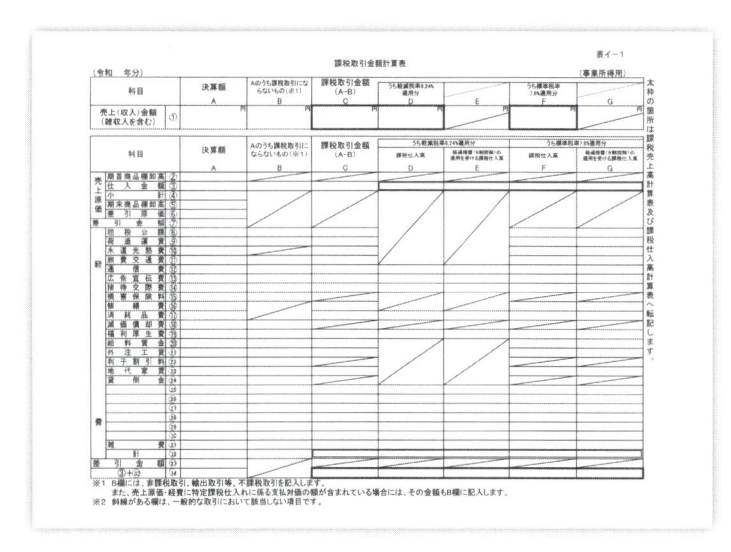

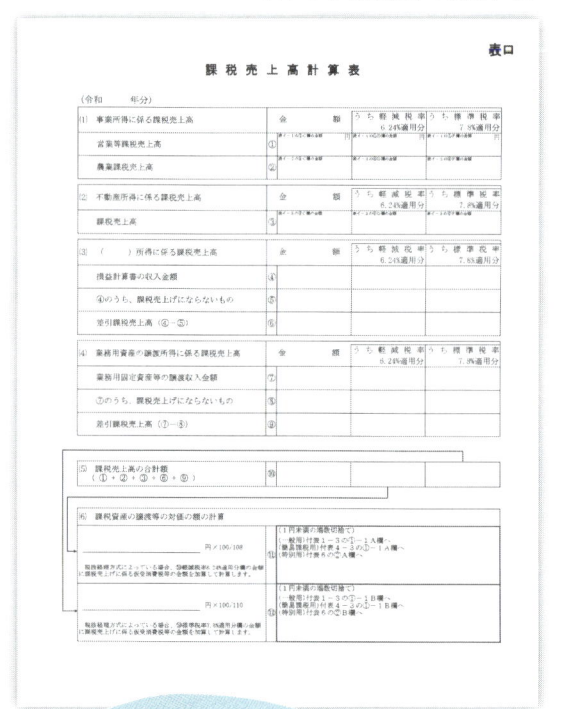

確定申告書等作成コーナーへのアクセスのしかた

※基本となる画面のポイント。実際の入力では、条件などにより
作成過程で下記以外にもさまざまな確認や入力を求められる。

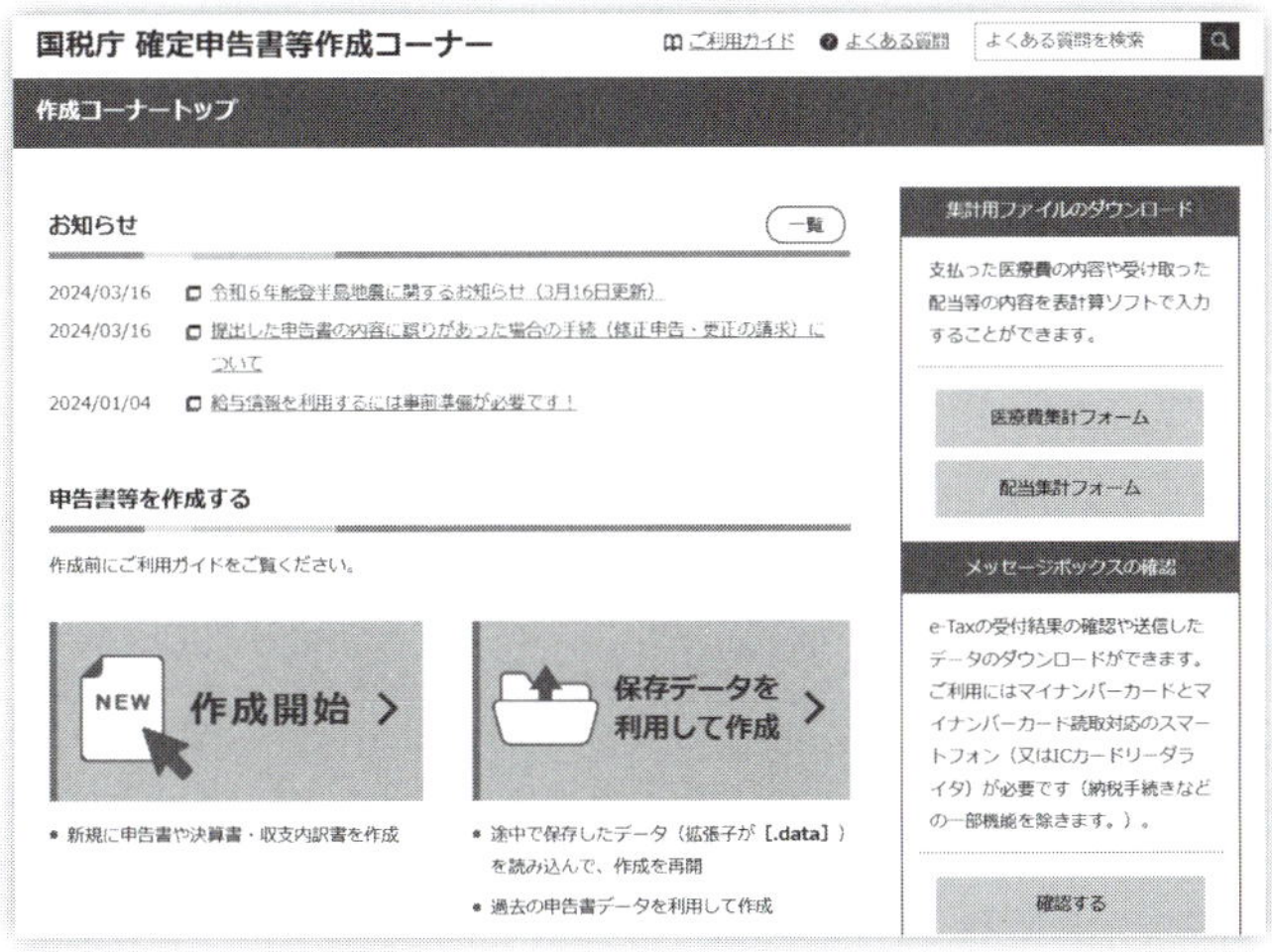

❶ 確定申告書等作成コーナーにアクセスする

・「国税庁　確定申告書等作成コーナー」で検索する、国税庁ホームページから「確定申告書等作成コーナー」をクリックする、など。

・トップ画面で「作成開始」をクリックする。

◀「確定申告書等作成コーナー」トップ画面

❷ 申告書の提出方法を選ぶ

・e-Tax による申告か（マイナンバーカードの有無により手順が変わる）、印刷して提出するかなどを選ぶ。

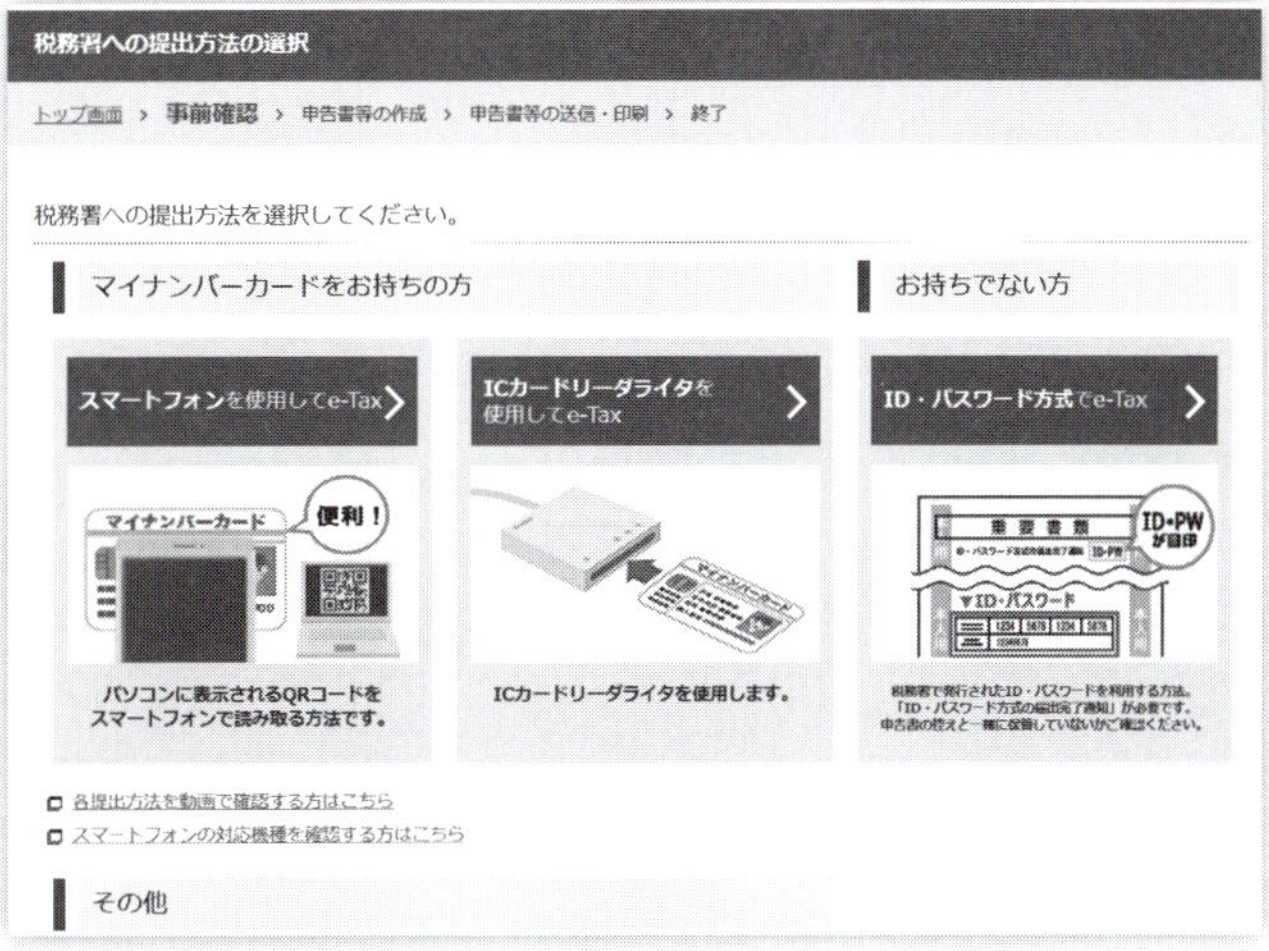

「税務署への提出方法の選択」画面▶

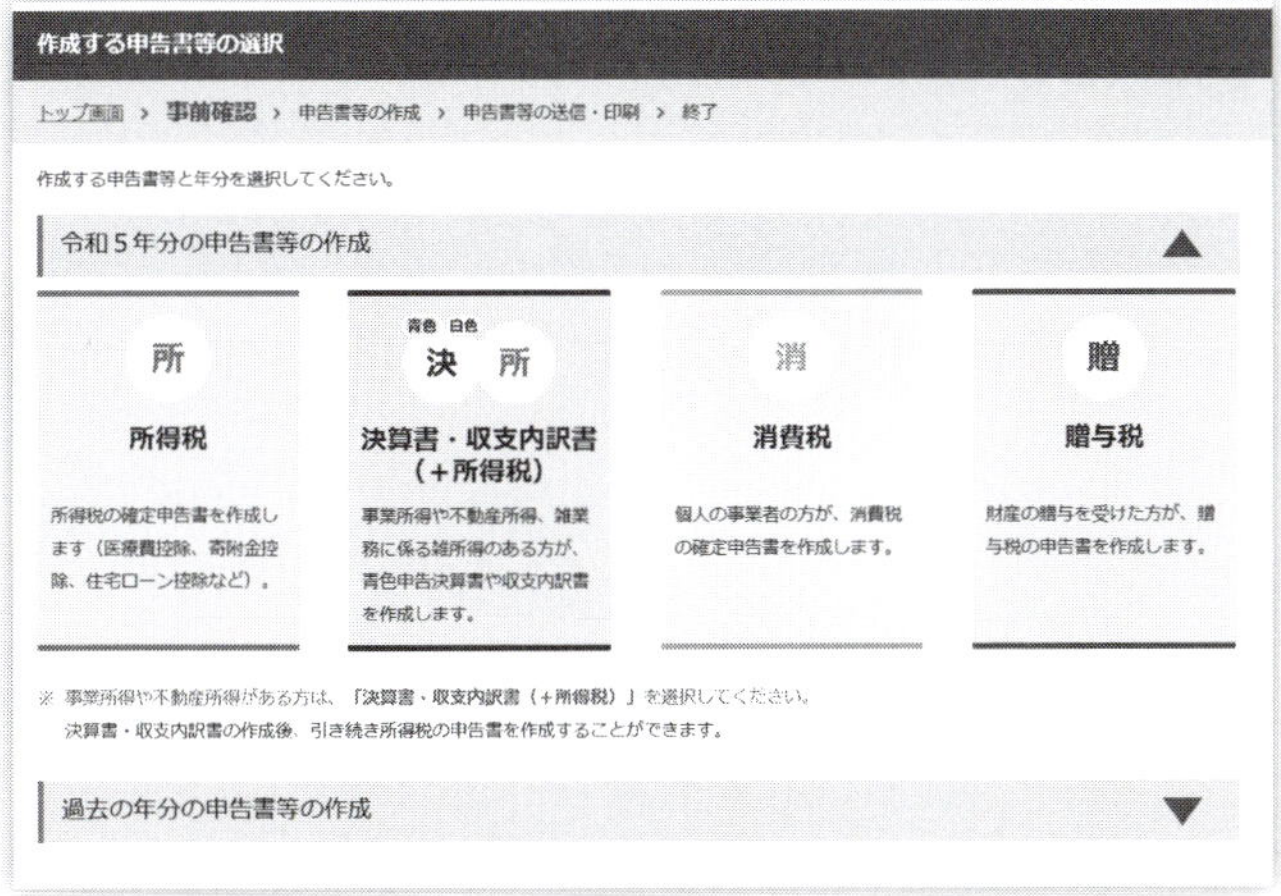

注・画面は令和６年 10 月時点のもの。

❸ 消費税の申告を選ぶ

・パソコンの推奨環境を確認後、「令和〇年分の申告書等の作成」をクリックして、「消費税」を選ぶ。

作成開始

・「一般課税・簡易課税の条件判定等」画面へ

◀「作成する申告書等の選択」画面

申告 3-4

e-Taxでオンライン申告ができる

消費税の確定申告は、e-Taxによりオンラインで行うこともできます。まずは税務署に、e-Taxを利用するための開始手続きが必要です。

開始手続きはマイナンバーカードが役立つ

e-Tax（国税電子申告・納税システム）を利用すれば、自宅や事務所などから、パソコンやスマホなどを使って、消費税の申告や納付ができます。

e-Taxで申告するには、事前にe-Taxの開始手続き（開始届出書の提出）をして、利用者識別番号を取得することが必要です。この手続きは、マイナンバーカードがあると本人確認などがスムーズです。

左ページの手続きは、e-Taxホームページから行う例です。「マイナポータル」（国が運営する行政手続きなどのオンラインサービス）を利用したり、直接税務署へ行って手続きすることもできます。

税金が優遇されるメリットもある

利用者識別番号によりe-Taxにログインして、**確定申告書等作成コーナーやe-Taxソフト（国税庁ホームページからダウンロードできる）、会計ソフトにより作成した申告書データを送信できます。**送信には、マイナンバーカードなどを使った電子署名や電子証明書が必要です。

納付についても、インターネットバンキングやダイレクト納付（→112ページ）を利用できます。

複式簿記により青色申告を行っている事業者なら、e-Taxの実践により青色申告特別控除が10万円アップする（65万円）というメリットもあります。

プラスアルファ　e-Taxによる申告は義務になる？

国税庁ではe-Tax（電子申告）の普及を推進しており、中小の会社や個人事業者も利用する人が増えています。

また、資本金が1億円を超える会社などは、法人税や消費税についてe-Taxが義務づけられています。取引書類のやりとり、帳簿の作成や社会保険などの手続きでも電子化が進んでいます。

将来的には、中小の会社などにもe-Taxの義務化が検討されるかもしれません。

e-Tax開始の手続き（マイナンバーカードを利用する場合）

▼ e-Tax ホームページトップ画面

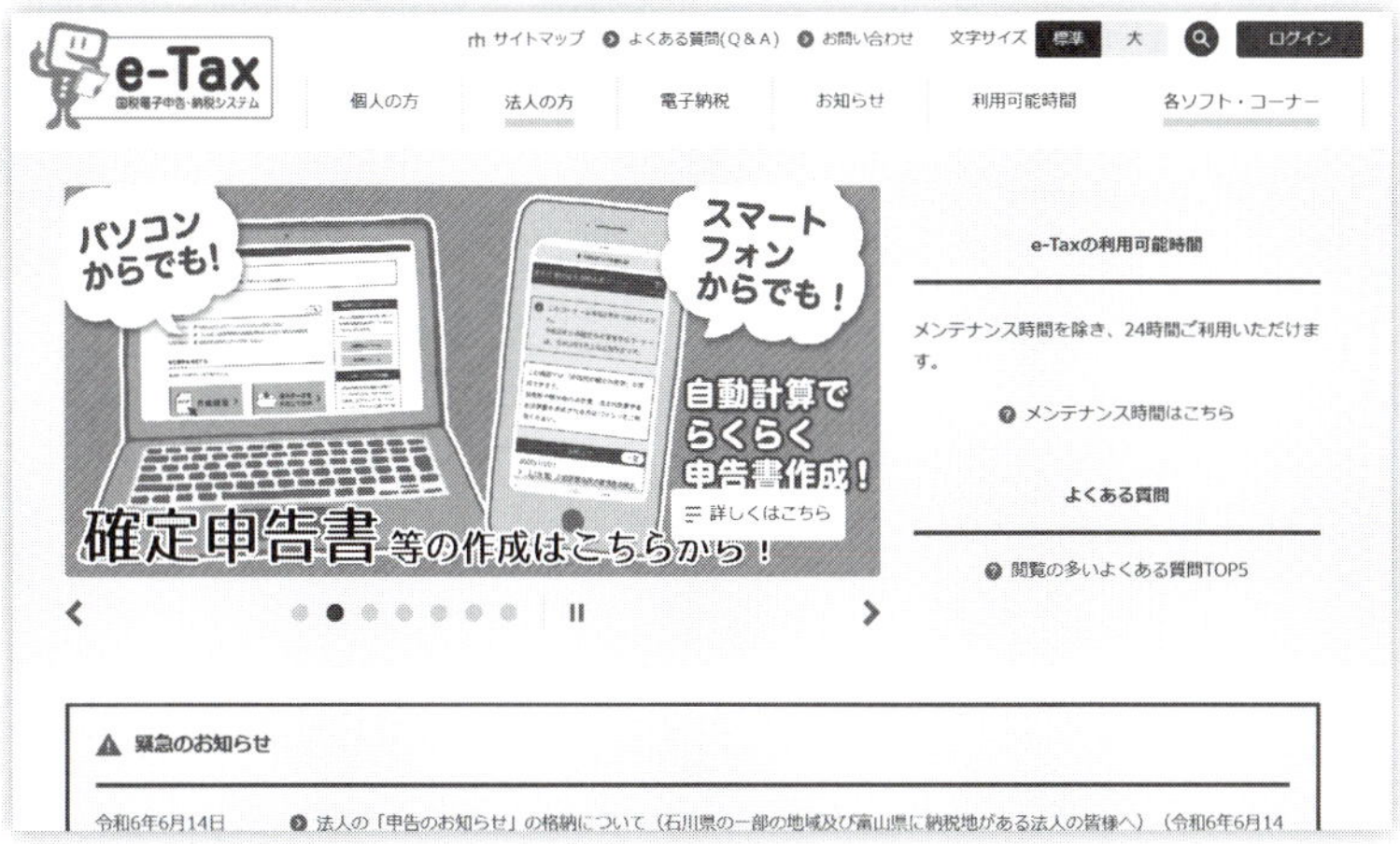

❶ e-Tax ホームページにアクセスする

・「e-Tax」で検索する、国税庁ホームページから「国税電子申告・納税システム（e-Tax）」をクリックするなど。

❷「開始（変更等）届出書作成・提出コーナー」へ

・「各ソフト・コーナー」をクリックした後、「e-Tax の開始（変更等）届出書作成・提出コーナー」をクリックする。

▼「作成・送信する開始（変更等）届出書の選択」画面

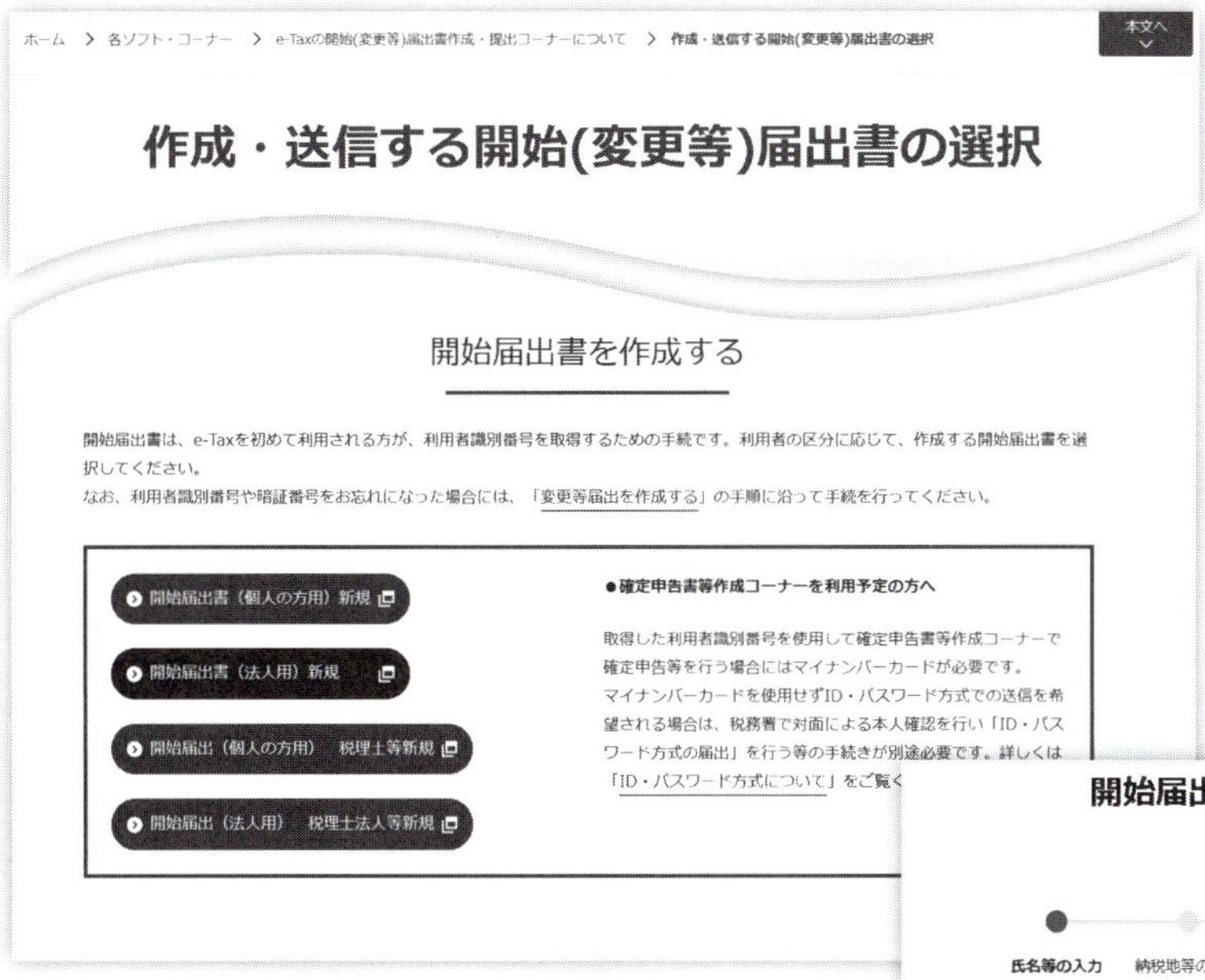

❸ 開始届出書を作成する

・「作成・送信する開始（変更等）届出書の選択」画面で「開始届出書（個人の方用）新規」をクリック→「マイナンバーカードをお持ちの方はこちら」をクリックする。

・スマホや IC カードリーダライタなどでマイナンバーを読み取る。画面の指示にしたがい必要事項を入力する。

開始届出書の入力画面

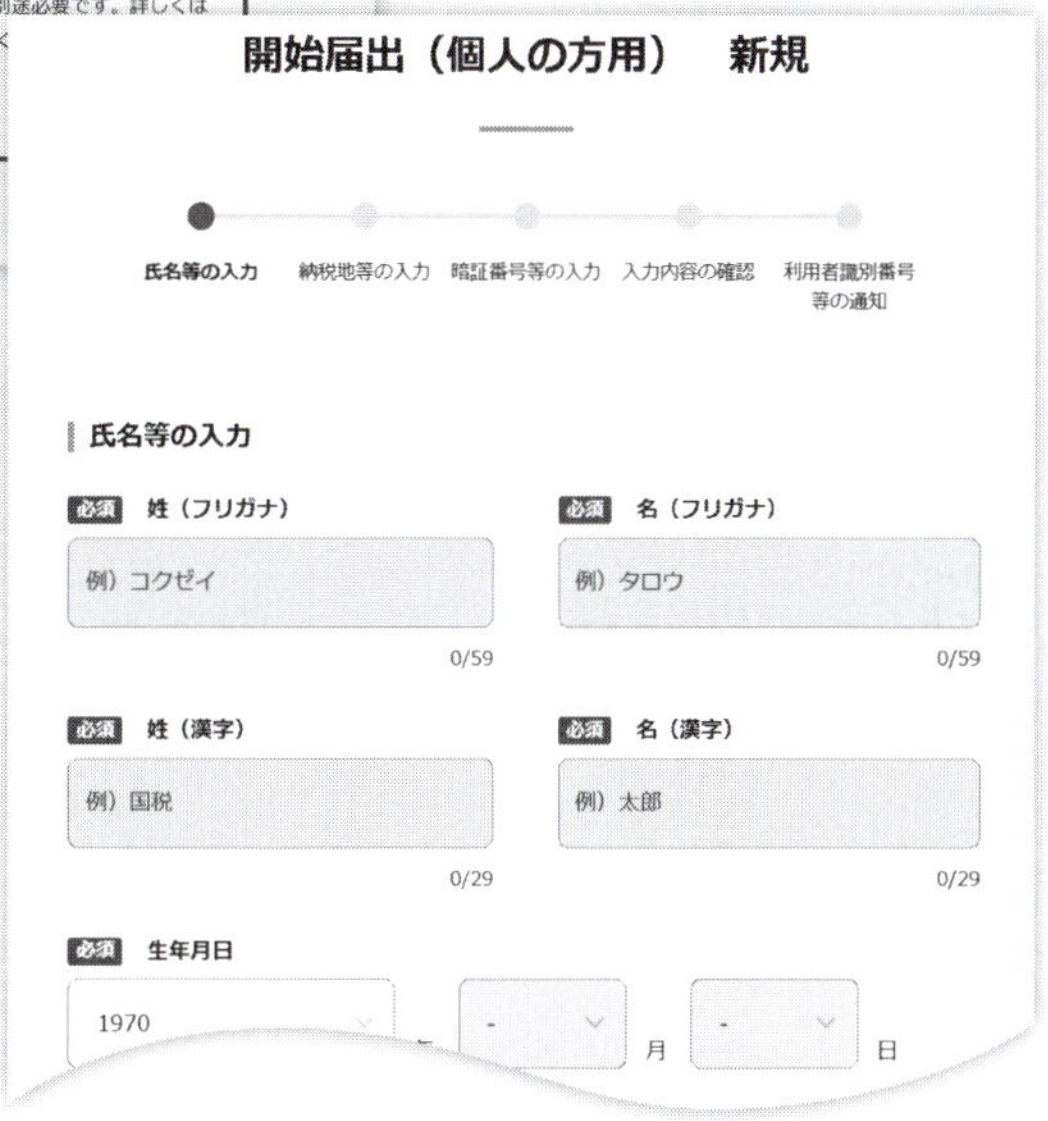

❹ 開始届出書を送信する

・送信後、利用者識別番号や暗証番号が通知される。これらの番号により確定申告などを行えるようになる。

注・画面は令和６年10月時点のもの。

所得税の確定申告とはここが違う

消費税と所得税は同じ「税金」ですが、さまざまな違いがあります。課税事業者として、知っておきたいポイントを押さえましょう。

消費税と所得税の比較

	消費税	所得税
税の種類	間接税	直接税
課税される対象	課税取引 （税の負担は消費者）	所得
申告が必要な人	消費税の課税事業者	所得（事業所得など）がある人
税率	標準税率 10%、軽減税率 8 %	5 ～ 45% （所得金額により異なる）
課税対象期間（個人事業者）	1 月 1 日～ 12 月 31 日の 1 年間	
申告期限	翌年 3 月 31 日 （原則）	翌年 3 月 15 日 （原則）

所得税の計算では消費税の区分は考えない

課税事業者になると、所得税の確定申告に加えて消費税の確定申告を行います。消費税と所得税の違いについて、ポイントを押さえておきましょう。

所得税は、所得税の確定申告書に青色申告決算書や収支内訳書（決算書類）を添えて申告します。所得税の申告書や決算書類は、消費税の申告書作成の参考にはなりますが、**消費税の計算に必要な課税／非課税、標準税率／軽減税率といった区別がされていないため、あらためて課税取引を集計する必要があります**（会計ソフトの帳簿できちんと区別していれば自動集計できる）。

申告後は税額を帳簿に反映します。たと

個人事業者の消費税と所得税の申告の流れ

1年間の取引

消費税

消費税のかかる取引を集計する

- 決算書からは集計できない。

▼

消費税を計算する

▼

消費税の確定申告

所得税

事業所得（事業のもうけ）などを確定させる

▼

所得税を計算する

- 決算書（青色申告決算書、収支内訳書など）を作成する。

▼

所得税の確定申告

消費税の帳簿入力（納付時）

条件 消費税額15万円（振替納付）

税込経理

必要経費にできる。

借方		貸方	
勘定科目	金額	勘定科目	金額
租税公課	150,000	普通預金	150,000

税抜経理

必要経費にできない。

借方		貸方	
勘定科目	金額	勘定科目	金額
未払消費税等	150,000	普通預金	150,000

注・税込経理で未払計上する場合は、決算時にも帳簿入力を行う（→「プラスアルファ」）。

所得税の帳簿入力（納付時）

条件 所得税額15万円（振替納付）

税込経理

必要経費にできない。

借方		貸方	
勘定科目	金額	勘定科目	金額
事業主貸	150,000	普通預金	150,000

「事業主貸」＝プライベートな支出に使用する勘定科目（所得税は個人として納めるため）。
「未払消費税等」＝まだ納めていない消費税で使用する勘定科目。

えば上図のように入力しますが、税込経理なら「租税公課」として消費税額を必要経費にできます。

申告期限は異なりますが、所得税と消費税の申告を同時に行えば、手間は一度ですみます。

プラスアルファ　税込経理は「未払計上」を忘れずに

税込経理でも税抜経理でも消費税額は同じです。ただし、税込経理では利益に消費税額が含まれるため、そのままだと、その年の所得税が消費税分多くなってしまいます。

決算時の仕訳で、消費税額を「租税公課／未払消費税等」として今年の経費に計上すれば、この所得税増を避けられます。

その年の所得税と消費税申告の連携で、その年の税金を少なくできるのです。

3-6 国税分と地方税分それぞれを計算する

消費税額の計算は、申告書の手順にしたがって行います。最初に国税分を計算して、国税分から地方税分を計算して合計します。

消費税のかかる取引を集計する

会計ソフトなら消費税額は自動計算できますが、基本的な計算の流れを押さえて、内容を確認できるようにしておきましょう。

まず、消費税のかかる取引（課税取引）から、消費税を受け取った売上（課税売上）と消費税を支払った仕入や経費（課税仕入）を集計します。標準税率分と軽減税率分は別に集計します（インボイスとそれを反映した帳簿で2つの税率が区別されていることが必要）。

次に、課税売上と課税仕入から国税分（7・8％）の消費税額を計算します。**算出した国税分の消費税額により、地方税分の消費税額を計算して合計するのがポイントです。**

なお、課税仕入の集計・計算は、簡易課税、2割特例では行いません（それぞれの計算方法→71ページ）。

課税売上割合を確認しよう

一般課税の課税売上の計算では、課税売上割合の確認が必要です。課税売上割合とは、1年間の売上（総売上高）に対する、課税取引の売上（課税売上高）の割合です。

課税売上高が5億円以下で、課税売上割合が95％以上なら、仕入税額控除で支払った消費税額の全額を差し引くことができます。課税売上高が5億円超または課税売上割合が95％未満なら、仕入税額控除は一定の制限を受けます。

課税売上割合の計算式

1年間の課税売上高（税抜き） ÷ **1年間の総売上高（税抜き）**

- 1年間の課税売上高：免税取引（→20ページ）の売上を含む金額。
- 1年間の総売上高：課税売上高に非課税取引（→22ページ）の売上を加えた金額。

＝ **課税売上割合（％）**

課税売上割合が **95％以上**	支払った消費税額は全額差し引ける。
課税売上割合が **95％未満**＊1	個別対応方式または一括比例配分方式＊2で、差し引く消費税額を調整する。

＊1 または課税売上高5億円超の場合。
＊2 個別対応方式→課税仕入を個別に確認して、非課税取引となるものを除く。
一括比例配分方式→支払った消費税額に課税売上割合を掛けた金額で仕入税額控除を行う。

申告書による消費税計算の流れ（一般課税の場合）

ステップ1　1年間の課税取引をまとめる

消費税のかかる取引（課税取引）とそれ以外の取引を区別して、課税売上と課税仕入を集計する。

- 標準税率による取引と軽減税率による取引は別に集計する。

ステップ2　消費税額(国税分)を計算する

受け取った消費税額から支払った消費税額を差し引く。

計算式

Ⓐ受け取った消費税額（国税分）－Ⓑ支払った消費税額（国税分）
＝消費税額（国税分）

- 国税分の標準税率(7.8%)と軽減税率(6.24%)は別に計算して合計する。

Ⓐ受け取った消費税額（国税分）を計算する*

計算式

課税標準額（税抜きの課税売上）
×7.8%または6.24%
＝受け取った消費税額（国税分）

＊割戻し計算では、税込みの課税売上から計算する（→82ページ）。

Ⓑ支払った消費税額（国税分）を計算する*

計算式

税抜きの課税仕入×7.8%または6.24%
＝支払った消費税額（国税分）

＊割戻し計算では、税込みの課税仕入から計算する（→82ページ）。

Ⓑは一般課税の計算方法。簡易課税、2割特例では異なります。

ステップ3　消費税額(地方税分)を計算する

ステップ2の消費税額（国税分）から計算する。

計算式

消費税額(国税分)×22／78 ＝消費税額(地方税分)

国税分の消費税額を使って、地方税分の消費税額を計算するのがポイントです。

ステップ4　消費税額(国税分)と消費税額(地方税分)を合計する

→納める消費税額

割戻し計算と積上げ計算、どちらかを選ぶ

消費税額の計算には、割戻し計算と積上げ計算の2つがあり、どちらかを選ばなければなりません。

インボイスなら積上げ計算ができる

受け取った消費税額と支払った消費税額の計算をするとき、それぞれ「割戻し計算」と「積上げ計算」のどちらかを選ぶ必要があります。

割戻し計算は、税込みの取引金額を計算により税抜きの取引金額にして、消費税額を計算する方法です。

積上げ計算は、インボイスや帳簿などに記載された消費税額を合計して、そこから国税分の消費税額を計算します。受け取った消費税額の計算で積上げ計算を選べるのは、インボイス発行事業者だけです。

手間は積上げ計算のほうがかかりますが、取引ごとに端数処理をするため、取引件数が多い業種などでは、税額計算時に1回だけ端数処理をする割戻し計算よりも、税額が小さくなります（切り下げの場合）。

もっとも、売上件数や金額が少ない個人事業者などなら、大きな差はないでしょう。経理の手間としては、割戻し計算のほうが簡単です。

組み合わせ方にはルールがある

受け取った消費税額の計算を割戻し計算とした場合は、支払った消費税額の計算で、積上げ／割戻しのどちらかを選ぶことができます。**受け取った消費税額の計算を積上げ計算にしたときは、支払った消費税額の計算も同じ積上げ計算にしなければなりません。**

キーワード

「消費税の端数処理」

インボイスごとの消費税計算で出る1円未満の端数は、事業者が処理方法を選べます＊。

申告時の消費税額計算では、割戻し計算による課税標準額は1000円未満切り捨て、仕入税額控除の計算による税額は100円未満切り捨てとします。この2つ以外は、原則として1円未満切り捨てです。

いずれの処理も、会計ソフトなら自動計算されますが、念のため、設定を確認しておきましょう。

＊「切り上げ」「切り下げ」「四捨五入」。

割戻し計算と積上げ計算の方法を知っておこう

割戻し計算

税込みの取引金額（課税売上または課税仕入）から消費税額を計算する。

計算のしかた（課税売上）

※国税分（税率 7.8%）を計算する。

① 税抜きの取引金額を計算する

・標準税率分と軽減税率分は別に集計する。

1年間の取引金額（税込み）×100／110

軽減税率分は×100／108で計算。

＝税抜きの取引金額

課税標準額

② 消費税額（国税分）を計算する

税抜きの取引金額×7.8/100

課税標準額

軽減税率分は×6.24/100で計算。

＝消費税額（国税分）

POINT　端数処理は計算時に1回行う。

積上げ計算

インボイスに記載された消費税額（課税売上または課税仕入）を合計する。

計算のしかた（課税売上）

※国税分（税率 7.8%）を計算する。

① 1年間のインボイスの消費税額を合計する

・標準税率分と軽減税率分は別に集計する。

インボイス	インボイス	インボイス	インボイス	インボイス	インボイス

記載された税額を合計する。

② 消費税額（国税分）を計算する

インボイスの消費税額の合計×78/100

＝消費税額（国税分）

POINT　端数処理はインボイスごとに行う。

組み合わせのルール

受け取った消費税額の計算		支払った消費税額の計算
割戻し計算	→	積上げ計算または割戻し計算
積上げ計算	→	積上げ計算

3-8 申告

税額が多くなると分割納付が必要

消費税額（国税分）を計算した結果、48万円を超える場合には、その翌年は、中間申告・納付により消費税を分割・前払いします。

大きな税額になりそうなら分割して前払いする

消費税の申告と納付は、原則として年に一度3月31日までに行いますが、**国税分の消費税額が48万円を超えた場合、翌年は一定期間ごとの申告・納付が必要になります。これを中間申告といいます。**消費税の分割・前払いです。この判定には、地方消費税分が含まれないことに注意します。

中間申告の回数は、前年の税額によって変わります（年1回、年3回、年11回）。それぞれ申告・納付期限が決まっているので注意しましょう。なお、期限通りに納付書で納めれば、申告書は提出不要です。

納付を計画的に行いたいなどの理由から、希望による中間申告もできます（任意の中間申告。選べるのは年1回のみ）。

納付税額は自分で計算してもよい

中間申告の計算方法は「予定申告方式」と「仮決算方式」から選べます。

予定申告方式は、税務署から送られてくる申告書と納付書で行われている計算です。前年納めた消費税額の実績から、納付税額を算出します（月割り税額×申告回数による月数分）。

仮決算方式では、事業者が実際に対象期間の税額を計算して納めます。金額は正確になりますが、期間中の取引などの集計が必要となり手間がかかります。

実際の税額との差額は、確定申告の際に精算することになります。

確定申告書に忘れず記入する

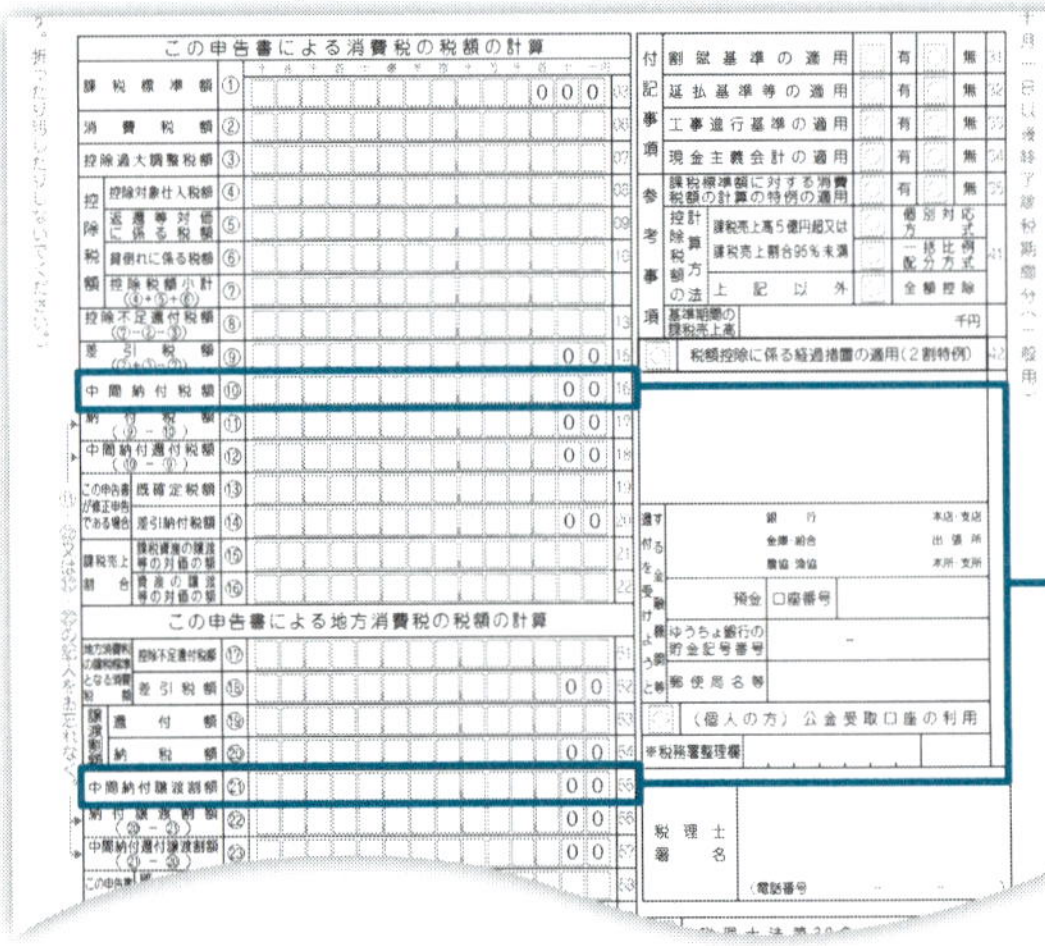

◀申告書（第一表）

確定申告の際、この2つの欄に、国税分と地方税分の中間申告・納付税額を記入して差し引く。

前年の消費税額で申告回数が変わる

※予定申告方式。納付期限は個人事業者の場合。

前年の消費税額（国税分の消費税額）	納付税額（　）は中間申告の回数	申告・納付期限
48 万円超 400 万円以下	前年の消費税額の 1/2（年 1 回）	中間申告 ▲ 8 月末日／確定申告 3 月末日
400 万円超 4800 万円以下	前年の消費税額の 1/4（年 3 回）	中間申告 ▲ 5 月末日、中間申告 ▲ 8月末日、中間申告 ▲ 11 月末日／確定申告 3 月末日
4800 万円超	前年の消費税額の 1/12（年 11 回）	中間申告 ▲ 5 月末日 *～翌年 1 月末日／確定申告 3 月末日 ＊1～3 月分は、納付期限が 5 月末日となる。

消費税及び地方消費税の中間申告書

この中間申告書と一緒に送られてくる納付書により、記載された税額を納める。

申告書（第一表）の⑩、㉑の欄に中間申告で納めた金額を記入して（→右ページ）、確定申告の消費税額から差し引く。

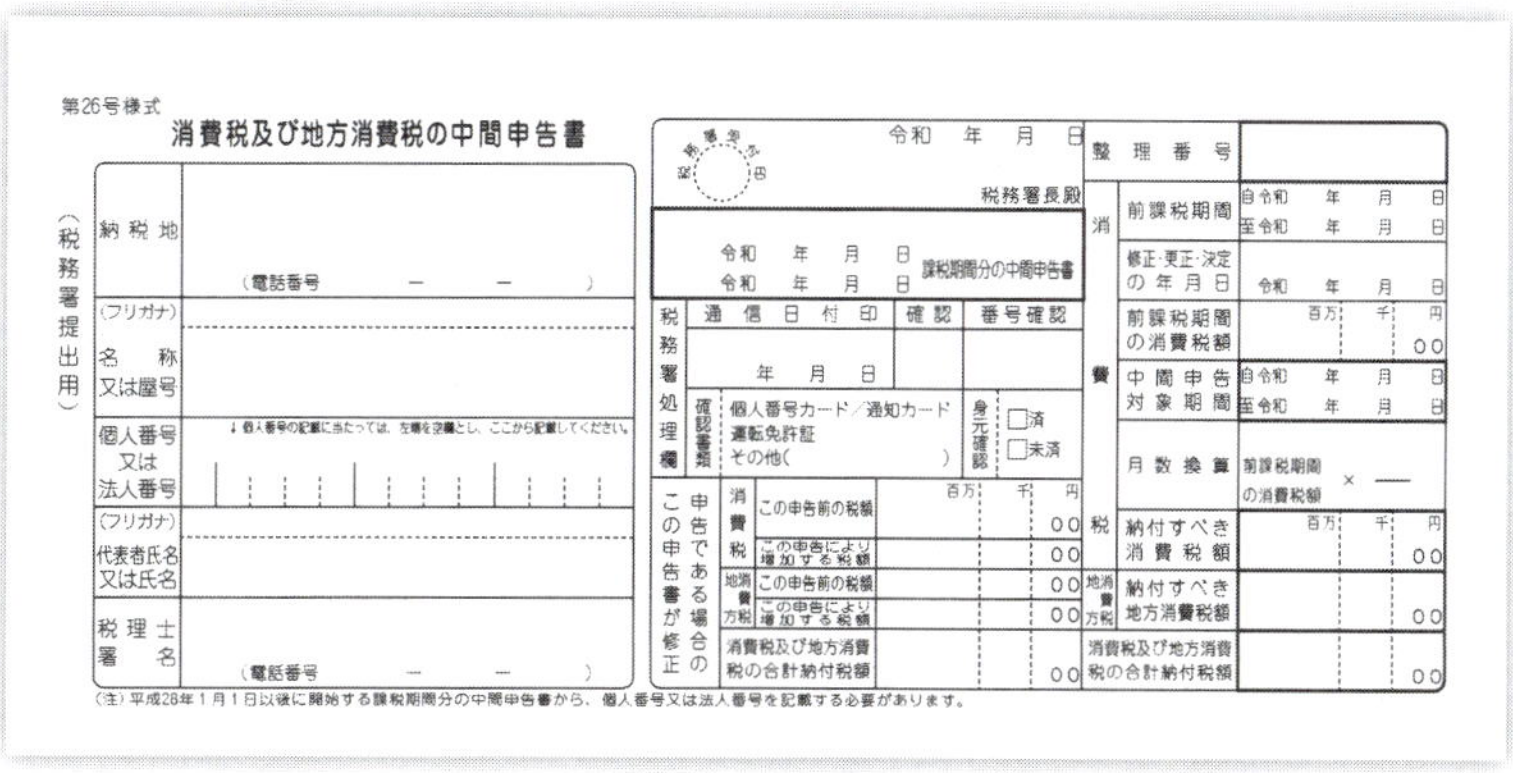
第26号様式
消費税及び地方消費税の中間申告書
（税務署提出用）
納税地
（電話番号　－　－　）
（フリガナ）
名称又は屋号
個人番号又は法人番号
↓個人番号の記載に当たっては、左端を空欄とし、ここから記載してください。
（フリガナ）
代表者氏名又は氏名
税理士署名
（電話番号　－　－　）
令和　年　月　日
税務署長殿
令和　年　月　日
令和　年　月　日　課税期間分の中間申告書
税務署処理欄
通信日付印　確認　番号確認
年　月　日
確認書類　個人番号カード／通知カード　運転免許証　その他（　）
身元確認　□済　□未済
この申告書が修正申告である場合の
消費税　この申告前の税額　百万　千　円　00
この申告により増加する税額　00
地方消費税　この申告前の税額　00
この申告により増加する税額　00
消費税及び地方消費税の合計納付税額　00
整理番号
消費税
前課税期間　自令和　年　月　日　至令和　年　月　日
修正・更正・決定の年月日　令和　年　月　日
前課税期間の消費税額　百万　千　円　00
中間申告対象期間　自令和　年　月　日　至令和　年　月　日
月数換算　前課税期間の消費税額　×　——
納付すべき消費税額　百万　千　円　00
地方消費税　納付すべき地方消費税額　00
消費税及び地方消費税の合計納付税額　00
（注）平成28年1月1日以後に開始する課税期間分の中間申告書から、個人番号又は法人番号を記載する必要があります。

支払った税額のほうが多いと還付される

多額の設備投資や大幅な赤字などで、受け取った消費税より支払った消費税が多い場合、還付申告をすれば、差額分の税金が戻ります（一般課税に限る）。

還付を受けられるのは一般課税の申告のみ

売上で受け取った消費税（課税売上の消費税）より仕入や経費で支払った消費税（課税仕入等の消費税）が多い場合には、申告により消費税が戻ってきます。これを消費税の還付といいます。

一般課税（支払った消費税額を集計・計算する）で申告する事業者が対象です。簡易課税や2割特例を選んでいる事業者は、税額計算がマイナスにならないので、還付を受けることはできません。消費税の申告・納付をしない免税事業者も対象外です。

還付を受けるには、翌年3月31日までに、申告書と一緒に「消費税の還付申告に関する明細書（以下、還付申告の明細書）」を作成・提出します（↓94ページ）。

大きな設備投資などは可能性あり

たとえば、輸出業を営んでいる事業者は、売上が免税になる一方（免税取引）、仕入や輸送費は仕入税額控除の対象になるため、還付を受けやすくなります。

事業を始めたときなど、多額の設備投資を行った年は経費の消費税も多くなり、還付を受けられる場合があります。大幅な赤字になった年も還付される可能性があります。給与や減価償却費など、消費税のかからないものは計算の対象外です。

簡易課税を選んでいる事業者は、翌年以降に還付が見込まれる場合、一般課税に戻ることを検討しましょう。

プラスアルファ　還付金の受け取り方を確認

還付金は、申告書（第一表）に記入した預貯金口座に振り込んでもらうほか、郵便局（ゆうちょ銀行）の窓口で直接受け取ることもできます。

ただし、還付されるのは、通常申告から約1～2か月後になります。e-Taxによる申告なら、還付が早まります（3週間程度）。

還付を早めたい場合には、事前の届出により課税期間を短縮する（3か月または1か月）という方法もあります。

支払った消費税の一部が戻ることもある

例 消費税額を集計した結果、売上で受け取った消費税額は 20 万円、仕入や経費で支払った消費税額が 30 万円だった。

【消費税額の計算】

受け取った消費税額　　支払った消費税額

20 万円 − 30 万円 ＝ △（マイナス）10 万円 ▶

還付を受けられる主なケース

- **輸出業を営んでいる（免税取引が多い）**
- **多額の設備投資を行った**
- **大幅な赤字になった**

消費税の還付申告に関する明細書（個人事業者用）

２枚セットになっており、還付申告になった理由などを記入する。
消費税の申告で添付して提出する（作成手順→ 94 ページ）。

▶1枚目

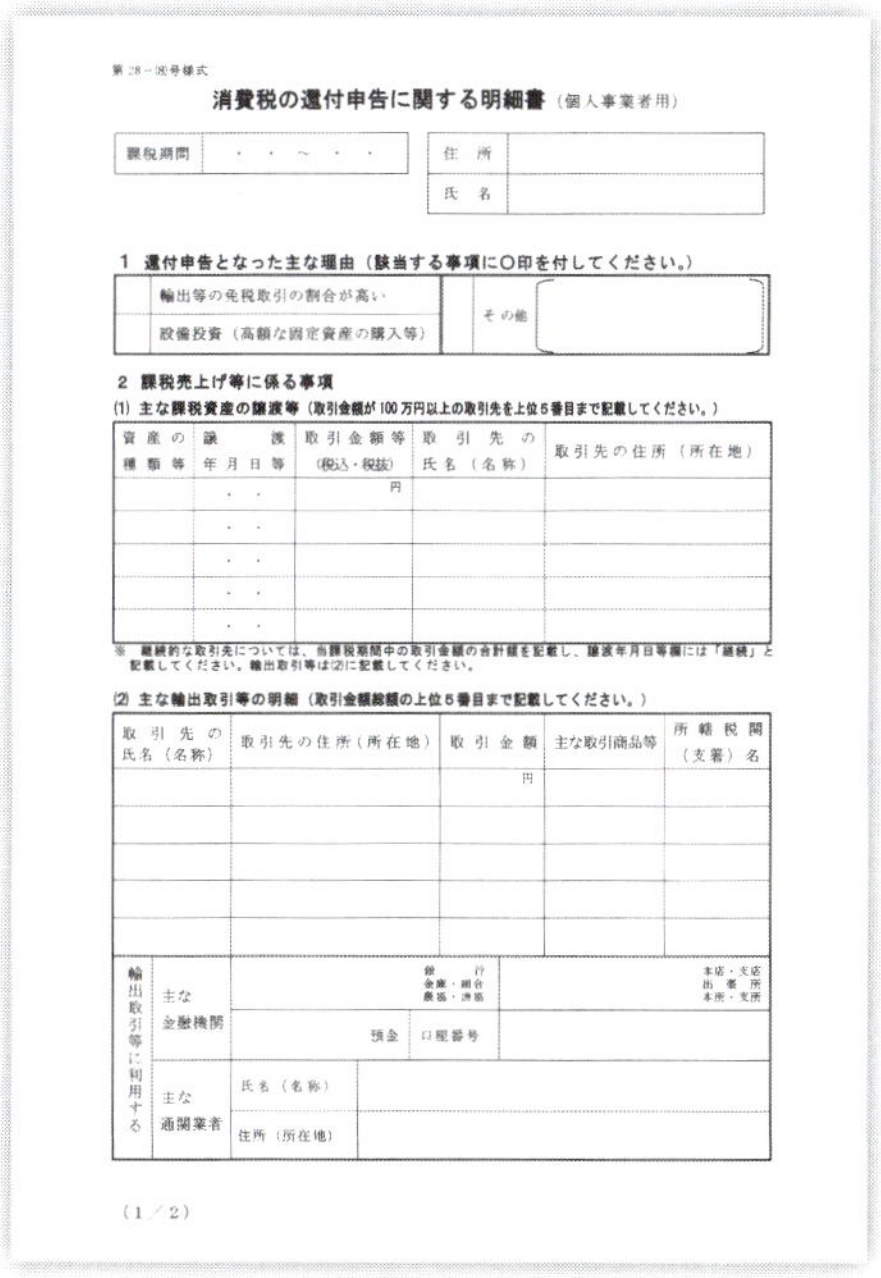

第28−(8)号様式

消費税の還付申告に関する明細書（個人事業者用）

課税期間	・　・　〜　・　・

住所	
氏名	

1　還付申告となった主な理由（該当する事項に○印を付してください。）

	輸出等の免税取引の割合が高い		その他	
	設備投資（高額な固定資産の購入等）			

2　課税売上げ等に係る事項

(1) 主な課税資産の譲渡等（取引金額が 100 万円以上の取引先を上位５番目まで記載してください。）

資産の種類等	譲渡年月日等	取引金額等（税込・税抜）	取引先の氏名（名称）	取引先の住所（所在地）
	・　・	円		
	・　・			
	・　・			
	・　・			
	・　・			

※　継続的な取引先については、当課税期間中の取引金額の合計額を記載し、譲渡年月日等欄には「継続」と記載してください。輸出取引等は(2)に記載してください。

(2) 主な輸出取引等の明細（取引金額総額の上位５番目まで記載してください。）

取引先の氏名（名称）	取引先の住所（所在地）	取引金額	主な取引商品等	所轄税関（支署）名
		円		

輸出取引等に利用する	主な金融機関	銀行 金庫・組合 農協・漁協		本店・支店 出張所 本所・支所	
		預金	口座番号		
	主な通関業者	氏名（名称）			
		住所（所在地）			

（1／2）

▶2枚目

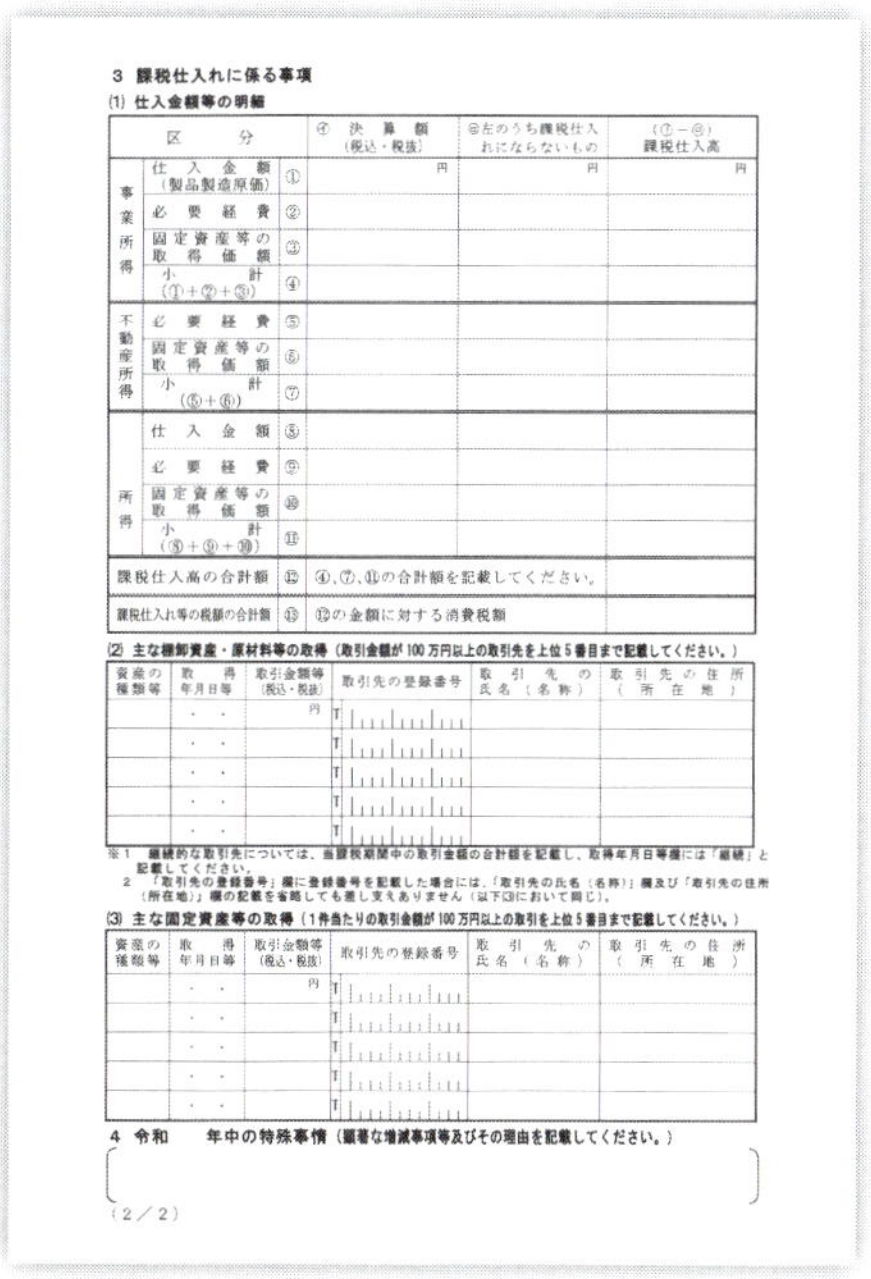

3　課税仕入れに係る事項

(1) 仕入金額等の明細

区分			㋑ 決算額（税込・税抜）	㋺ 左のうち課税仕入れにならないもの	(㋑−㋺) 課税仕入高
事業所得	仕入金額（製品製造原価）	①	円	円	円
	必要経費	②			
	固定資産等の取得価額	③			
	小計（①＋②＋③）	④			
不動産所得	必要経費	⑤			
	固定資産等の取得価額	⑥			
	小計（⑤＋⑥）	⑦			
所得	仕入金額	⑧			
	必要経費	⑨			
	固定資産等の取得価額	⑩			
	小計（⑧＋⑨＋⑩）	⑪			
課税仕入高の合計額		⑫	④、⑦、⑪の合計額を記載してください。		
課税仕入れ等の税額の合計額		⑬	⑫の金額に対する消費税額		

(2) 主な棚卸資産・原材料等の取得（取引金額が 100 万円以上の取引先を上位５番目まで記載してください。）

資産の種類等	取得年月日等	取引金額等（税込・税抜）	取引先の登録番号	取引先の氏名（名称）	取引先の住所（所在地）
	・　・	円	T		
	・　・		T		
	・　・		T		
	・　・		T		
	・　・		T		

※1　継続的な取引先については、当課税期間中の取引金額の合計額を記載し、取得年月日等欄には「継続」と記載してください。
　2　「取引先の登録番号」欄に登録番号を記載した場合には、「取引先の氏名（名称）」欄及び「取引先の住所（所在地）」欄の記載を省略しても差し支えありません（以下(3)において同じ）。

(3) 主な固定資産等の取得（1件当たりの取引金額が 100 万円以上の取引を上位５番目まで記載してください。）

資産の種類等	取得年月日等	取引金額等（税込・税抜）	取引先の登録番号	取引先の氏名（名称）	取引先の住所（所在地）
	・　・	円	T		
	・　・		T		
	・　・		T		
	・　・		T		
	・　・		T		

4　令和　　年中の特殊事情（顕著な増減事項等及びその理由を記載してください。）

（2／2）

3-10 申告

売上の消費税と仕入の消費税を計算する

一般課税による申告は、受け取った消費税額から支払った消費税額を差し引く、消費税額の原則的な計算方法で行います。

使用する書式と申告書作成の流れ

一般課税の申告で使用する基本となる申告書は、第一表（一般用）と第二表、付表1－3、付表2－3です。

まず付表1-3と付表2-3を作成してから、第二表→第一表の順に作成します。

付表の作成で必要になる、課税取引や課税売上、課税仕入を集計する際は、課税取引金額計算表、課税売上高計算表、課税仕入高計算表を利用してもよいでしょう（→74ページ）。

正確な税額を計算できる

取引の集計や税額の計算は、適用税率ごとに行います。納める消費税額は、国税分を計算してから地方税分を計算します。

一般課税による申告書の作成ポイントは、**課税仕入についての集計を行って、支払った消費税額を計算することです。他の申告方法より手間はかかりますが、正確な税額を計算できます。**

また、一般課税による申告では還付申告ができます。この場合は、還付申告の明細書（個人事業者用）を、申告書と付表とともに作成して提出します（→94ページ）。

確定申告書等作成コーナーで作成する場合は、画面の案内にしたがって入力していきます。入力ミスに注意すれば、自動計算のため、計算間違いはありません。作成の流れは、確定申告書等作成コーナーの手引きなどを確認してください。

プラスアルファ　不動産所得などの消費税も含めて計算する

所得税の計算では、取引の種類により、事業所得、不動産所得、譲渡所得などを区分して、それぞれ必要経費などの計算をします。消費税の計算では、こうした所得区分によらず、消費税のかかった事業にかかわる取引は、すべて課税売上、課税仕入を計算して合計します。

たとえば、不動産の売買などで消費税のかかった取引は、消費税の計算対象です（課税売上となる範囲→20ページ）。

一般課税の申告書作成の流れ

❶ 付表 1-3 と付表 2-3 を作成する

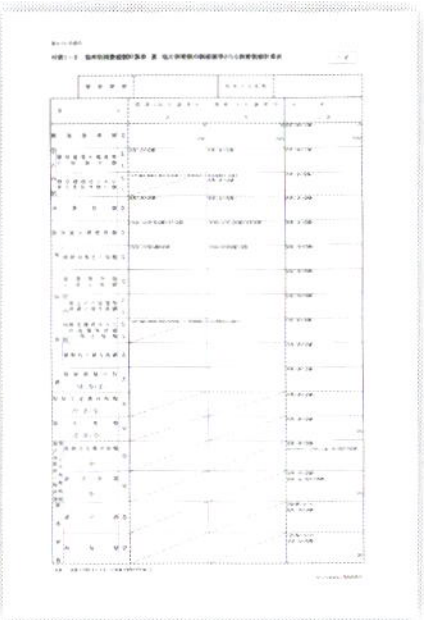

付表 1-3　税率別消費税額計算表兼地方消費税の課税標準となる消費税額計算表

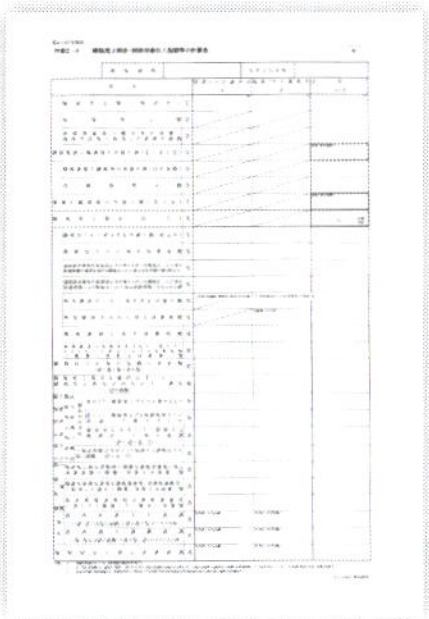

付表 2-3　課税売上割合・控除対象仕入税額等の計算表

- 付表 1-3 で、受け取った消費税額（国税分）と支払った消費税額（国税分）を計算する。
- 付表 2-3 で、支払った消費税額（国税分）などを計算する。

・適用税率ごとに計算する。
・課税売上割合を計算する。
・付表 2-3 の記入内容を付表 1-3 に反映する。

- 付表 1-3 で、納める消費税額（国税分、地方税分）を計算する。

まず、付表 1-3 と付表 2-3 で、受け取った消費税額とそこから差し引く支払った消費税額を計算するんですね。

❷ 第二表を作成する

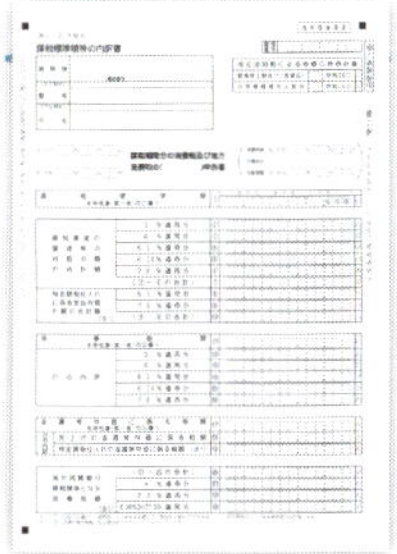

消費税及び地方消費税の申告書

- 受け取った消費税額（国税分）の内訳などをまとめる。

・主に付表 1-3 からの転記で作成する。
・適用税率ごとに記入する。

❸ 第一表（一般用）を作成する

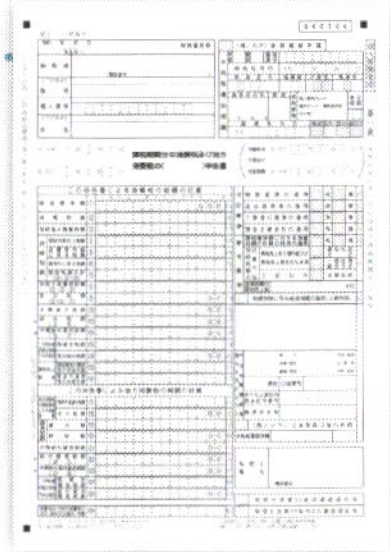

消費税及び地方消費税の申告書

- 納める消費税額（国税分）と納める消費税額（地方税分）をまとめる。
- 国税分と地方税分を合計する。

・主に付表 1-3 と第二表からの転記で作成する。

還付申告なら、上記に加えて還付申告の明細書を作成します。

完成！

税務署に提出する

付表1-3の記入例

90 ～ 93 ページ記入例の条件

新国おさむさん（個人事業者） 課税売上 800 万円（税抜き）、課税仕入 320 万円、取引は標準税率（10%）のみ。一般課税で申告する。

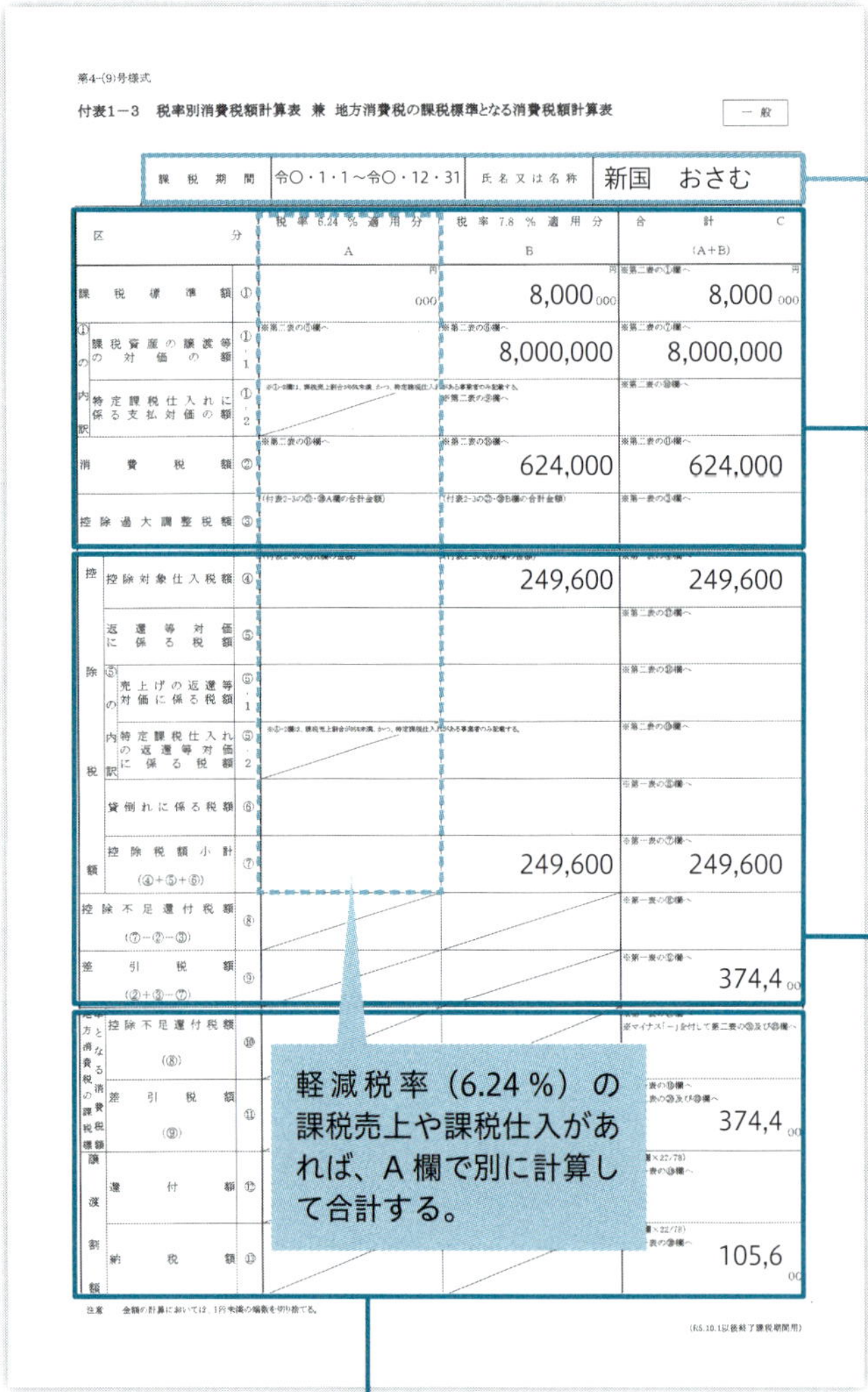

第4-(9)号様式

付表1－3　税率別消費税額計算表 兼 地方消費税の課税標準となる消費税額計算表　一般

課税期間	令〇・1・1～令〇・12・31	氏名又は名称	新国　おさむ

区分		税率 6.24 % 適用分 A	税率 7.8 % 適用分 B	合計 C (A+B)
課税標準額	①	000	8,000 000	8,000 000
①の内訳 課税資産の譲渡等の対価の額	①-1		8,000,000	8,000,000
①の内訳 特定課税仕入れに係る支払対価の額	①-2			
消費税額	②		624,000	624,000
控除過大調整税額	③			
控除税額 控除対象仕入税額	④		249,600	249,600
控除税額 返還等対価に係る税額	⑤			
⑤の内訳 売上げの返還等対価に係る税額	⑤-1			
⑤の内訳 特定課税仕入れの返還等対価に係る税額	⑤-2			
控除税額 貸倒れに係る税額	⑥			
控除税額小計 (④+⑤+⑥)	⑦		249,600	249,600
控除不足還付税額 (⑦－②－③)	⑧			
差引税額 (②+③－⑦)	⑨			374,400
地方消費税の課税標準となる消費税額 控除不足還付税額 (⑧)	⑩			
地方消費税の課税標準となる消費税額 差引税額 (⑨)	⑪			374,400
譲渡割額 還付額	⑫			
譲渡割額 納税額	⑬			105,600

注意　金額の計算においては、1円未満の端数を切り捨てる。

(R5.10.1以後終了課税期間用)

軽減税率（6.24 %）の課税売上や課税仕入があれば、A 欄で別に計算して合計する。

税率別消費税額計算表兼地方消費税の課税標準となる消費税額計算表

課税期間（個人事業者は 1 月 1 日～ 12 月 31 日）、氏名または名称を記入する。

1 課税標準額や受け取った消費税額（国税分）などを記入する

- 「課税資産の譲渡等の対価の額」欄に課税売上額を記入する。
  ※税込経理なら、税抜きの課税売上額を計算する（税込みの課税売上額 ×100/110）。
- 課税標準額を記入する（税抜きの課税売上額を 1000 円未満切り捨てした金額）。
- 受け取った消費税額（国税分）を計算する。

計算の手順

8,000,000 円 ×7.8/100 ＝ 624,000 円

付表 2-3 へ

4 支払った消費税額（国税分）による控除額と納める消費税額（国税分）を記入する

- 3（「控除対象仕入税額」の合計欄）から、支払った消費税額（国税分）を転記する。
- 納める消費税額（国税分）を計算する（100 円未満切り捨て）。

計算の手順

624,000 円－ 249,600 円＝ 374,400 円

5 納める消費税額（地方税分）を記入する

- 4 から納める消費税額（国税分）を転記して、納める消費税額（地方税分）を計算する（納める消費税額〈国税分〉×22/78〈100 円未満切り捨て〉）。

計算の手順

374,400 円 ×22/78 ＝ 105,600 円

第一表、第二表へ（92、93 ページ）

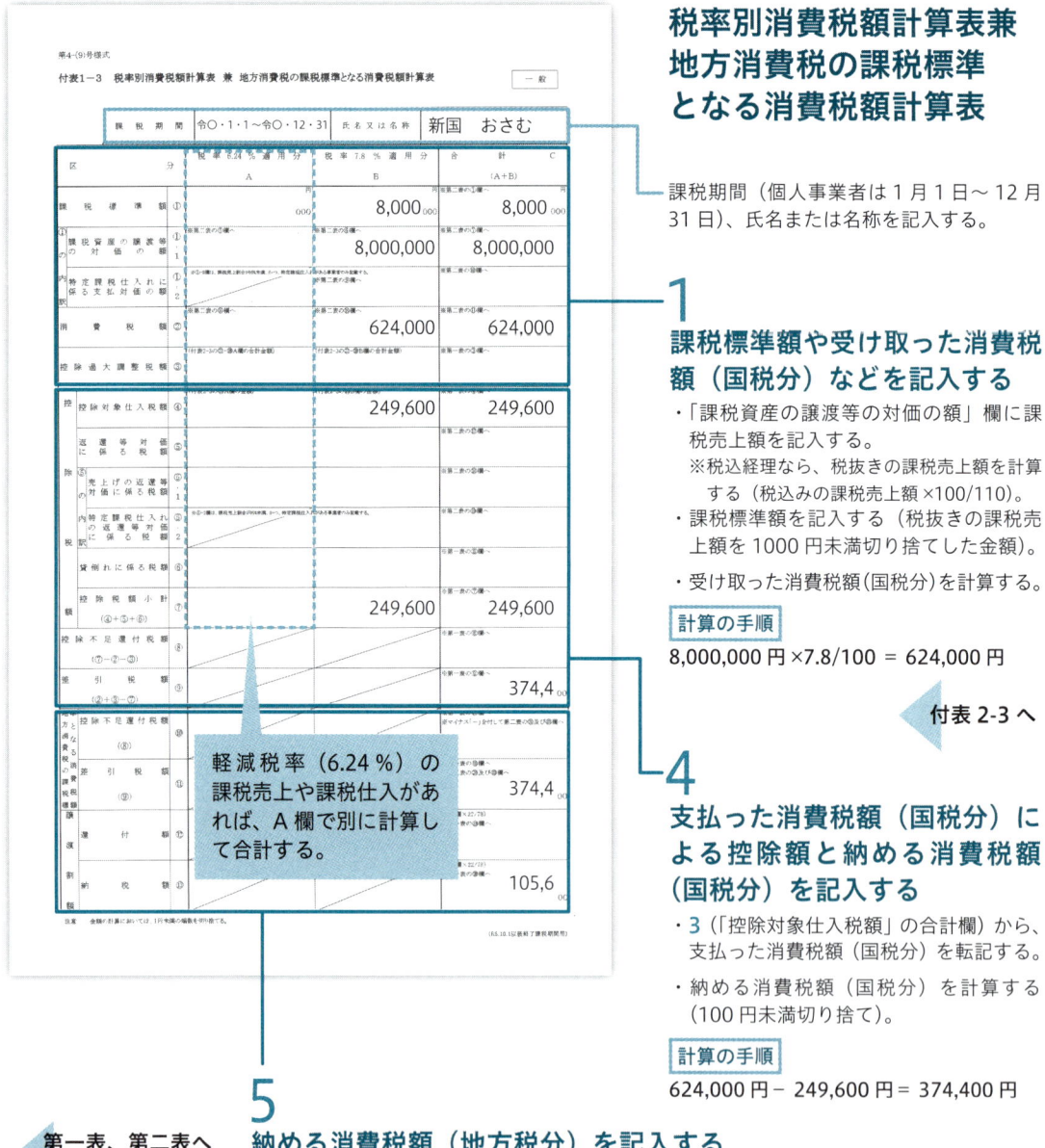

付表2-3の記入例

第4-(10)号様式

付表2−3　課税売上割合・控除対象仕入税額等の計算表　一般

課税期間	令〇・1・1〜令〇・12・31	氏名又は名称	新国　おさむ

項目		税率6.24％適用分 A	税率7.8％適用分 B	合計 (A+B)
課税売上額（税抜き）	①		8,000,000	8,000,000
免税売上額	②			
非課税資産の輸出等の金額、海外支店等へ移送した資産の価額	③			
課税資産の譲渡等の対価の額（①＋②＋③）	④			8,000,000
課税資産の譲渡等の対価の額（④の金額）	⑤			8,000,000
非課税売上額	⑥			
資産の譲渡等の対価の額（⑤＋⑥）	⑦			8,000,000
課税売上割合（④／⑦）	⑧			[100%]
課税仕入れに係る支払対価の額（税込み）	⑨		3,200,000	3,200,000
課税仕入れに係る消費税額	⑩		249,600	249,600
適格請求書発行事業者以外の者から行った課税仕入れに係る経過措置の適用を受ける課税仕入れに係る支払対価の額（税込み）	⑪			
適格請求書発行事業者以外の者から行った課税仕入れに係る経過措置により課税仕入れに係る消費税額とみなされる額	⑫			
特定課税仕入れに係る支払対価の額	⑬			
特定課税仕入れに係る消費税額	⑭			
課税貨物に係る消費税額	⑮			
納税義務の免除を受けない（受ける）こととなった場合における消費税額の調整（加算又は減算）額	⑯			
課税仕入れ等の税額の合計額（⑩＋⑫＋⑭＋⑮±⑯）	⑰		249,600	249,600
課税売上高が5億円以下、かつ、課税売上割合が95％以上の場合（⑰の金額）	⑱		249,600	249,600
課税売上高が5億円超又は課税売上割合が95％未満の場合　個別対応方式　⑰のうち、課税売上げにのみ要するもの	⑲			
⑰のうち、課税売上げと非課税売上げに共通して要するもの	⑳			
個別対応方式により控除する課税仕入れ等の税額〔⑲＋(⑳×④／⑦)〕	㉑			
一括比例配分方式により控除する課税仕入れ等の税額（⑰×④／⑦）	㉒			
控除の調整　課税売上割合変動時の調整対象固定資産に係る消費税額の調整（加算又は減算）額	㉓			
調整対象固定資産を課税業務用（非課税業務用）に転用した場合の調整（加算又は減算）額	㉔			
居住用賃貸建物を課税賃貸用に供した（譲渡した）場合の加算額	㉕			
差引　控除対象仕入税額〔(⑱、㉑又は㉒の金額)±㉓±㉔＋㉕〕がプラスの時	㉖		249,600	249,600
控除過大調整税額〔(⑱、㉑又は㉒の金額)±㉓±㉔＋㉕〕がマイナスの時	㉗			
貸倒回収に係る消費税額	㉘			

課税売上割合・控除対象仕入税額等の計算表

課税期間（個人事業者は1月1日〜12月31日）と、氏名または名称を記入する。

2 課税売上額を記入して課税売上割合を計算する

- 課税売上額は、1（「課税資産の譲渡等の対価の額」の合計欄）から転記する。
- 課税売上割合を計算する（課税売上額〈「課税資産の譲渡等の対価の額」〉÷総売上〈「資産の譲渡等の対価の額」〉）。

計算の手順

8,000,000円÷8,000,000円＝1（100%）

3 課税仕入額や支払った消費税額（国税分）を記入する

- 課税仕入額を記入して、支払った消費税額（国税分）を計算する。

計算の手順

3,200,000円×7.8/100 ＝ 249,600円

軽減税率（6.24%）の課税売上や課税仕入があれば、A欄で別に計算して合計する。

付表1-3へ

課税売上割合の計算について

この例では免税取引や非課税取引がないため、課税売上と総売上は同額で、課税売上割合（→80ページ）は100%です。課税売上割合が95%未満または課税売上高5億円超の事業者は「個別対応方式」「一括比例配分方式」どちらかを選び、付表2-3の計算で仕入税額控除の額を調整します。

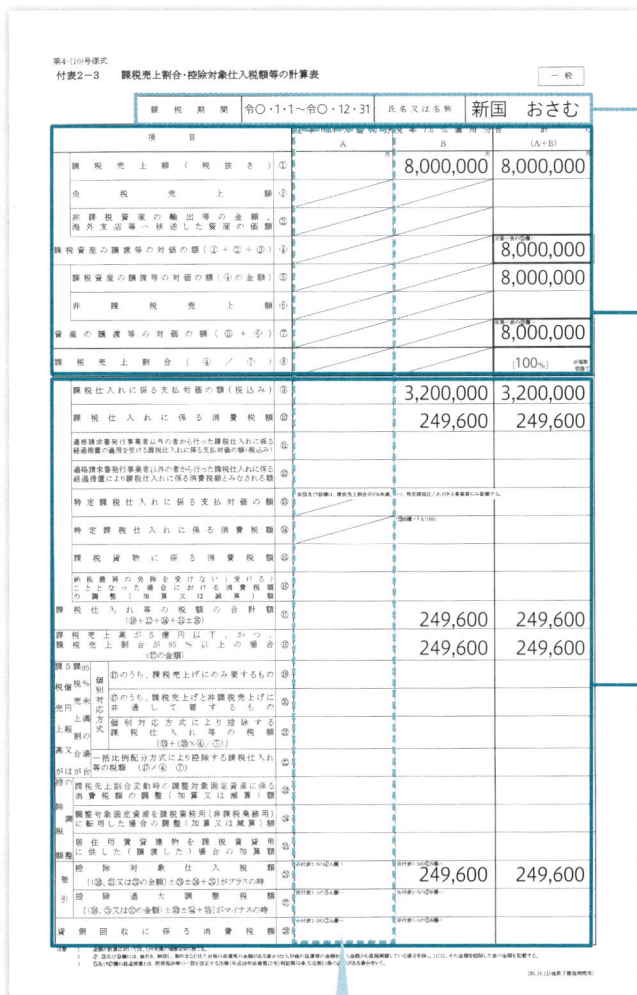

一般課税の第二表の記入例

GK0602

第3－(2)号様式

課税標準額等の内訳書

OCR入力用（この用紙は機械で読み取ります。折ったり汚したりしないでください。）

納税地	千代田区神田猿楽町○－○（電話番号 03 － 0000 － 0000）
(フリガナ) 屋号	
(フリガナ) 氏名	新国《シンコク》 おさむ《オサム》

整理番号

個人事業者用

改正法附則による税額の特例計算			
軽減売上割合(10営業日)	○	附則38①	51
小売等軽減仕入割合	○	附則38②	52

第二表

自 令和 ○年 01月 01日
至 令和 ○年 12月 31日

課税期間分の消費税及び地方消費税の（確定）申告書

中間申告の場合の対象期間 自 令和 年 月 日 至 令和 年 月 日

令和四年四月一日以後終了課税期間分

課税標準額 ※申告書(第一表)の①欄へ		①	8000000	01
課税資産の譲渡等の対価の額の合計額	3 %適用分	②		02
	4 %適用分	③		03
	6.3 %適用分	④		04
	6.24%適用分	⑤		05
	7.8 %適用分	⑥	8000000	06
	(②～⑥の合計)	⑦	8000000	07
特定課税仕入れに係る支払対価の額の合計額 (注1)	6.3 %適用分	⑧		11
	7.8 %適用分	⑨		12
	(⑧・⑨の合計)	⑩		13

消費税額 ※申告書(第一表)の②欄へ		⑪	624000	21
⑪の内訳	3 %適用分	⑫		22
	4 %適用分	⑬		23
	6.3 %適用分	⑭		24
	6.24%適用分	⑮		25
	7.8 %適用分	⑯	624000	26
返還等対価に係る税額 ※申告書(第一表)の⑤欄へ		⑰		31
⑰の内訳	売上げの返還等対価に係る税額	⑱		32
	特定課税仕入れの返還等対価に係る税額 (注1)	⑲		33

地方消費税の課税標準となる消費税額 (注2)	(㉑～㉓の合計)	⑳	374400	41
	4 %適用分	㉑		42
	6.3 %適用分	㉒		43
	6.24%及び7.8% 適用分	㉓	374400	44

(注1) ⑧～⑩及び⑲欄は、一般課税により申告する場合で、課税売上割合が95％未満、かつ、特定課税仕入れがある事業者のみ記載します。
(注2) ⑳～㉓欄が還付税額となる場合はマイナス「－」を付してください。

消費税及び地方消費税の申告書（課税標準額等の内訳書）

住所、電話番号、氏名（屋号）を記入する。

課税期間を記入する（個人事業者は1月1日～12月31日）。

「確定」と記入する。

6 課税標準額や課税売上額を記入する

・1 から課税標準額や課税売上額（「課税資産の譲渡等の対価の額の合計額」欄）を転記する。

軽減税率分があれば、「6.24%適用分」の欄に記入して合計する。

7 受け取った消費税額（国税分）などを記入する

・1（「消費税額」の合計欄）から転記する。

軽減税率分があれば、「6.24%適用分」の欄に記入して合計する。

第一表へ

8 納める消費税額（地方税分）の課税標準額を記入する

・5 から「差引税額」（納める消費税額〈国税分〉）を転記する。

申告書作成では、地方税分（地方消費税）の処理のしかたをしっかり理解しましょう。

一般課税の第一表の記入例

消費税及び地方消費税の申告書（一般用）

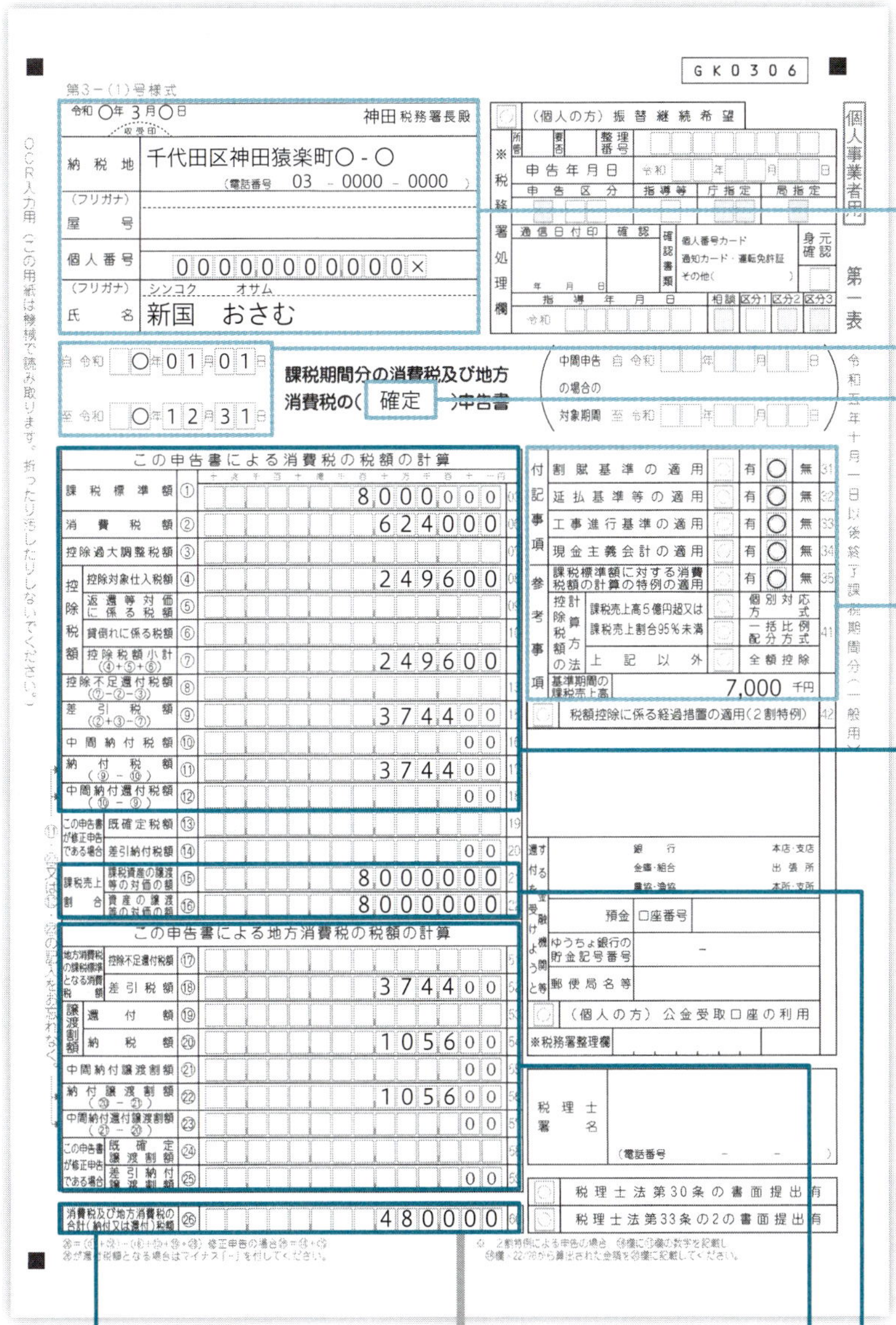

GK0306

第3－(1)号様式

令和○年3月○日　神田税務署長殿

納税地　千代田区神田猿楽町○－○（電話番号 03 － 0000 － 0000）

（フリガナ）屋号

個人番号　000000000000

（フリガナ）シンコク　オサム

氏名　新国　おさむ

自 令和 ○年01月01日 至 令和 ○年12月31日　課税期間分の消費税及び地方消費税の（確定）申告書

中間申告の場合の対象期間　自 令和　年　月　日　至 令和　年　月　日

（個人の方）振替継続希望

この申告書による消費税の税額の計算		
課税標準額	①	8000000
消費税額	②	624000
控除過大調整税額	③	
控除税額　控除対象仕入税額	④	249600
返還等対価に係る税額	⑤	
貸倒れに係る税額	⑥	
控除税額小計（④＋⑤＋⑥）	⑦	249600
控除不足還付税額（⑦－②－③）	⑧	
差引税額（②＋③－⑦）	⑨	374400
中間納付税額	⑩	00
納付税額（⑨－⑩）	⑪	374400
中間納付還付税額（⑩－⑨）	⑫	00
この申告書が修正申告である場合　既確定税額	⑬	
差引納付税額	⑭	00
課税売上割合　課税資産の譲渡等の対価の額	⑮	8000000
資産の譲渡等の対価の額	⑯	8000000

この申告書による地方消費税の税額の計算		
地方消費税の課税標準となる消費税額　控除不足還付税額	⑰	
差引税額	⑱	374400
譲渡割額　還付額	⑲	
納税額	⑳	105600
中間納付譲渡割額	㉑	00
納付譲渡割額（⑳－㉑）	㉒	105600
中間納付還付譲渡割額（㉑－⑳）	㉓	00
この申告書が修正申告である場合　既確定譲渡割額	㉔	
差引納付譲渡割額	㉕	00
消費税及び地方消費税の合計（納付又は還付）税額	㉖	480000

付記事項・参考事項			
割賦基準の適用	有	○	無
延払基準等の適用	有	○	無
工事進行基準の適用	有	○	無
現金主義会計の適用	有	○	無
課税標準額に対する消費税額の計算の特例の適用	有	○	無
控除税額の計算方法　課税売上高5億円超又は課税売上割合95%未満	個別対応方式 / 一括比例配分方式		
上記以外	全額控除		
基準期間の課税売上高	7,000千円		

税額控除に係る経過措置の適用（2割特例）

還付を受けようとする金融機関等　銀行・金庫・組合・農協・漁協　本店・支店・出張所・本所・支所　預金　口座番号　ゆうちょ銀行の貯金記号番号　郵便局名等

（個人の方）公金受取口座の利用

※税務署整理欄

税理士署名（電話番号　－　－　）

税理士法第30条の書面提出有

税理士法第33条の2の書面提出有

第一表

令和五年十月一日以後終了課税期間分（一般用）

提出日と納税する税務署名、住所、電話番号、マイナンバー、氏名（屋号）を記入する。

課税期間（個人事業者は1月1日～12月31日）を記入する。

「確定」と記入する。

特別な売上基準の適用の有無や、課税標準額に対する計算の特例の有無、基準期間の課税売上高を記入する。

9 課税標準額や納める消費税額（国税分）などを記入する

- 6から課税標準額、7から受け取った消費税額（国税分）、4から支払った消費税額による控除額、納める消費税額（国税分）を転記する。

課税売上割合について記入する（2の「課税資産の譲渡等の対価の額」「資産の譲渡等の対価の額」を転記）。

この税額を納める！

11 納める消費税額（国税分＋地方税分）を記入する

計算の手順

374,400円＋105,600円＝480,000円

10 納める消費税額（地方税分）を記入する

- 5から納める消費税額（国税分）、納める消費税額（地方税分）を転記する。

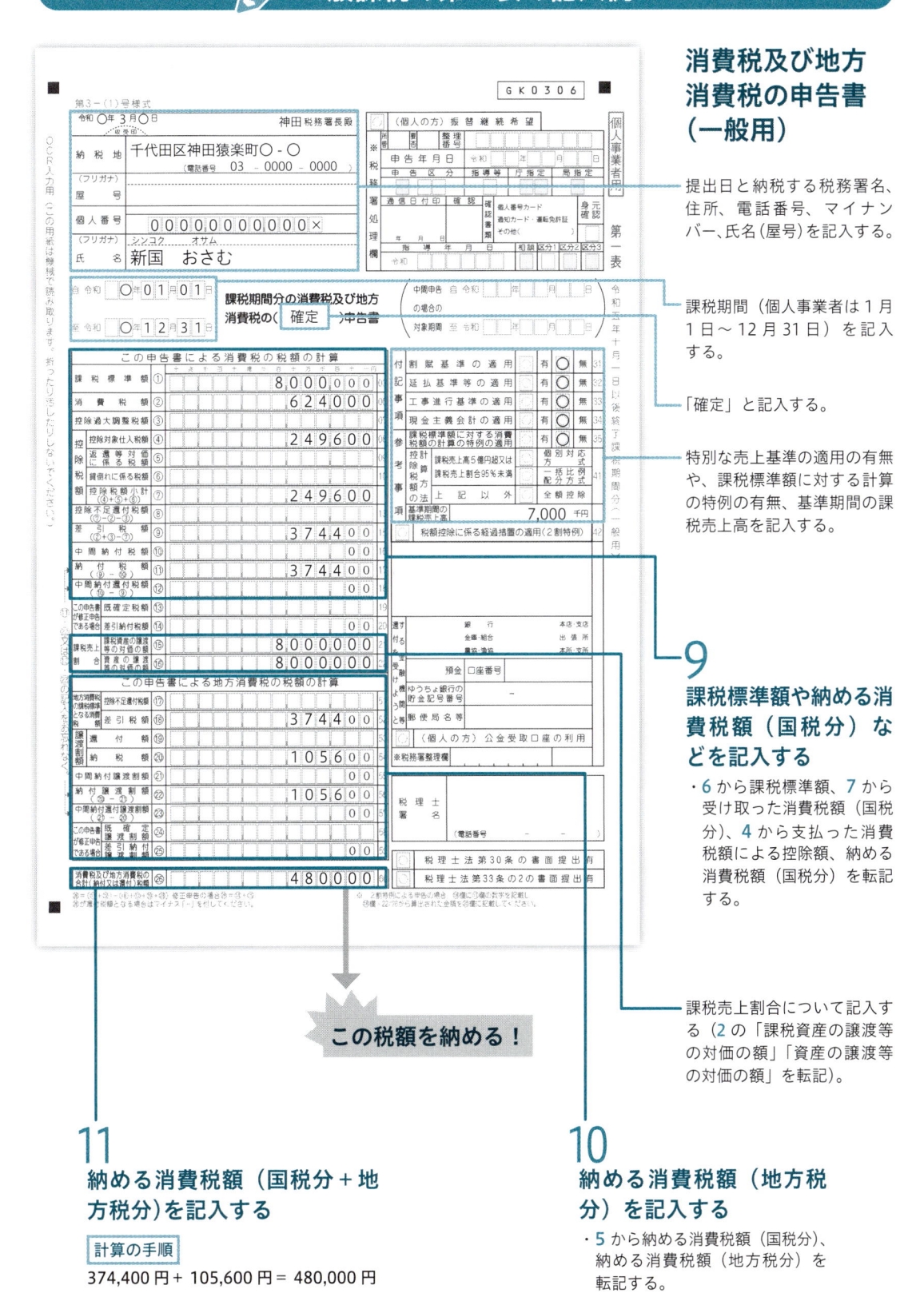

還付申告の明細書の記入例①

94 ～ 95 ページ記入例の条件

税賀もどりさん（個人事業者） 課税売上 400 万円、課税仕入 500 万円、
取引は標準税率（10%）のみ。一般課税で申告。売上が伸びず赤字となった。

▼ 1 枚目

第 28－(8)号様式

消費税の還付申告に関する明細書（個人事業者用）

課税期間	令○・1・1～令○・12・31	住　所	浦安市猫実○ - ○
		氏　名	税賀　もどり

1　還付申告となった主な理由（該当する事項に○印を付してください。）

	輸出等の免税取引の割合が高い	○	その他	売上が落ちて仕入・経費が過大になった
	設備投資（高額な固定資産の購入等）			

2　課税売上げ等に係る事項

(1)　主な課税資産の譲渡等（取引金額が 100 万円以上の取引先を上位５番目まで記載してください。）

資産の種類等	譲渡年月日等	取引金額等（税込・税抜）	取引先の氏名（名称）	取引先の住所（所在地）
貸倒れ	○･○･○	1,000,000円	○○社（株）	新宿区百人町○ - ○
	・　・			
	・　・			
	・　・			
	・　・			

※　継続的な取引先については、当課税期間中の取引金額の合計額を記載し、譲渡年月日等欄には「継続」と記載してください。輸出取引等は(2)に記載してください。

(2)　主な輸出取引等の明細（取引金額総額の上位５番目まで記載してください。）

取引先の氏名（名称）	取引先の住所（所在地）	取引金額	主な取引商品等	所轄税関（支署）名
		円		

輸出取引等に利用する	主な金融機関	銀行 金庫・組合 農協・漁協		本店・支店 出張所 本所・支所
		預金	口座番号	
	主な通関業者	氏名（名称）		
		住所（所在地）		

（1／2）

消費税の還付申告に関する明細書

課税期間（個人事業者は 1 月 1 日～ 12 月 31 日）と、住所、氏名を記入する。

1 還付申告となった主な理由を記入する

- 該当するものに○をするほか、その他の欄に具体的な理由を記入する。
- 理由を記入する場合は簡潔に書くこと。

2 課税売上などについて記入する

- 1 年間の取引先ごとの課税売上のうち、合計額が 100 万円以上（税抜き）になるものを記入する（上位 5 番目まで）。
- 年間取引金額が 100 万円未満の取引先は記入しなくてよい。
- 輸出取引がある場合、上位 5 番目までの取引先やその取引金額、取引で使用している金融機関、通関業者などを記入する。

還付申告の明細書は、確定申告書等作成コーナーで作成することもできます。

還付申告の明細書の記入例②

▼2枚目

3 課税仕入れに係る事項

(1) 仕入金額等の明細

区分			① 決算額（税込・税抜）	㋺左のうち課税仕入れにならないもの	（①－㋺）課税仕入高
事業所得	仕入金額（製品製造原価）	①	4,000,000 円	円	4,000,000 円
	必要経費	②	1,000,000		1,000,000
	固定資産等の取得価額	③			
	小計（①＋②＋③）	④	5,000,000		5,000,000
不動産所得	必要経費	⑤			
	固定資産等の取得価額	⑥			
	小計（⑤＋⑥）	⑦			
所得	仕入金額	⑧			
	必要経費	⑨			
	固定資産等の取得価額	⑩			
	小計（⑧＋⑨＋⑩）	⑪			
課税仕入高の合計額		⑫	④、⑦、⑪の合計額を記載してください。		5,000,000
課税仕入れ等の税額の合計額		⑬	⑫の金額に対する消費税額		500,000

(2) 主な棚卸資産・原材料等の取得（取引金額が100万円以上の取引先を上位5番目まで記載してください。）

資産の種類等	取得年月日等	取引金額等（税込・税抜）	取引先の登録番号	取引先の氏名（名称）	取引先の住所（所在地）
	・ ・	円	T		
	・ ・		T		
	・ ・		T		
	・ ・		T		
	・ ・		T		

※1 継続的な取引先については、当課税期間中の取引金額の合計額を記載し、取得年月日等欄には「継続」と記載してください。
2 「取引先の登録番号」欄に登録番号を記載した場合には、「取引先の氏名（名称）」欄及び「取引先の住所（所在地）」欄の記載を省略しても差し支えありません（以下(3)において同じ）。

(3) 主な固定資産等の取得（1件当たりの取引金額が100万円以上の取引を上位5番目まで記載してください。）

資産の種類等	取得年月日等	取引金額等（税込・税抜）	取引先の登録番号	取引先の氏名（名称）	取引先の住所（所在地）
	・ ・	円	T		
	・ ・		T		
	・ ・		T		
	・ ・		T		
	・ ・		T		

4 令和　年中の特殊事情（顕著な増減事項等及びその理由を記載してください。）

（貸倒れなどで売上が落ちて、仕入・経費が過大になった）

（2／2）

3 課税仕入などについて記入する

・（1）欄に、1年間の課税仕入額を記入する。

・（2）欄に、1年間の取引先ごとの課税仕入（棚卸資産や原材料など）のうち、合計額が100万円以上（税抜き）になるものを記入する（上位5番目まで）。1年の取引金額が100万円未満の取引先は記入しなくてよい。

・（3）欄に、1件当たりの取得金額100万円以上（税抜き）の固定資産の取得があれば、上位5番目まで取引先や取引金額などを記入する。

4 還付申告となった理由などを記入する

・200字程度までで簡潔に書くこと（1枚目より欄が広いので、ややくわしく書いてもよい）。

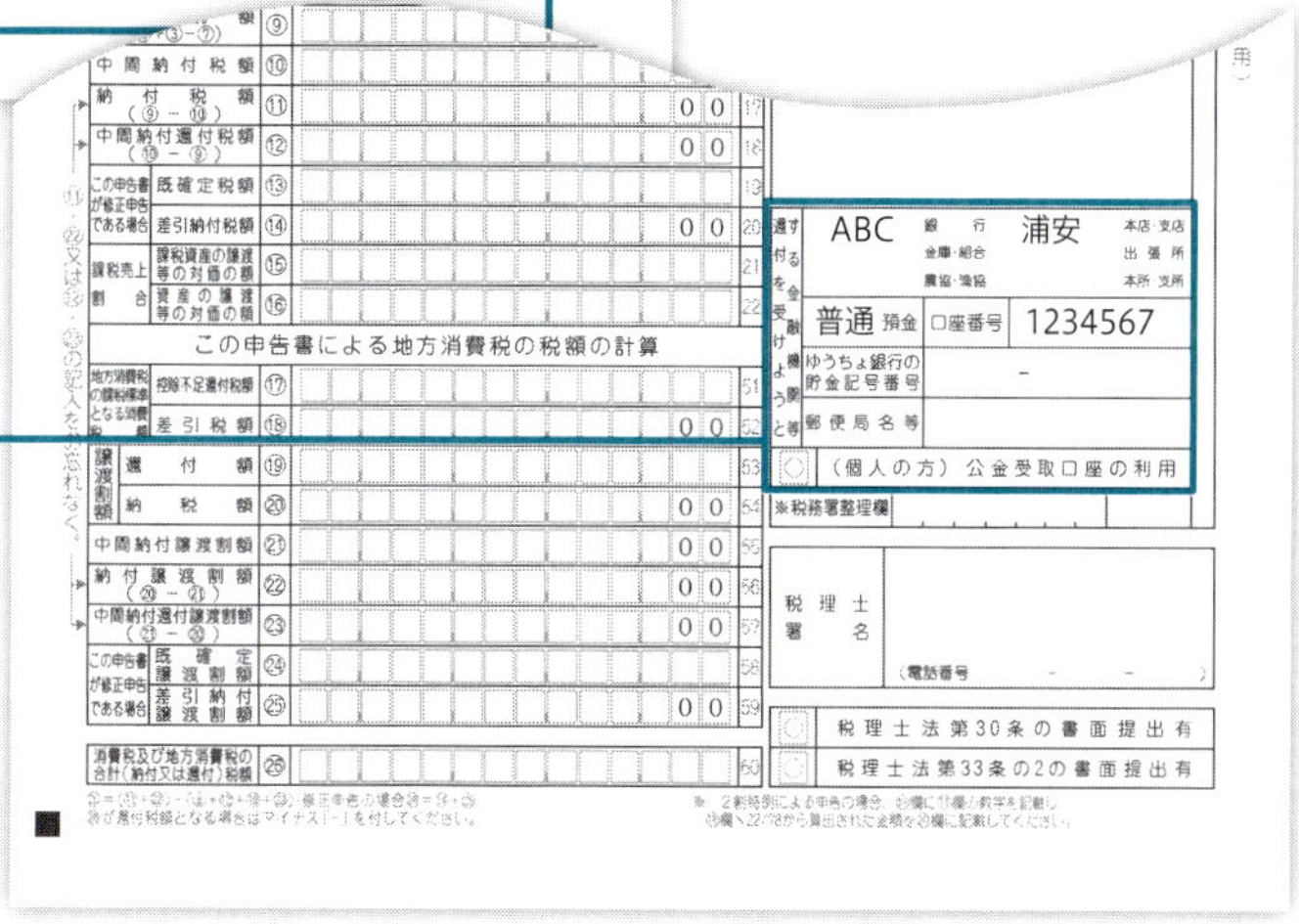

付表1-3、付表2-3、第二表、第一表を作成する。

・第一表には、還付金の振込先などを記入する。

3-11 申告

みなし仕入率で仕入税額控除を計算する

簡易課税制度を選んでいる事業者は「簡易課税用」の申告書を使います。多くの場合、一般課税よりも計算はシンプルになります。

使用する書式と申告書作成の流れ

簡易課税制度による申告で使用する基本の申告書は、第一表（簡易課税用）と第二表、付表4－3、付表5－3です。第二表は一般用と同じものを使います。

付表4－3、付表5－3を作成してから、第二表→第一表の順に作成していきます。

付表の作成で必要になる課税取引や課税売上の集計には、課税取引金額計算表や課税売上高計算表を利用してもよいでしょう（→74ページ）。

みなし仕入率により仕入税額控除を行う

取引の集計や税額の計算は、適用税率ごとに行います。また、納める消費税額は国税分を計算してから地方税分を計算します。

簡易課税では、課税仕入に関する集計や計算をせずみなし仕入率を使うため、申告書の計算や作成は、一般課税にくらべて簡単になります。ただし、複数の事業を営んでいる場合は、事業区分ごとに適用するみなし仕入率が異なり、計算が複雑になることがあります。

また、簡易課税で申告する場合、還付申告はできません。

確定申告書等作成コーナーで作成する場合は、画面の案内にしたがって入力していきます。所得区分と事業区分の入力に注意しましょう。入力ミスに注意すれば、自動計算のため、計算間違いはありません（→102ページ）。

プラスアルファ　貸し倒れや返還した消費税額はしっかり差し引く

1年間の取引では、売掛金の貸し倒れがあったり、取引後に商品などを返品したり、金額を割引したりといったケースもあるでしょう。これらの金額は、消費税額の計算で差し引くことができます。

こうした取引の扱いや消費税額がある場合の計算手順を理解して、もれなどがないよう注意しましょう。取引の時点で、返還インボイスなどを正しくやりとりして、帳簿に入力しておくことが大切です。

簡易課税の申告書作成の流れ

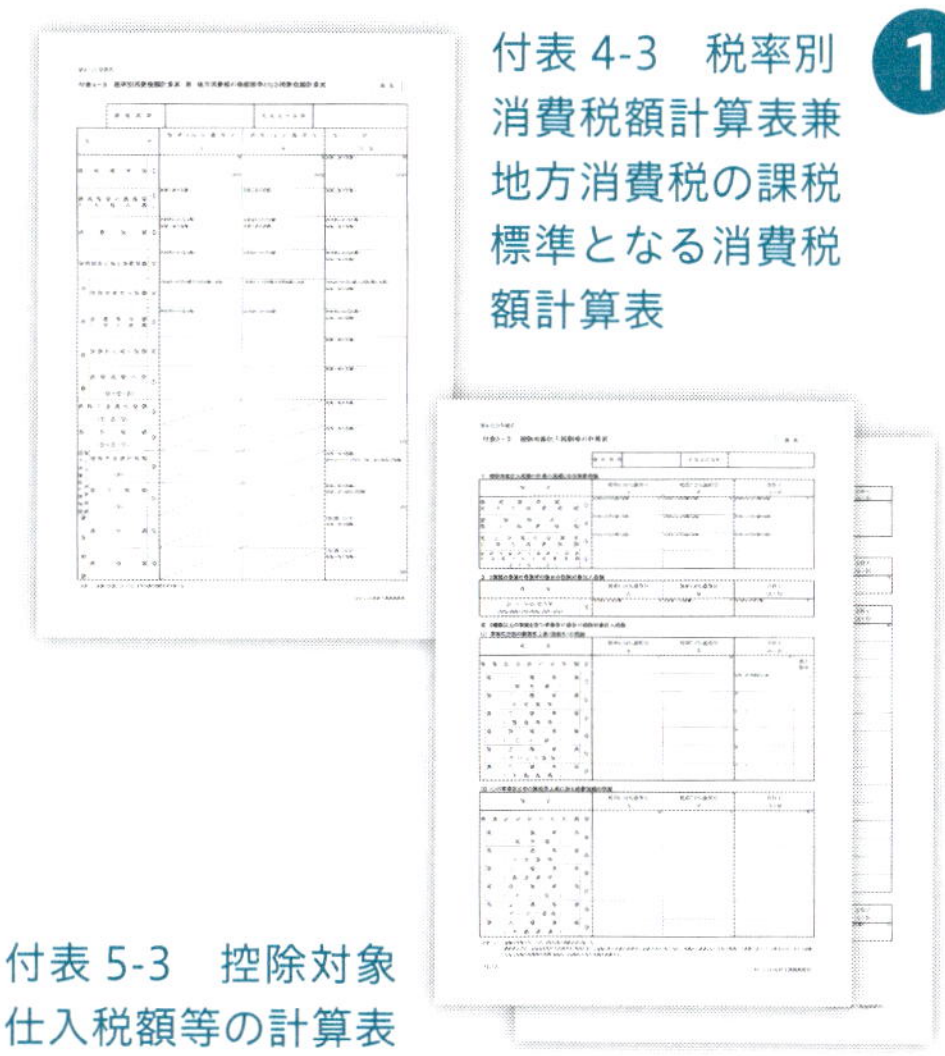

付表 4-3　税率別消費税額計算表兼地方消費税の課税標準となる消費税額計算表

付表 5-3　控除対象仕入税額等の計算表

① 付表 4-3 と付表 5-3 を作成する

- 付表 4-3 で、受け取った消費税額（国税分）とみなし仕入率による控除額を計算する。
- 付表 5-3 で、みなし仕入率による控除額などを計算する。

・複数の事業を営んでいる場合は、平均みなし仕入率などにより控除額を計算する。
・適用税率ごとに計算する。
・付表 5-3 の記入内容を付表 4-3 に反映する。

- 付表 4-3 で、納める消費税額（国税分、地方税分）を計算する。

付表 4-3 と付表 5-3 で、受け取った消費税額とそこから差し引くみなし仕入率による控除額を計算するんですね。

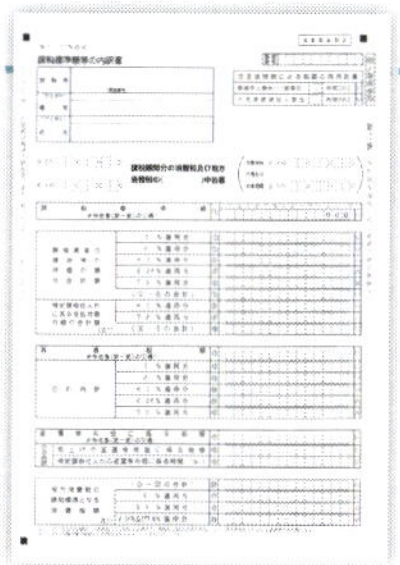

② 第二表を作成する

消費税及び地方消費税の申告書（課税標準額等の内訳書）

- 受け取った消費税額（国税分）の内訳などをまとめる。

・主に付表 4-3 からの転記で作成する。
・適用税率ごとに記入する。

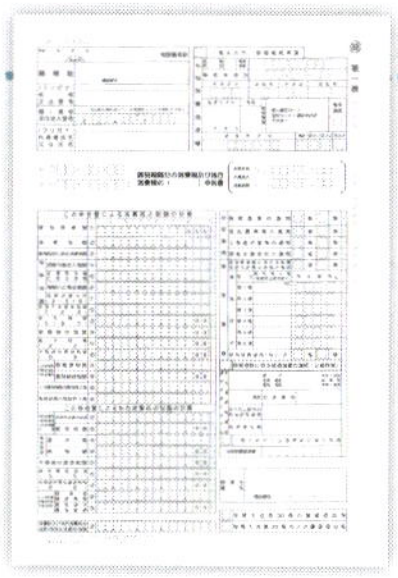

③ 第一表（簡易課税用）を作成する

消費税及び地方消費税の申告書

- 納める消費税額（国税分）と、納める消費税額（地方税分）をまとめる。
- 国税分と地方税分を合計する。

・主に付表 4-3 と第二表からの転記で作成する。

完成！
税務署に提出する

付表4-3の記入例

98 ～ 101 ページ記入例の条件

神井美奈子さん（個人事業者） 課税売上 800 万円（税抜き）、取引は標準税率（10%）のみ。簡易課税で申告。みなし仕入れ率は 50%（サービス業）。

第4-(11)号様式

付表4－3 税率別消費税額計算表 兼 地方消費税の課税標準となる消費税額計算表　簡易

課税期間	令〇・1・1～令〇・12・31	氏名又は名称	神井　美奈子

区分		税率6.24％適用分 A	税率7.8％適用分 B	合計 C (A+B)
課税標準額	①	円 000	円 8,000 000	※第二表の①欄へ 円 8,000 000
課税資産の譲渡等の対価の額	①-1	※第二表の⑤欄へ	※第二表の⑥欄へ 8,000,000	※第二表の⑦欄へ 8,000,000
消費税額	②	※付表5-3の①A欄へ ※第二表の⑮欄へ	※付表5-3の①B欄へ ※第二表の⑯欄へ 624,000	※付表5-3の①C欄へ ※第二表の⑰欄へ 624,000
貸倒回収に係る消費税額	③	※付表5-3の②A欄へ	※付表5-3の②B欄へ	※付表5-3の②C欄へ ※第一表の③欄へ
控除税額 控除対象仕入税額	④		312,000	※第一表の④欄へ 312,000
控除税額 返還等対価に係る税額	⑤	※付表5-3の③A欄へ	※付表5-3の③B欄へ	※付表5-3の③C欄へ ※第二表の⑰欄へ
控除税額 貸倒れに係る税額	⑥			※第一表の⑤欄へ
控除税額 控除税額小計 (④+⑤+⑥)	⑦		312,000	※第一表の⑦欄へ 312,000
控除不足還付税額 (⑦－②－③)	⑧			※第一表の⑧欄へ
差引税額 (②+③－⑦)	⑨			※第一表の⑨欄へ 312,0 00
地方消費税の課税標準となる消費税額 控除不足還付税額 (⑧)	⑩			※マイナス「－」を付して第二表の⑳及び㉓欄へ
地方消費税の課税標準となる消費税額 差引税額 (⑨)	⑪			※第一表の⑲欄へ ※第二表の⑳及び㉓欄へ 312,0 00
譲渡割額 還付額	⑫			(⑩C欄×22/78) ※第一表の⑳欄へ
譲渡割額 納税額	⑬			(⑪C欄×22/78) ※第一表の㉑欄へ 88,0 00

注意　金額の計算においては、1円未満の端数を切り捨てる。

(R1.10.1以後終了課税期間用)

軽減税率（6.24%）の課税売上があれば、A 欄で別に計算して合計する。

税率別消費税額計算表兼地方消費税の課税標準となる消費税額計算表

課税期間（個人事業者は 1 月 1 日～ 12 月 31 日）、氏名または名称を記入する。

1 課税標準額や受け取った消費税額（国税分）などを記入する

- 「課税資産の譲渡等の対価の額」欄に課税売上額を記入する。
- 課税標準額を記入する（税抜きの課税売上額を 1000 円未満切り捨てした金額）。
  ※税込経理なら、税抜きの課税売上額を計算する（税込みの課税売上額 ×100/110）。
- 受け取った消費税額（国税分）を計算する。

計算の手順

8,000,000 円 ×7.8/100 ＝ 624,000 円

付表 5-3 へ

4 みなし仕入率による控除額と納める消費税額（国税分）を記入する

- 3 から、みなし仕入率による控除額を転記する。
- 納める消費税額（国税分）を計算する。1（「消費税額」の合計欄）から、みなし仕入率による控除額を差し引く（100 円未満切り捨て）。

計算の手順

624,000 円－ 312,000 円＝ 312,000 円

第一表、第二表へ（100、101 ページ）

5 納める消費税額（地方税分）を記入する

- 4 から納める消費税額（国税分）を転記して、納める消費税額（地方税分）を計算する（納める消費税額〈国税分〉×22/78〈100 円未満切り捨て〉）。

計算の手順

312,000 円 ×22/78 ＝ 88,000 円

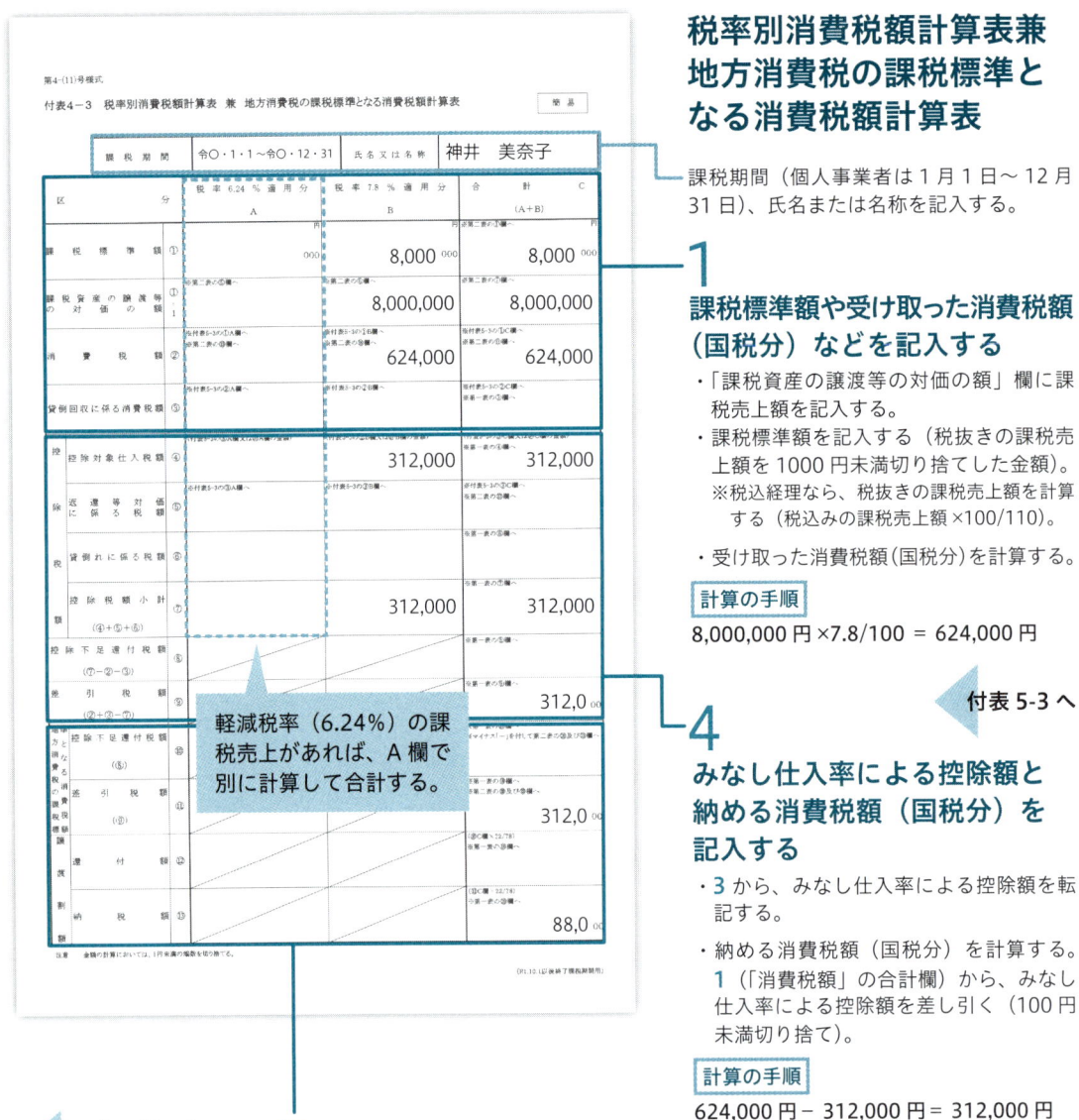

付表5-3の記入例

▼1枚目

第4-(12)号様式

付表5－3　控除対象仕入税額等の計算表　　簡易

課税期間	令〇・1・1～令〇・12・31	氏名又は名称	神井　美奈子

I　控除対象仕入税額の計算の基礎となる消費税額

項目		税率6.24%適用分 A	税率7.8%適用分 B	合計 C (A+B)
課税標準額に対する消費税額	①	(付表4-3の②A欄の金額) 円	(付表4-3の②B欄の金額) 円 624,000	(付表4-3の②C欄の金額) 円 624,000
貸倒回収に係る消費税額	②	(付表4-3の③A欄の金額)	(付表4-3の③B欄の金額)	(付表4-3の③C欄の金額)
売上対価の返還等に係る消費税額	③	(付表4-3の⑤A欄の金額)	(付表4-3の⑤B欄の金額)	(付表4-3の⑤C欄の金額)
控除対象仕入税額の計算の基礎となる消費税額 (①＋②－③)	④		624,000	624,000

II　1種類の事業の専業者の場合の控除対象仕入税額

項目		税率6.24%適用分 A	税率7.8%適用分 B	合計 C (A+B)
④ × みなし仕入率 (90%・80%・70%・60%・(50%)・40%)	⑤	※付表4-3の④A欄へ 円	※付表4-3の④B欄へ 円 312,000	※付表4-3の④C欄へ 円 312,000

III　2種類以上の事業を営む事業者の場合の控除対象仕入税額

(1) 事業区分別の課税売上高(税抜き)の明細

項目		税率6.24%適用分 A	税率7.8%適用分 B	合計 C (A+B)	売上割合
事業区分別の合計額	⑥	円	円	円	
第一種事業（卸売業）	⑦				%
第二種事業（小売業等）	⑧				
第三種事業（製造業等）	⑨				
第四種事業（その他）	⑩				
第五種事業（サービス業等）	⑪				
第六種事業（不動産業）	⑫				

(2) (1)の事業区分別の課税売上高に係る消費税額の明細

項目		税率6.24%適用分 A	税率7.8%適用分 B	合計 C (A+B)
事業区分別の合計額	⑬	円	円	円
第一種事業（卸売業）	⑭			
第二種事業（小売業等）	⑮			
第三種事業（製造業等）	⑯			
第四種事業（その他）	⑰			
第五種事業（サービス業等）	⑱			
第六種事業（不動産業）	⑲			

注意　1　金額の計算においては、1円未満の端数を切り捨てる。
2　課税売上げにつき返品を受け又は値引き・割戻しをした金額（売上対価の返還等の金額）があり、売上（収入）金額から減算しない方法で経理して経費に含めている場合には売上対価の返還等の金額（税抜き）を控除した後の金額を記載する。

(1／2)

軽減税率（6.24％）の課税売上があれば、A欄で別に計算して合計する。

複数の事業を営んでいる場合に記入する

該当する事業区分ごとの課税売上と売上割合（第一表に転記）、それぞれの受け取った消費税額を計算・記入する。

控除対象仕入税額等の計算表

課税期間（個人事業者は1月1日～12月31日）と、氏名または名称を記入する。

2 受け取った消費税額(国税分)などを記入する

・1（「消費税額」の合計欄）から転記する。

3 みなし仕入率による控除額を記入する

※複数の事業を営んでいる場合はこの欄は使用しない。

・該当するみなし仕入率に〇をする。

・2 の税額にみなし仕入率を掛けて計算する。

計算の手順

624,000円×50%＝312,000円

付表4-3へ

▼2枚目

(3) 控除対象仕入税額の計算式区分の明細

イ 原則計算を適用する場合

控除対象仕入税額の計算式区分		税率6.24%適用分 A	税率7.8%適用分 B	合計 C (A+B)
④ × みなし仕入率 (⑭×90%＋⑮×80%＋⑯×70%＋⑰×60%＋⑱×50%＋⑲×40%) / ⑬	⑳	円	円	円

ロ 特例計算を適用する場合

(イ) 1種類の事業で75%以上

控除対象仕入税額の計算式区分		税率6.24%適用分 A	税率7.8%適用分 B	合計 C (A+B)
(⑦C／⑥C・⑧C／⑥C・⑨C／⑥C・⑩C／⑥C・⑪C／⑥C・⑫C／⑥C) ≧ 75% ④×みなし仕入率(90%・80%・70%・60%・50%・40%)	㉑	円	円	円

(ロ) 2種類の事業で75%以上

控除対象仕入税額の計算式区分			税率6.24%適用分 A	税率7.8%適用分 B	合計 C (A+B)
第一種事業及び第二種事業 (⑦C＋⑧C)／⑥C ≧ 75%	④× (⑭×90%＋(⑬－⑭)×80%) / ⑬	㉒	円	円	円
第一種事業及び第三種事業 (⑦C＋⑨C)／⑥C ≧ 75%	④× (⑭×90%＋(⑬－⑭)×70%) / ⑬	㉓			
第一種事業及び第四種事業 (⑦C＋⑩C)／⑥C ≧ 75%	④× (⑭×90%＋(⑬－⑭)×60%) / ⑬	㉔			
第一種事業及び第五種事業 (⑦C＋⑪C)／⑥C ≧ 75%	④× (⑭×90%＋(⑬－⑭)×50%) / ⑬	㉕			
第一種事業及び第六種事業 (⑦C＋⑫C)／⑥C ≧ 75%	④× (⑭×90%＋(⑬－⑭)×40%) / ⑬	㉖			
第二種事業及び第三種事業 (⑧C＋⑨C)／⑥C ≧ 75%	④× (⑮×80%＋(⑬－⑮)×70%) / ⑬	㉗			
第二種事業及び第四種事業 (⑧C＋⑩C)／⑥C ≧ 75%	④× (⑮×80%＋(⑬－⑮)×60%) / ⑬	㉘			
第二種事業及び第五種事業 (⑧C＋⑪C)／⑥C ≧ 75%	④× (⑮×80%＋(⑬－⑮)×50%) / ⑬	㉙			
第二種事業及び第六種事業 (⑧C＋⑫C)／⑥C ≧ 75%	④× (⑮×80%＋(⑬－⑮)×40%) / ⑬	㉚			
第三種事業及び第四種事業 (⑨C＋⑩C)／⑥C ≧ 75%	④× (⑯×70%＋(⑬－⑯)×60%) / ⑬	㉛			
第三種事業及び第五種事業 (⑨C＋⑪C)／⑥C ≧ 75%	④× (⑯×70%＋(⑬－⑯)×50%) / ⑬	㉜			
第三種事業及び第六種事業 (⑨C＋⑫C)／⑥C ≧ 75%	④× (⑯×70%＋(⑬－⑯)×40%) / ⑬	㉝			
第四種事業及び第五種事業 (⑩C＋…	…×50%	㉞			

複数の事業を営んでいる場合に、平均みなし仕入率や75％ルール（→36ページ）による控除額を計算・記入する。

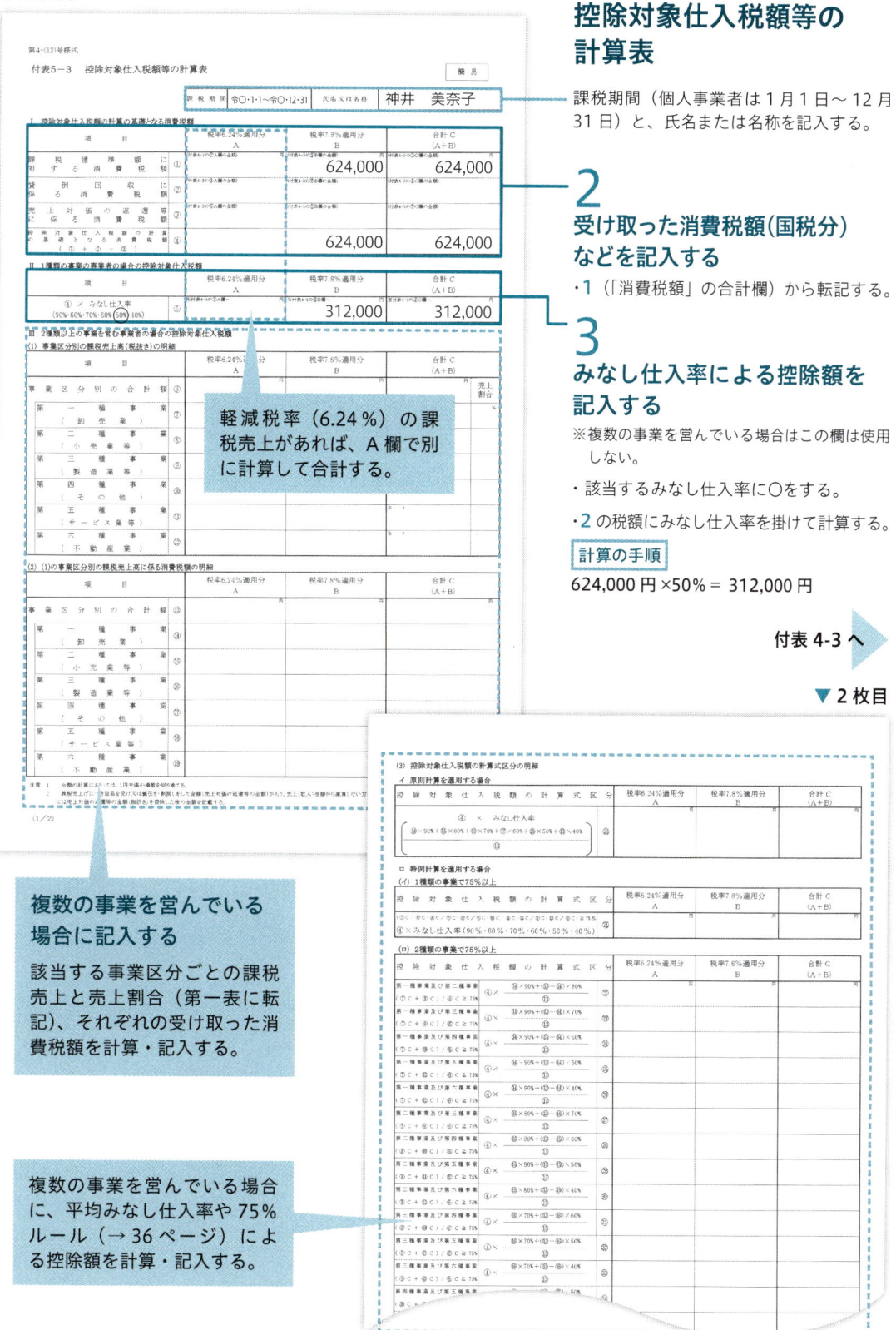

簡易課税の第二表の記入例

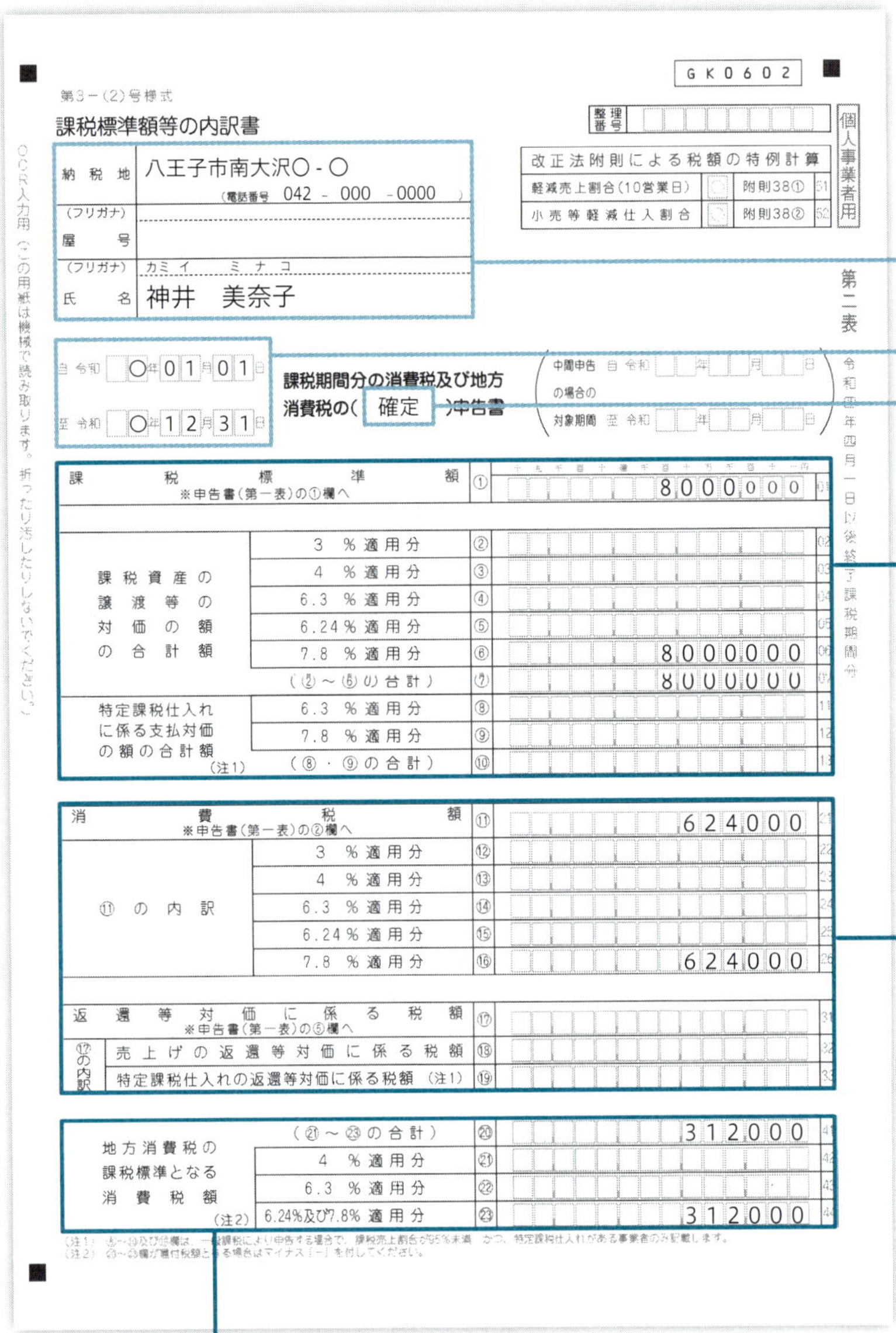

GK0602

第3－(2)号様式

課税標準額等の内訳書

納税地	八王子市南大沢〇-〇 (電話番号 042 - 000 - 0000)
(フリガナ) 屋号	
(フリガナ) 氏名	カミ イ　ミ ナ コ 神井　美奈子

整理番号

改正法附則による税額の特例計算			
軽減売上割合(10営業日)	○	附則38①	51
小売等軽減仕入割合	○	附則38②	52

個人事業者用

第二表

自 令和 〇年 01月 01日
至 令和 〇年 12月 31日

課税期間分の消費税及び地方消費税の(確定)申告書

(中間申告の場合の対象期間 自 令和 年 月 日 至 令和 年 月 日)

令和四年四月一日以後終了課税期間分

課税標準額 ※申告書(第一表)の①欄へ		①	8000000
課税資産の譲渡等の対価の額の合計額	3 %適用分	②	
	4 %適用分	③	
	6.3 %適用分	④	
	6.24 %適用分	⑤	
	7.8 %適用分	⑥	8000000
	(②～⑥の合計)	⑦	8000000
特定課税仕入れに係る支払対価の額の合計額 (注1)	6.3 %適用分	⑧	
	7.8 %適用分	⑨	
	(⑧・⑨の合計)	⑩	

消費税額 ※申告書(第一表)の②欄へ		⑪	624000
⑪の内訳	3 %適用分	⑫	
	4 %適用分	⑬	
	6.3 %適用分	⑭	
	6.24 %適用分	⑮	
	7.8 %適用分	⑯	624000
返還等対価に係る税額 ※申告書(第一表)の⑤欄へ		⑰	
⑰の内訳	売上げの返還等対価に係る税額	⑱	
	特定課税仕入れの返還等対価に係る税額 (注1)	⑲	

地方消費税の課税標準となる消費税額 (注2)	(㉑～㉓の合計)	⑳	312000
	4 %適用分	㉑	
	6.3 %適用分	㉒	
	6.24%及び7.8% 適用分	㉓	312000

(注1) ⑧～⑩及び⑲欄は、一般課税により申告する場合で、課税売上割合が95%未満、かつ、特定課税仕入れがある事業者のみ記載します。
(注2) ⑳～㉓欄が還付税額となる場合はマイナス「－」を付してください。

OCR入力用（この用紙は機械で読み取ります。折ったり汚したりしないでください。）

消費税及び地方消費税の申告書(課税標準額等の内訳書)

住所、電話番号、氏名（屋号）を記入する。

課税期間を記入する（個人事業者は1月1日～12月31日）。

「確定」と記入する。

6 課税標準額や課税売上額を記入する

- 1から課税標準額や課税売上額（「課税資産の譲渡等の対価の額の合計額」欄）を転記する。

軽減税率分があれば、「6.24%適用分」の欄に記入して合計する。

7 受け取った消費税額（国税分）などを記入する

- 1（「消費税額」の合計欄）から転記する。

軽減税率分があれば、「6.24%適用分」の欄に記入して合計する。

第一表へ

8 納める消費税額（地方税分）の課税標準額を記入する

- 5から「差引税額」（納める消費税額〈国税分〉）を転記する。

第二表の記入のしかたは一般用と同じです。

簡易課税の第一表の記入例

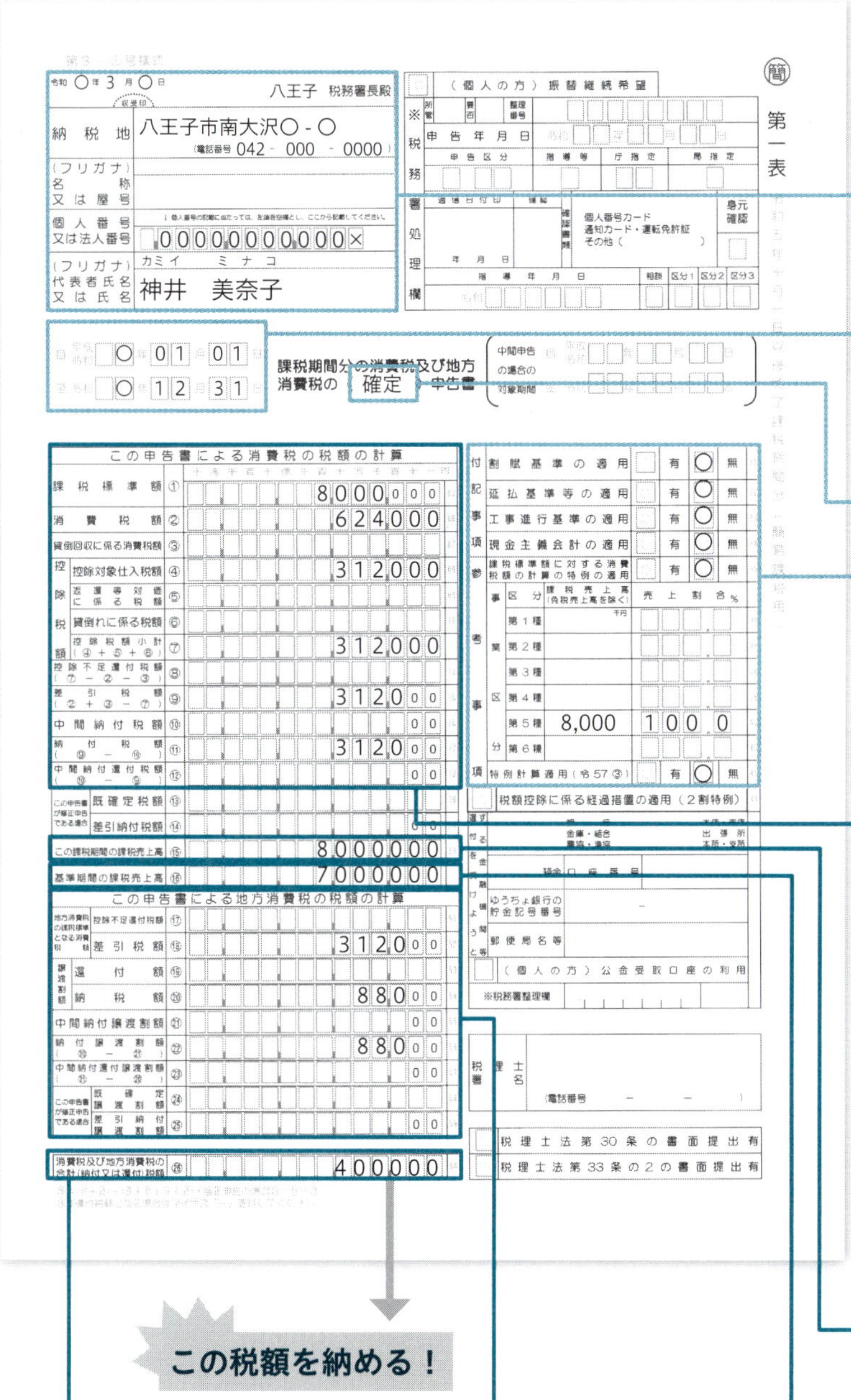

消費税及び地方消費税の申告書（簡易課税用）

提出日と納税する税務署名、住所、電話番号、マイナンバー、氏名（屋号）を記入する。

課税期間（個人事業者は1月1日～12月31日）を記入する。

「確定」と記入する。

特別な売上基準の適用の有無や、該当する事業区分の課税売上高、売上割合などを記入する。

9 課税標準額や納める消費税額（国税分）などを記入する

- 6から課税標準額、7から受け取った消費税額（国税分）、4からみなし仕入率による控除額、納める消費税額（国税分）を転記する。

課税期間の課税売上高を記入する（1の「課税資産の譲渡等の対価の額」の金額を転記）。

基準期間（前々年）の課税売上高を記入する。

11 納める消費税額（国税分＋地方税分）を記入する

計算の手順

312,000円＋88,000円＝400,000円

10 納める消費税額（地方税分）を記入する

- 5から納める消費税額（国税分）、納める消費税額（地方税分）を転記する。

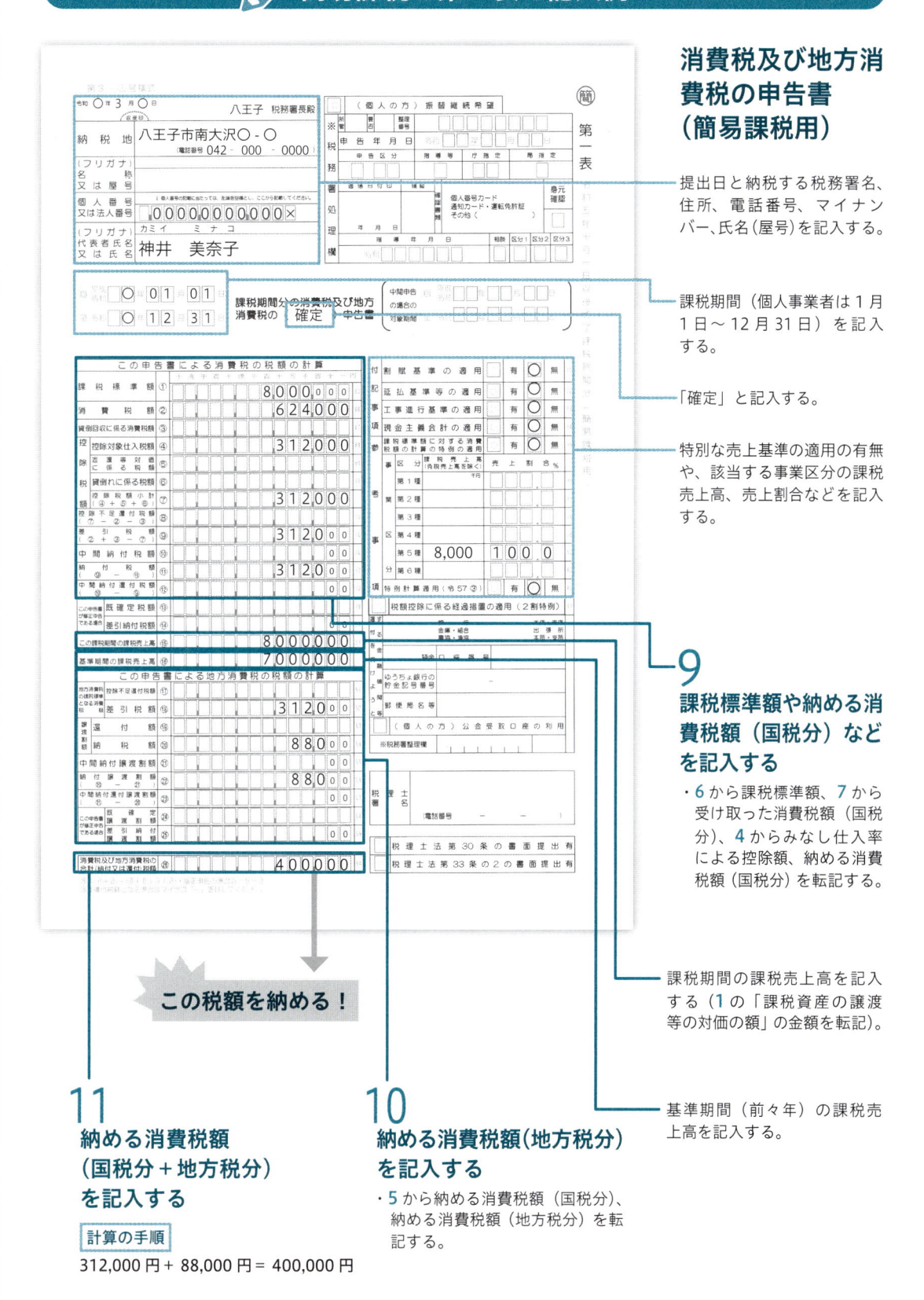

● 確定申告書等作成コーナーによる作成の流れ（簡易課税） ●

102 ～ 103 ページ入力例の条件

神井美奈子さん（個人事業者）　課税売上 880 万円（税込み）、取引は標準税率（10%）のみ。簡易課税で申告。みなし仕入率は 50%（サービス業）。

※基本となる画面のポイント。実際の入力では、作成過程で下記以外にも確認や入力を求められる（画面は令和 6 年 10 月時点のもの。変更される場合がある）。

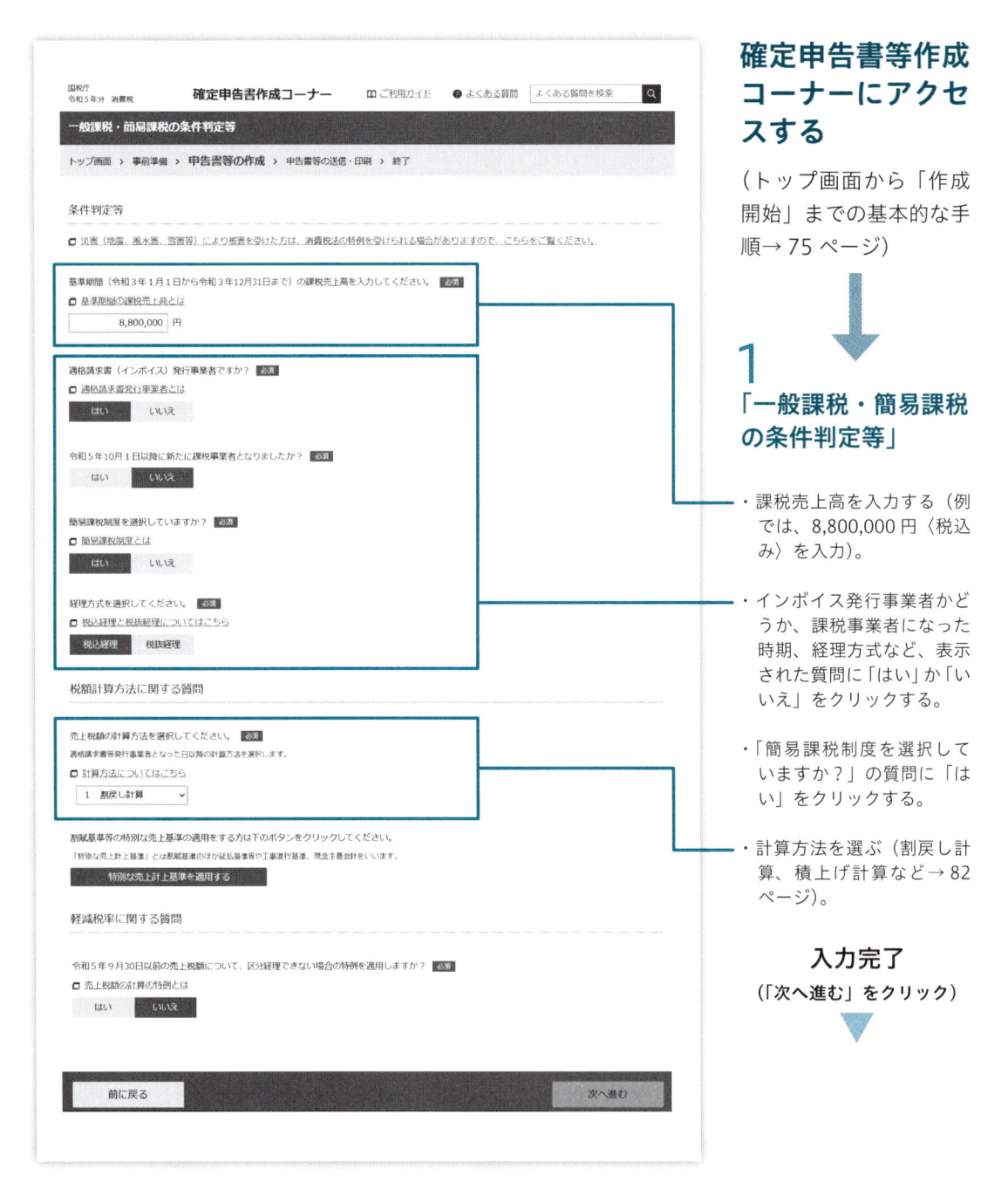

確定申告書等作成コーナーにアクセスする

（トップ画面から「作成開始」までの基本的な手順→ 75 ページ）

1 「一般課税・簡易課税の条件判定等」

- 課税売上高を入力する（例では、8,800,000 円〈税込み〉を入力）。
- インボイス発行事業者かどうか、課税事業者になった時期、経理方式など、表示された質問に「はい」か「いいえ」をクリックする。
- 「簡易課税制度を選択していますか？」の質問に「はい」をクリックする。
- 計算方法を選ぶ（割戻し計算、積上げ計算など→ 82 ページ）。

入力完了

（「次へ進む」をクリック）

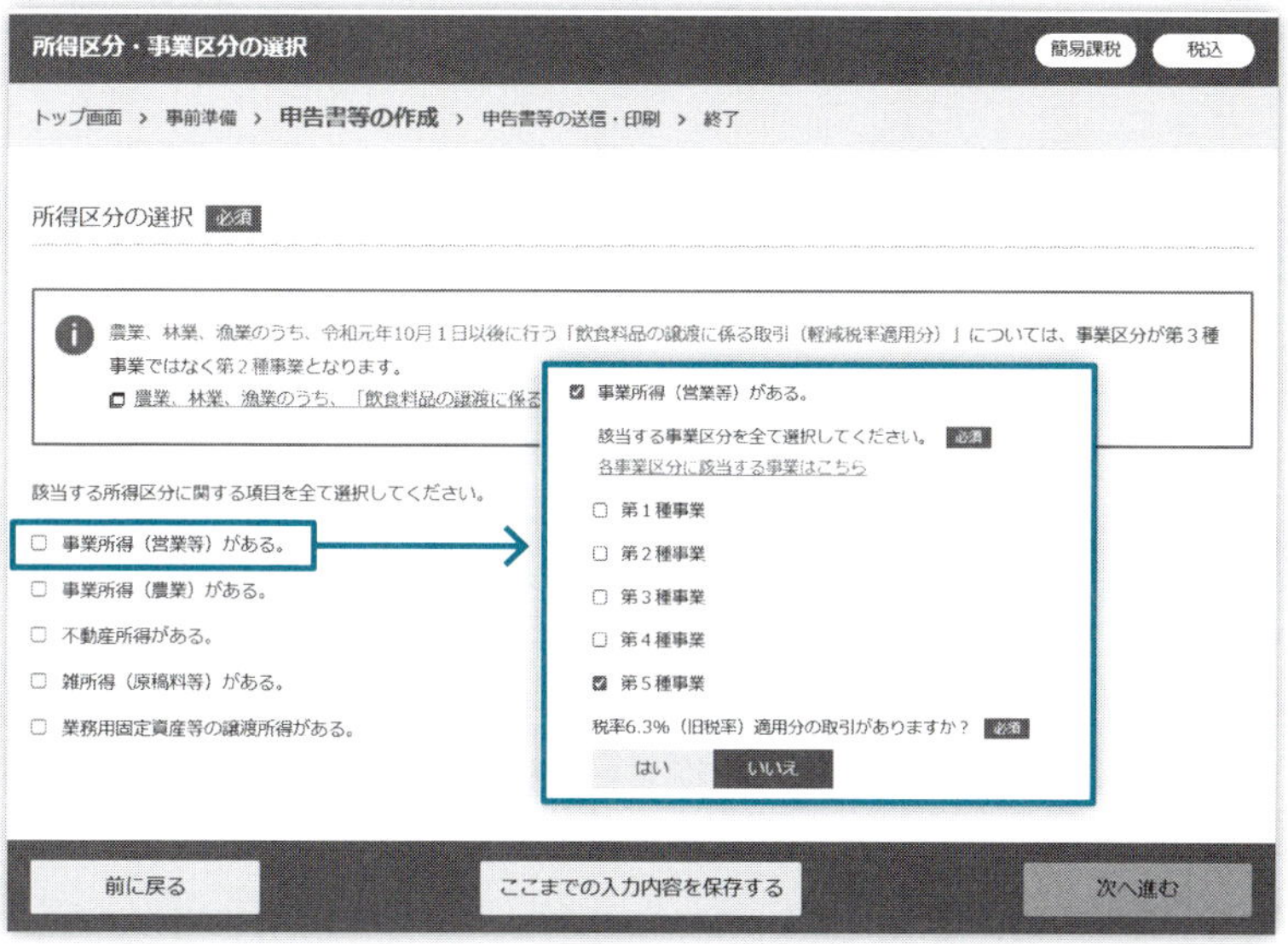

2
「所得区分・事業区分の選択」

- 該当する所得区分をすべてチェックする。
- 選択した所得区分ごとに事業区分のチェックページが開くので、該当する事業区分をチェックする（例では、事業所得〈営業等〉→第5種事業をチェック）。

入力完了
（「次へ進む」をクリック）

3
「売上（収入）金額等の入力」

- 2で選んだ所得区分、事業区分の一覧が表示されるので、それぞれ「入力する」をクリックして、売上（収入）金額を入力する（例では、課税売上8,800,000円〈税込み〉を入力）。

入力完了
（「次へ進む」をクリック）

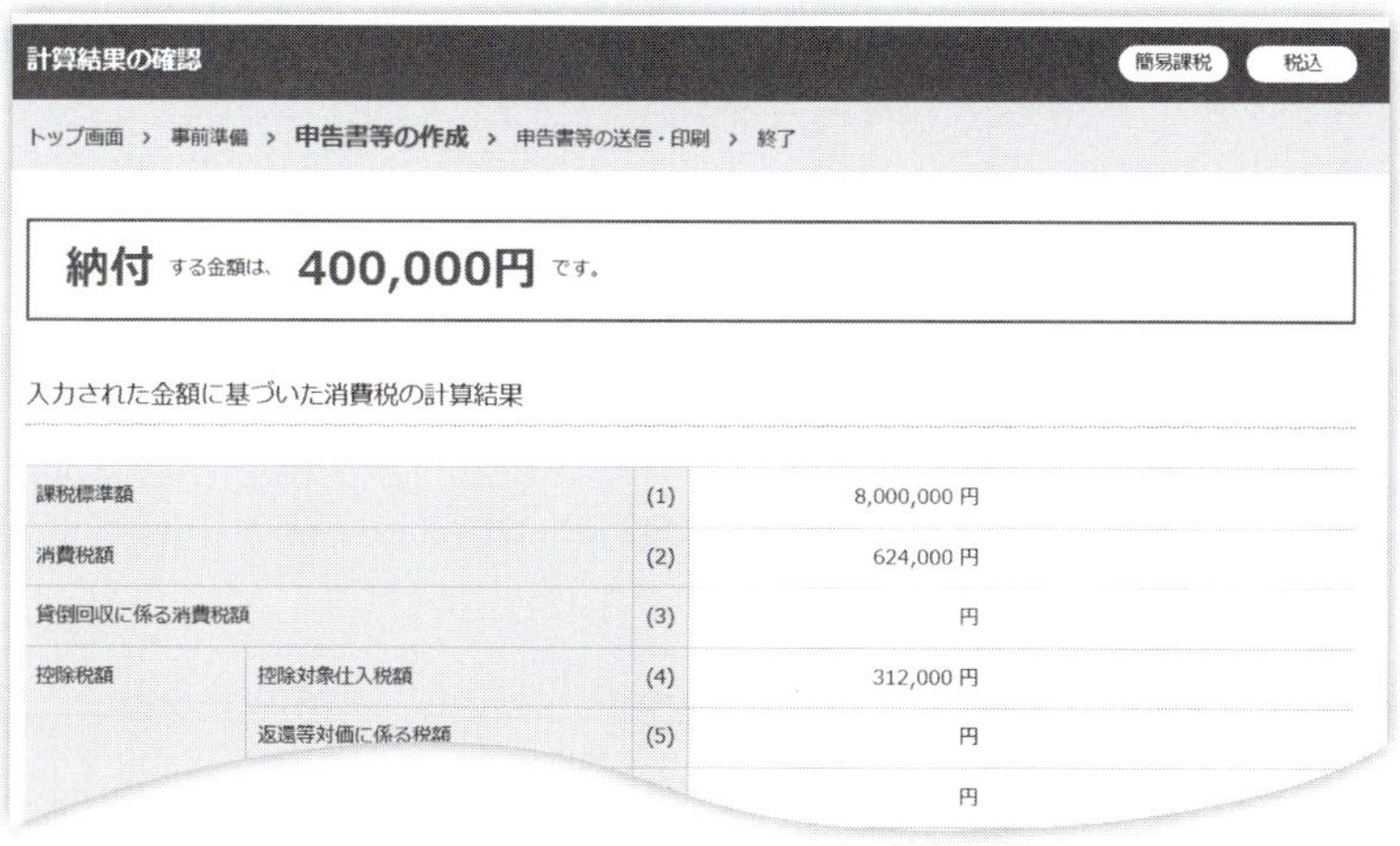

4
「計算結果の確認」

- 計算結果が表示されるので確認する。

入力完了
（「次へ進む」をクリック）

- 「納税地等入力」画面で、納付方法を確認、納税地（住所、提出する税務署）や氏名などを入力する。

3-12 売上の消費税の80%を差し引く

期間限定の2割特例の適用を受ける申告では、事前の届出などは不要です。付表も1枚作成するだけでかまいません。

使用する書式と申告書作成の流れ

2割特例の申告で使用する基本の申告書は、第一表（一般用または簡易課税用）と第二表、付表6です。第二表は一般用などと同じものを使います。付表6には、通常版のほか簡易版も用意されています。

付表6を作成してから、第二表→第一表の順に作成していきます。付表の作成で必要になる課税取引や課税売上の集計には、課税取引金額計算表や課税売上高計算表を利用してもよいでしょう（→74ページ）。

一般課税、簡易課税制度どちらを選んでいても利用できます。事前の届出などは必要ありませんが、適用条件などは58ページで確認しておきます。

仕入税額控除の計算はとても簡単

取引の集計や税額の計算は、適用税率ごとに行います。また、納める消費税額は国税分を計算してから地方税分を計算します。**簡易課税と同様、課税仕入に関する集計や計算が不要なので、申告書の計算や作成は比較的簡単です。簡易課税のように事業区分を考慮する必要もありません。**

なお、2割特例を利用する場合は、還付申告はできません。

確定申告書等作成コーナーで作成する場合は、画面の案内にしたがって入力していきます。課税仕入に関する入力がないため、シンプルです。金額などの入力ミスに注意しましょう（→110ページ）。

プラスアルファ　2割特例の「その後」

2割特例を使えるのは令和8年までです。適用期間終了後は、一般課税か簡易課税を選ぶ必要があるため、今のうちから検討しておきましょう。多くの個人事業者は、経理負担の小さい簡易課税のほうが有利かもしれません

2割特例の適用を受けていた事業者が簡易課税を選ぶ場合、特例により「簡易課税制度選択届出書」を提出した年から簡易課税制度の適用を受けられます。

2割特例の申告書作成の流れ

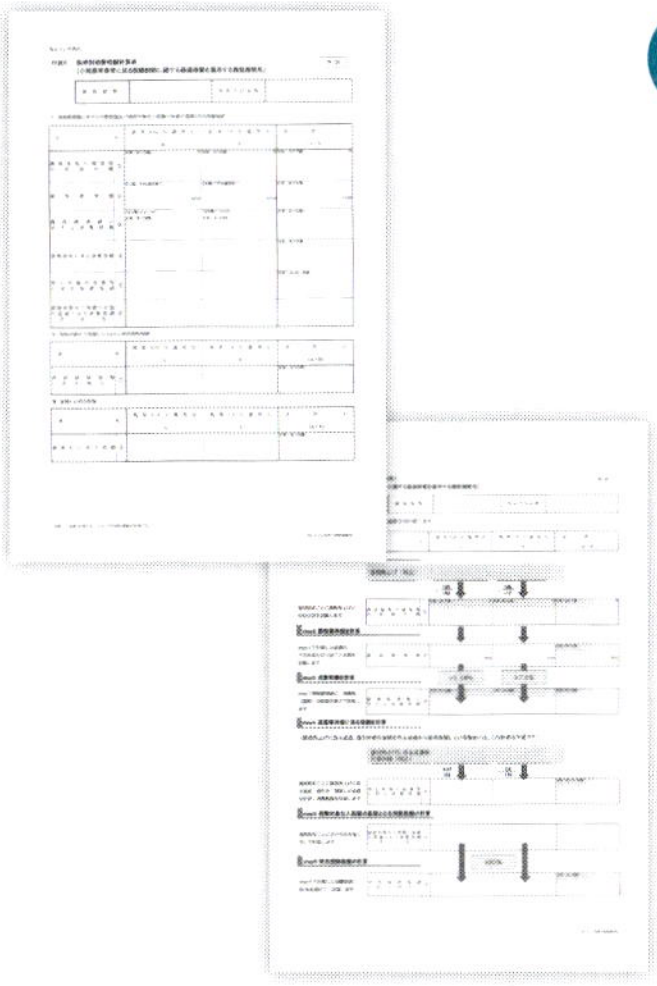

❶ 付表6を作成する

税率別消費税額計算表

- 受け取った消費税額（国税分）と、２割特例による控除額を計算する。

・適用税率ごとに計算する。
・通常版と簡易版のどちらかを使う。

付表６で、受け取った消費税額とそこから差し引く２割特例による控除額を計算するんですね。

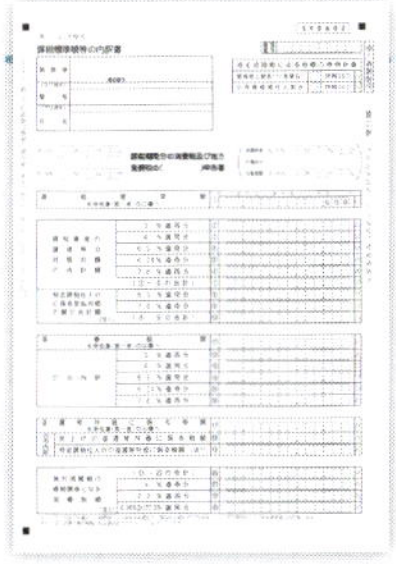

❷ 第二表を作成する

消費税及び地方消費税の申告書（課税標準額等の内訳書）

- 受け取った消費税額（国税分）の内訳などをまとめる。

・主に付表６からの転記で作成する。
・適用税率ごとに記入する。

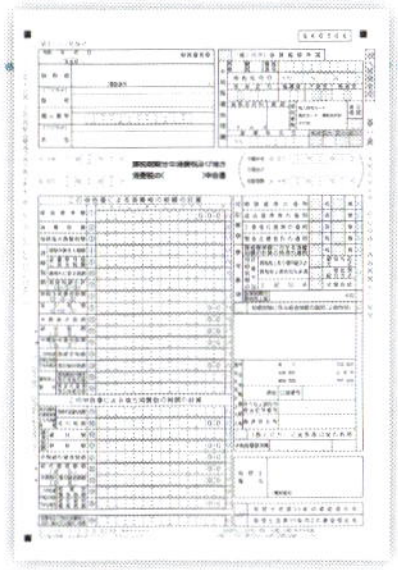

❸ 第一表を作成する

簡易課税制度を選択している場合は「簡易課税用」、それ以外は「一般用」を使用する。

消費税及び地方消費税の申告書

- 納める消費税額（国税分）と納める消費税額（地方税分）をまとめる。
- 国税分と地方税分を合計する。
- ２割特例を受ける旨に○をする。

・主に付表６と第二表からの転記で計算・作成する。

完成！

税務署に提出する

付表6（通常版）の記入例

106～109ページ記入例の条件

二見草太さん（個人事業者）　課税売上800万円（税抜き）、
取引は標準税率（10%）のみ。2割特例の適用を受ける。

第4-(13)号様式

付表6　税率別消費税額計算表
〔小規模事業者に係る税額控除に関する経過措置を適用する課税期間用〕

特別

課税期間	令〇・1・1～令〇・12・31	氏名又は名称	二見　草太

I　課税標準額に対する消費税額及び控除対象仕入税額の計算の基礎となる消費税額

区分		税率6.24%適用分 A	税率7.8%適用分 B	合計 C (A+B)
課税資産の譲渡等の対価の額	①	※第二表の⑤欄へ 円	※第二表の⑥欄へ 円 8,000,000	※第二表の⑦欄へ 円 8,000,000
課税標準額	②	①A欄（千円未満切捨て） 000	①B欄（千円未満切捨て） 8,000 000	※第二表の①欄へ 8,000 000
課税標準額に対する消費税額	③	(②A欄×6.24/100) ※第二表の⑮欄へ	(②B欄×7.8/100) ※第二表の⑯欄へ 624,000	※第二表の⑪欄へ 624,000
貸倒回収に係る消費税額	④			※第一表の③欄へ
売上対価の返還等に係る消費税額	⑤			※第二表の⑰、⑱欄へ
控除対象仕入税額の計算の基礎となる消費税額（③＋④－⑤）	⑥		624,000	624,000

II　控除対象仕入税額とみなされる特別控除税額

項目		税率6.24%適用分 A	税率7.8%適用分 B	合計 C (A+B)
特別控除税額（⑥×80%）	⑦		499,200	※第一表の④欄へ 499,200

III　貸倒れに係る税額

項目				合計 C (A+B)
貸倒れ 税額	⑧			※第一表の⑥欄へ

の端数を切り捨てる。

(R5.10.1以後終了課税期間用)

軽減税率（6.24%）の課税売上があれば、A欄で別に計算して合計する。

税率別消費税額計算表（小規模事業者に係る税額控除に関する経過措置を適用する課税期間用）

課税期間（個人事業者は1月1日～12月31日）、氏名または名称を記入する。

1 課税標準額や消費税額（国税分）などを記入する

- 課税売上額を記入する（「課税資産の譲渡等の対価の額」欄）。
  ※税込経理なら、税抜きの課税売上額を計算する（税込みの課税売上額×100/110）。
- 課税標準額を記入する（税抜きの課税売上額を1000円未満切り捨てした金額）。
- 受け取った消費税額（国税分）を計算する。

計算の手順

8,000,000円×7.8/100
＝624,000円

2 2割特例による控除額を記入する

- 1で計算した税額に80%を掛けて計算する。

計算の手順

624,000円×80%
＝499,200円

第一表、第二表へ
（108、109ページ）

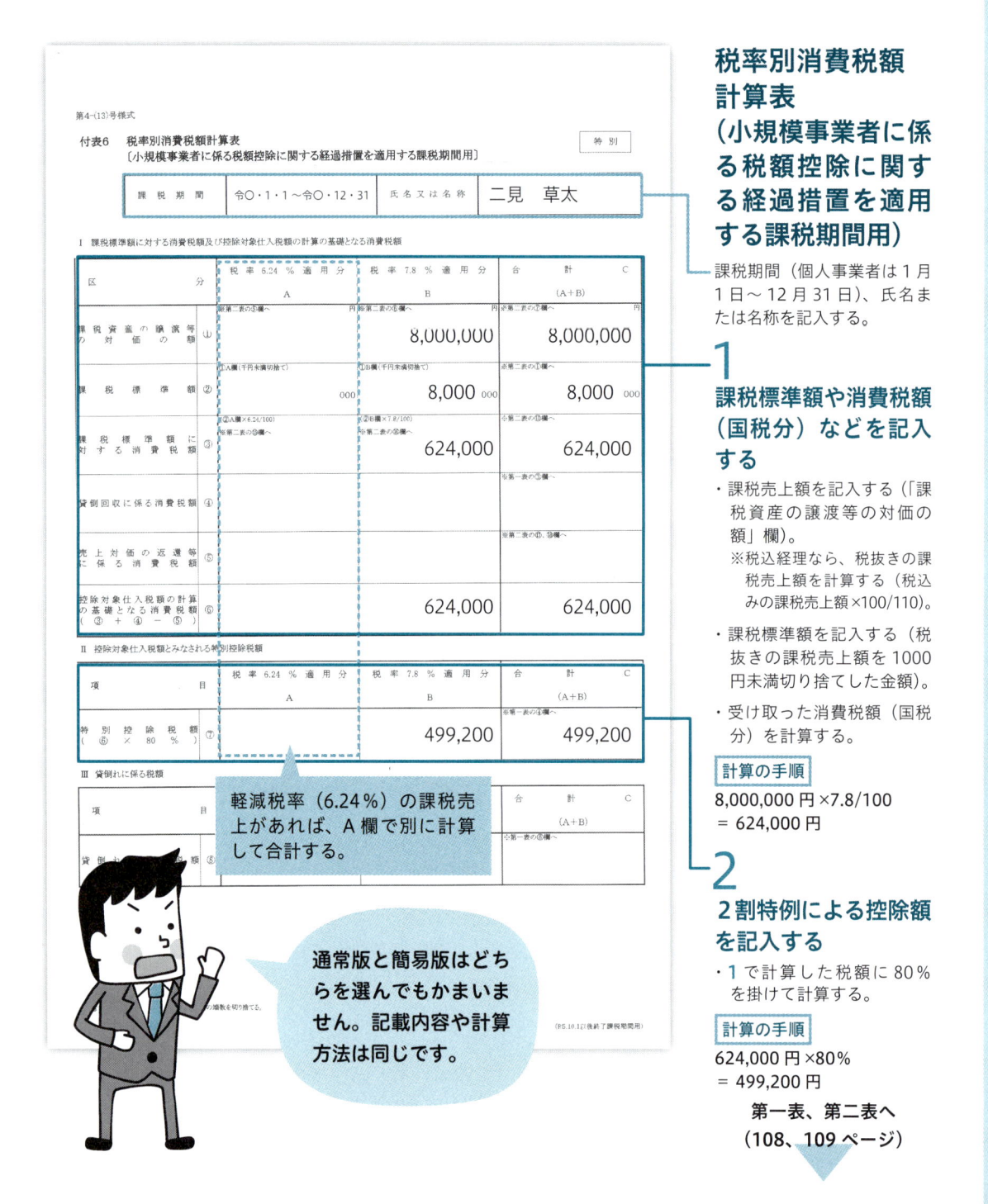

付表6（簡易版）の場合

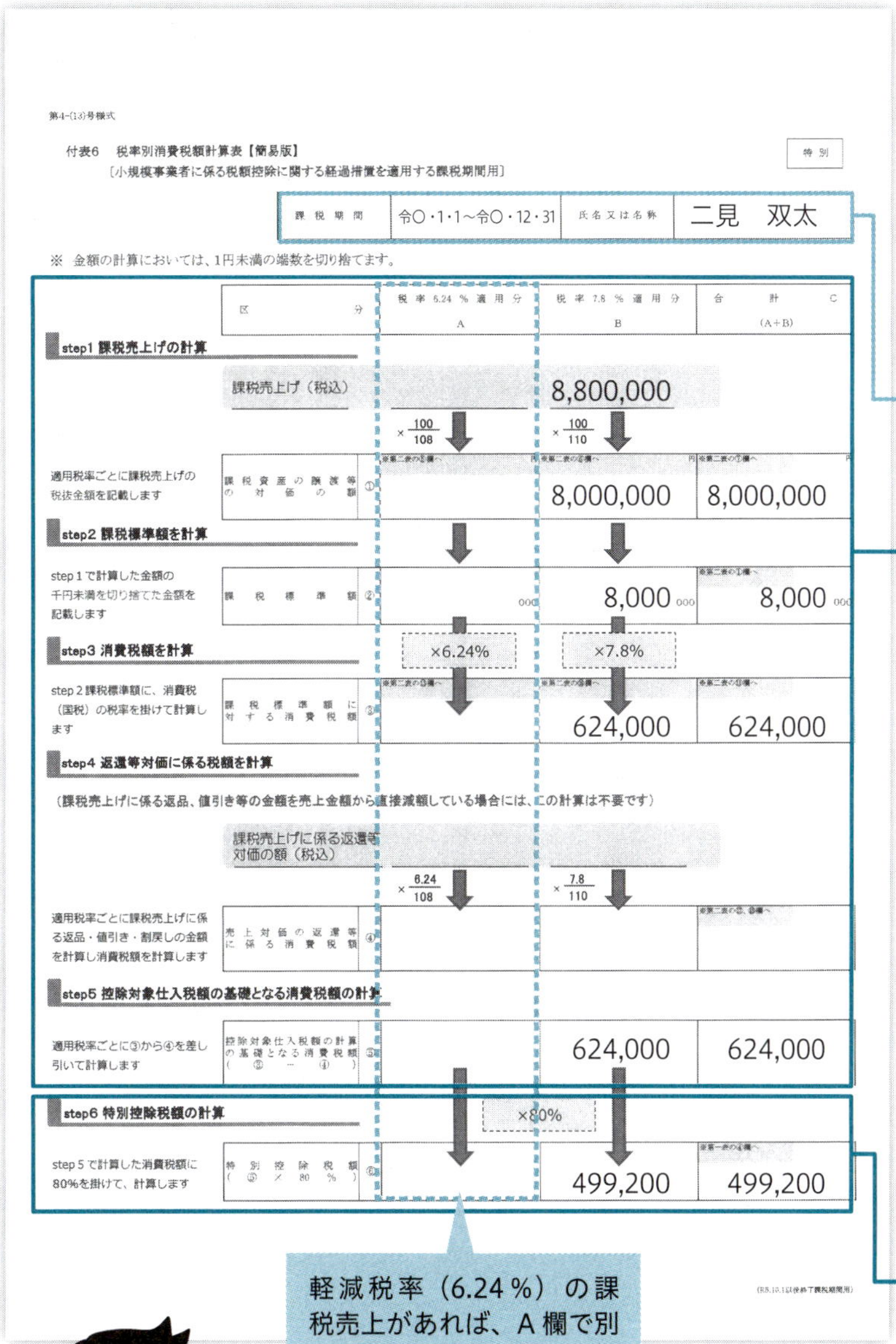

第4-(13)号様式

付表6　税率別消費税額計算表【簡易版】
〔小規模事業者に係る税額控除に関する経過措置を適用する課税期間用〕

特別

課税期間	令○・1・1～令○・12・31	氏名又は名称	二見　双太

※ 金額の計算においては、1円未満の端数を切り捨てます。

区分		税率6.24％適用分 A	税率7.8％適用分 B	合計 C (A+B)
step1 課税売上げの計算				
	課税売上げ（税込）		8,800,000	
		× 100/108	× 100/110	
適用税率ごとに課税売上げの税抜金額を記載します	課税資産の譲渡等の対価の額 ①		8,000,000	8,000,000
step2 課税標準額を計算				
step 1 で計算した金額の千円未満を切り捨てた金額を記載します	課税標準額 ②	000	8,000 000	8,000 000
step3 消費税額を計算		×6.24%	×7.8%	
step 2 課税標準額に、消費税（国税）の税率を掛けて計算します	課税標準額に対する消費税額 ③		624,000	624,000
step4 返還等対価に係る税額を計算				
（課税売上げに係る返品、値引き等の金額を売上金額から直接減額している場合には、この計算は不要です）				
	課税売上げに係る返還等対価の額（税込）			
		× 6.24/108	× 7.8/110	
適用税率ごとに課税売上げに係る返品・値引き・割戻しの金額を計算し消費税額を計算します	売上対価の返還等に係る消費税額 ④			
step5 控除対象仕入税額の基礎となる消費税額の計算				
適用税率ごとに③から④を差し引いて計算します	控除対象仕入税額の計算の基礎となる消費税額（③－④） ⑤		624,000	624,000
step6 特別控除税額の計算		×80%		
step 5 で計算した消費税額に80％を掛けて、計算します	特別控除税額（⑤×80％） ⑥		499,200	499,200

(R5.10.1以後終了課税期間用)

軽減税率（6.24％）の課税売上があれば、A欄で別に計算してから合計する。

税率別消費税額計算表（小規模事業者に係る税額控除に関する経過措置を適用する課税期間用）

課税期間（個人事業者は1月1日～12月31日）、氏名または名称を記入する。

1 課税標準額や消費税額（国税分）などを記入する

- 税込経理なら、税抜きの課税売上額を計算する（税込みの課税売上×100/110）。
- 課税標準額を記入する（税抜きの課税売上を1000円未満切り捨てした金額）。
- 受け取った消費税額（国税分）を計算する。

計算の手順

8,000,000円×7.8/100
＝624,000円

2 2割特例による控除額を記入する

- step1～5で計算した税額に80％を掛けて計算する。

計算の手順

624,000円×80％
＝499,200円

簡易版はカラーで見やすいレイアウトになっています。初心者にはわかりやすいでしょう。

第一表、第二表へ
（108、109ページ）

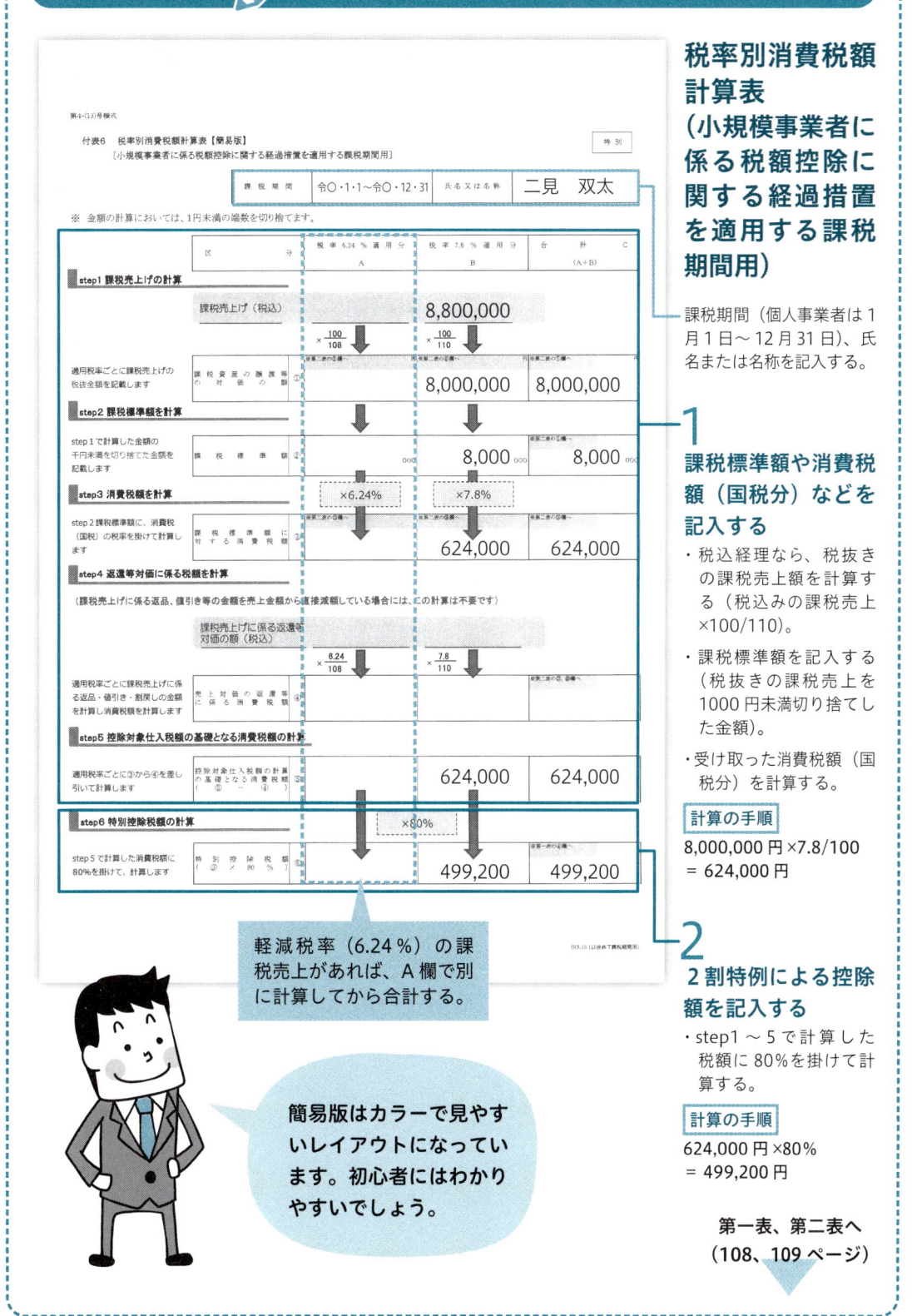

2割特例の第二表の記入例

第3－(2)号様式

GK0602

課税標準額等の内訳書

OCR入力用（この用紙は機械で読み取ります。折ったり汚したりしないでください。）

納税地	横浜市港南区〇-〇（電話番号 045 - 000 - 0000）
（フリガナ）	
屋号	
（フリガナ）	フタミ ソウタ
氏名	二見 草太

整理番号

改正法附則による税額の特例計算			
軽減売上割合（10営業日）	〇	附則38①	51
小売等軽減仕入割合	〇	附則38②	52

個人事業者用

第二表

自 令和 〇年01月01日
至 令和 〇年12月31日

課税期間分の消費税及び地方消費税の（確定）申告書

中間申告の場合の対象期間 自 令和 年 月 日 至 令和 年 月 日

令和四年四月一日以後終了課税期間分

項目		番号	金額	
課税標準額 ※申告書（第一表）の①欄へ		①	8000000	01
課税資産の譲渡等の対価の額の合計額	3%適用分	②		02
	4%適用分	③		03
	6.3%適用分	④		04
	6.24%適用分	⑤		05
	7.8%適用分	⑥	8000000	06
	（②～⑥の合計）	⑦	8000000	07
特定課税仕入れに係る支払対価の額の合計額（注1）	6.3%適用分	⑧		11
	7.8%適用分	⑨		12
	（⑧・⑨の合計）	⑩		13

項目		番号	金額	
消費税額 ※申告書（第一表）の②欄へ		⑪	624000	21
⑪の内訳	3%適用分	⑫		22
	4%適用分	⑬		23
	6.3%適用分	⑭		24
	6.24%適用分	⑮		25
	7.8%適用分	⑯	624000	26
返還等対価に係る税額 ※申告書（第一表）の⑤欄へ		⑰		31
⑰の内訳	売上げの返還等対価に係る税額	⑱		32
	特定課税仕入れの返還等対価に係る税額（注1）	⑲		33

項目		番号	金額	
地方消費税の課税標準となる消費税額（注2）	（㉑～㉓の合計）	⑳	124800	41
	4%適用分	㉑		42
	6.3%適用分	㉒		43
	6.24%及び7.8%適用分	㉓	124800	44

（注1）⑧～⑩及び⑲欄は、一般課税により申告する場合で、課税売上割合が95％未満、かつ、特定課税仕入れがある事業者のみ記載します。
（注2）⑳～㉓欄が還付税額となる場合はマイナス「－」を付してください。

消費税及び地方消費税の申告書（課税標準額等の内訳書）

住所、電話番号、氏名（屋号）を記入する。

課税期間を記入する（個人事業者は1月1日～12月31日）。

「確定」と記入する。

3 課税標準額や課税売上額を記入する

- 1 から課税標準額や課税売上額（「課税資産の譲渡等の対価の額の合計額」欄）を転記する。

軽減税率分があれば、「6.24%適用分」の欄に記入して合計する。

4 受け取った消費税額（国税分）などを記入する

- 1（「控除対象仕入税額の計算の基礎となる消費税額」の合計欄）から転記する。

軽減税率分があれば、「6.24%適用分」の欄に記入して合計する。

第一表へ

5 納める消費税額（地方税分）の課税標準額を計算する

- 4 の受け取った消費税額（国税分）から、2割特例による控除額（2 の金額）を差し引く（100円未満切り捨て）。
- 納める消費税額（地方税分）の計算のもとになる金額。この金額を使って、第一表で納める消費税額（地方税分）を計算する。

計算の手順

624,000円－499,200円＝124,800円

2割特例の第一表の記入例

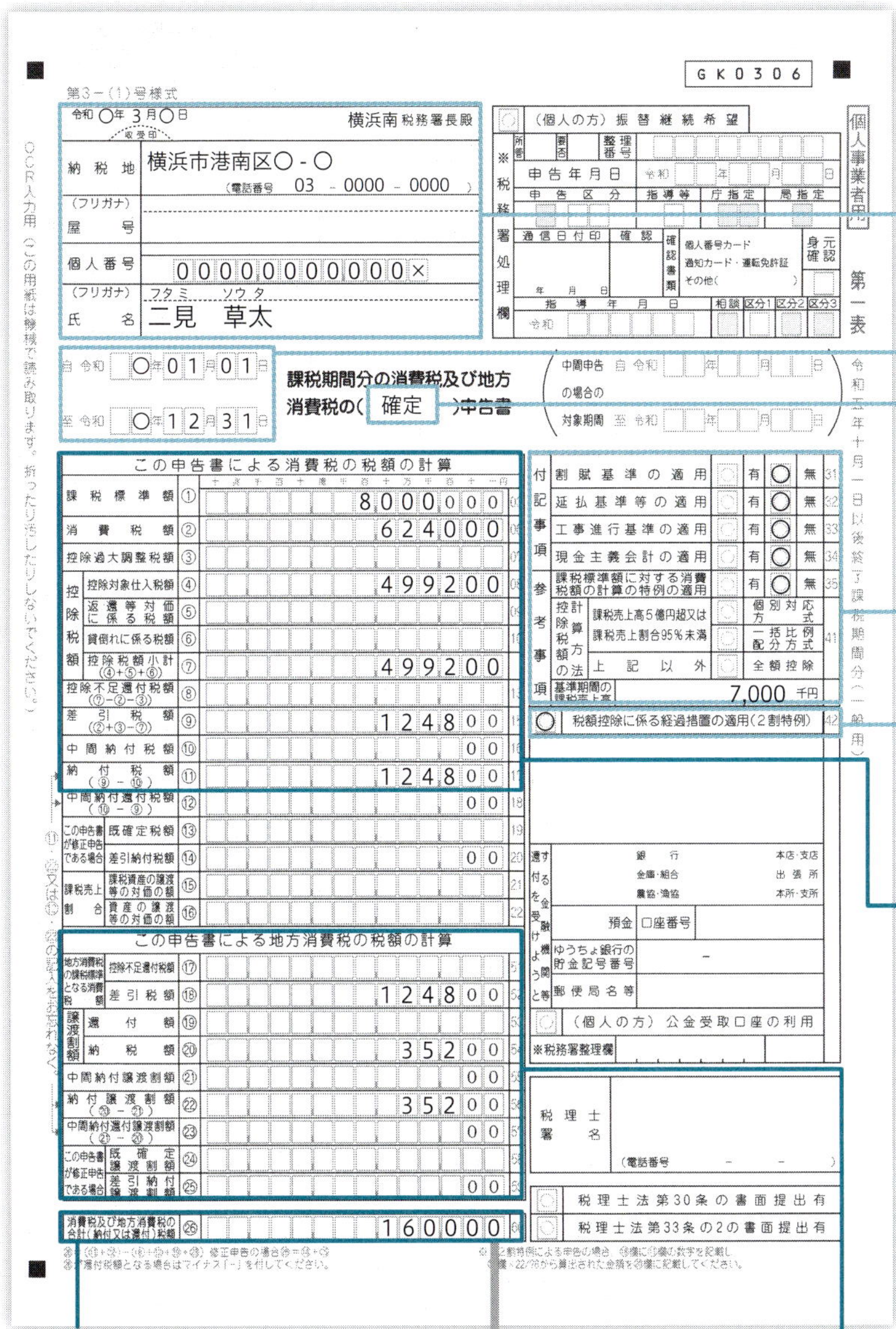

GK0306

第3-(1)号様式

令和○年3月○日 横浜南税務署長殿

納税地	横浜市港南区○-○ (電話番号 03 - 0000 - 0000)
(フリガナ) 屋号	
個人番号	000000000000×
(フリガナ)	フタミ ソウタ
氏名	二見 草太

自 令和○年01月01日 至 令和○年12月31日 課税期間分の消費税及び地方消費税の(確定)申告書

この申告書による消費税の税額の計算

項目		金額
課税標準額	①	8000000
消費税額	②	624000
控除過大調整税額	③	
控除税額 控除対象仕入税額	④	499200
控除税額 返還等対価に係る税額	⑤	
控除税額 貸倒れに係る税額	⑥	
控除税額 控除税額小計(④+⑤+⑥)	⑦	499200
控除不足還付税額(⑦−②−③)	⑧	
差引税額(②+③−⑦)	⑨	124800
中間納付税額	⑩	00
納付税額(⑨−⑩)	⑪	124800
中間納付還付税額(⑩−⑨)	⑫	00
この申告書が修正申告である場合 既確定税額	⑬	
この申告書が修正申告である場合 差引納付税額	⑭	00
課税売上割合 課税資産の譲渡等の対価の額	⑮	
課税売上割合 資産の譲渡等の対価の額	⑯	

この申告書による地方消費税の税額の計算

地方消費税の課税標準となる消費税額 控除不足還付税額	⑰	
地方消費税の課税標準となる消費税額 差引税額	⑱	124800
譲渡割額 還付額	⑲	
譲渡割額 納税額	⑳	35200
中間納付譲渡割額	㉑	00
納付譲渡割額(⑳−㉑)	㉒	35200
中間納付還付譲渡割額(㉑−⑳)	㉓	00
この申告書が修正申告である場合 既確定譲渡割額	㉔	
この申告書が修正申告である場合 差引納付譲渡割額	㉕	00
消費税及び地方消費税の合計(納付又は還付)税額	㉖	160000

付記事項・参考事項	
割賦基準の適用	有 ○ 無
延払基準等の適用	有 ○ 無
工事進行基準の適用	有 ○ 無
現金主義会計の適用	有 ○ 無
課税標準額に対する消費税額の計算の特例の適用	有 ○ 無
基準期間の課税売上高	7,000千円

○ 税額控除に係る経過措置の適用(2割特例)

消費税及び地方消費税の申告書(一般用の場合)

提出日と納税する税務署名、申告者の住所、電話番号、マイナンバー、氏名(屋号)を記入する。

課税期間(個人事業者は1月1日～12月31日)を記入する。

「確定」と記入する。

特別な売上基準の適用の有無や、課税標準額に対する計算の特例の有無、基準期間の課税売上高を記入する。

2割特例の適用を受ける旨に○をする。

6 課税標準額や納める消費税額(国税分)などを記入する

- 3から課税標準額、4から受け取った消費税額(国税分)、2から2割特例による控除額を転記する。
- 納める消費税額(国税分)を記入する。

7 納める消費税額(地方税分)を記入する

- 6から納める消費税額(国税分)を転記して、納める消費税額(地方税分)を計算する(納める消費税額(国税分)×22/78)。

計算の手順

124,800円×22/78 ＝ 35,200円
(100円未満切り捨て)

8 納める消費税額(国税分＋地方税分)を記入する

この税額を納める！

計算の手順

124,800円＋ 35,200円＝ 160,000円

第一表は、簡易課税制度を選択していれば簡易課税用を使います。簡易課税の事業区分の記入などは不要です。

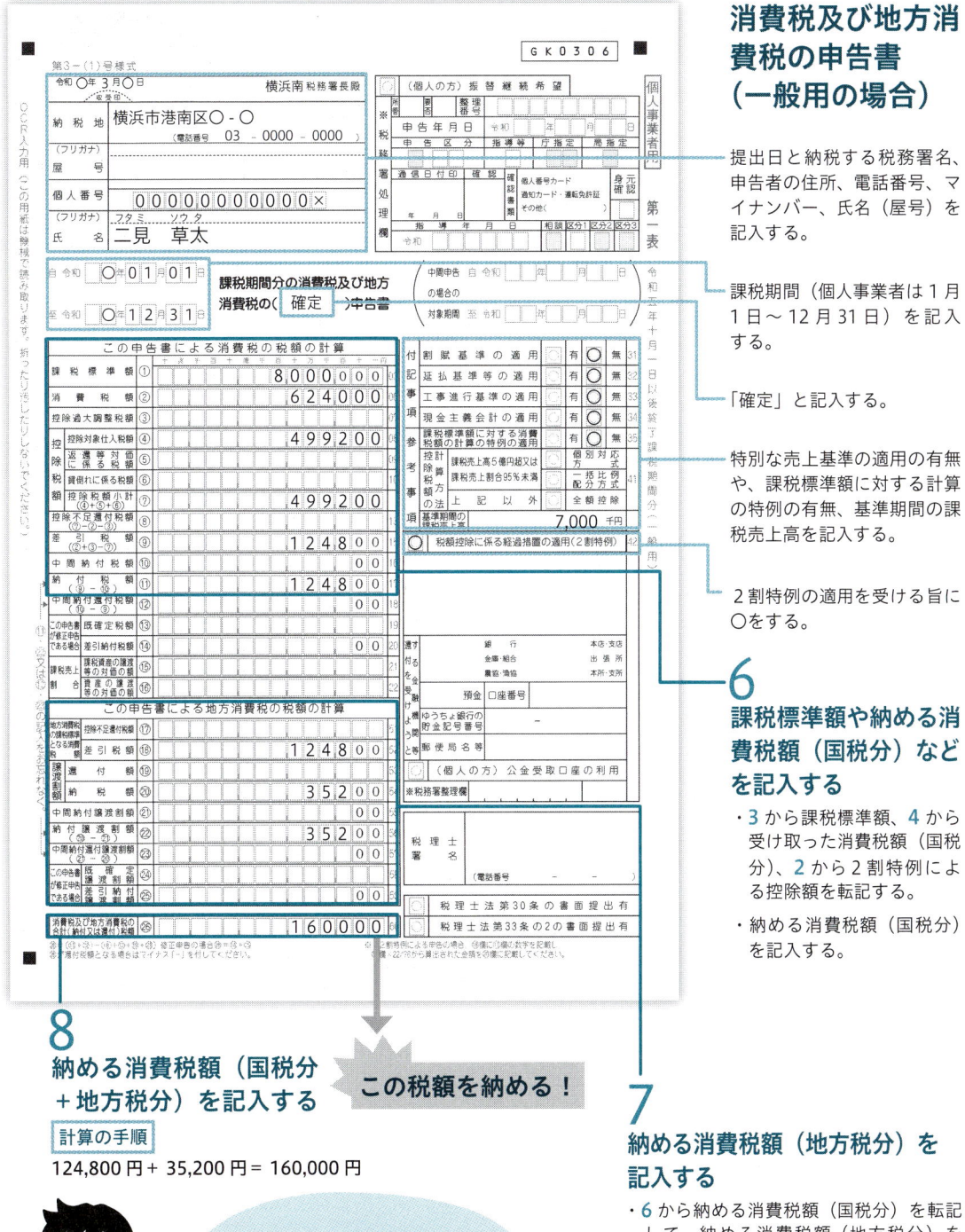

確定申告書等作成コーナーによる作成の流れ（2割特例）

110 ～ 111 ページ入力例の条件

二見草太さん（個人事業者） 課税売上 880 万円（税込み）、
取引は標準税率（10%）のみ。2 割特例の適用を受ける。

※基本となる画面のポイント。実際の入力では、作成過程で下記以外にも確認や入力を求められる（画面は令和 6 年 10 月時点のもの。変更される場合がある）。

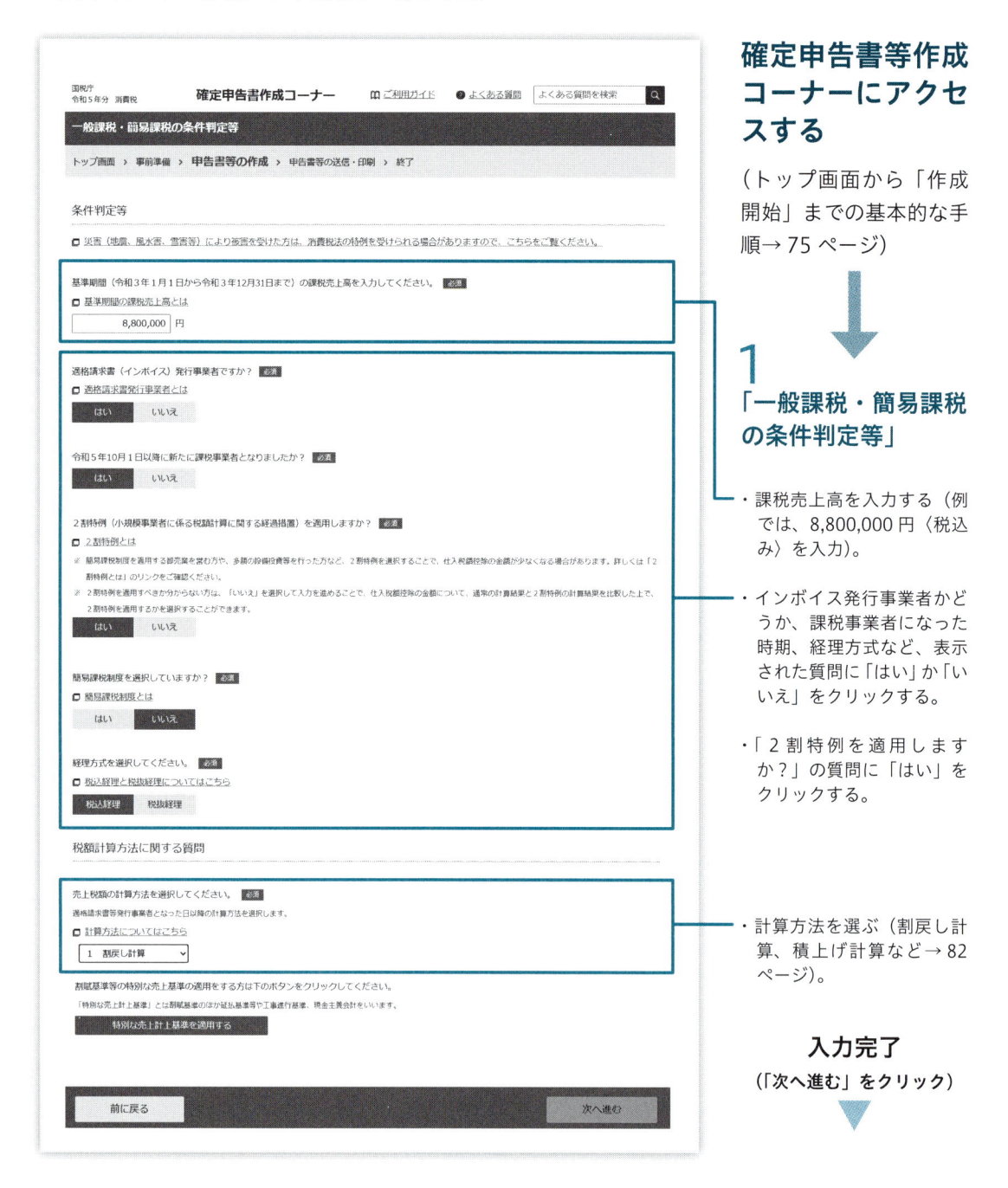

確定申告書等作成コーナーにアクセスする

（トップ画面から「作成開始」までの基本的な手順→ 75 ページ）

1

「一般課税・簡易課税の条件判定等」

- 課税売上高を入力する（例では、8,800,000 円〈税込み〉を入力）。
- インボイス発行事業者かどうか、課税事業者になった時期、経理方式など、表示された質問に「はい」か「いいえ」をクリックする。
- 「2 割特例を適用しますか？」の質問に「はい」をクリックする。
- 計算方法を選ぶ（割戻し計算、積上げ計算など→ 82 ページ）。

入力完了

（「次へ進む」をクリック）

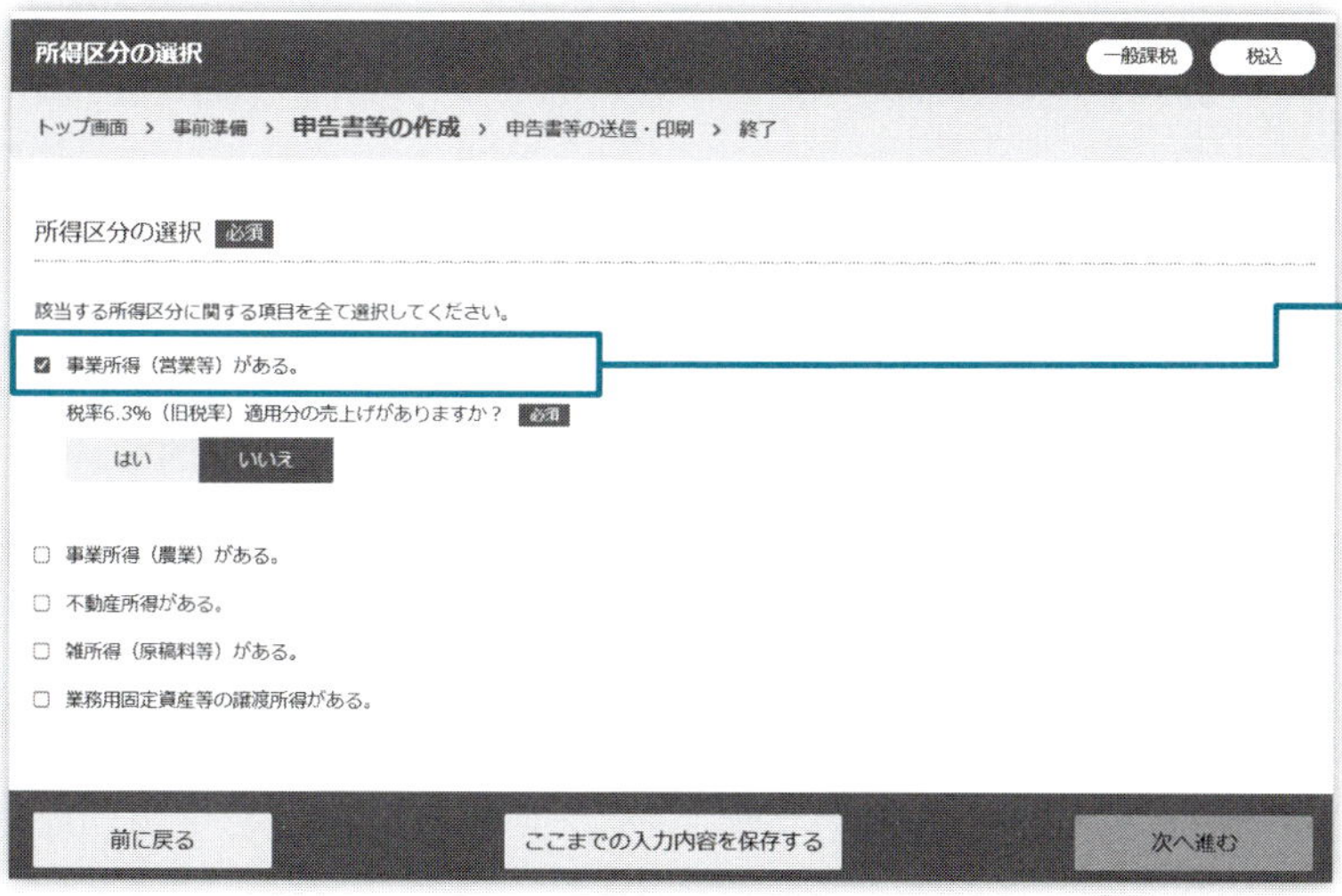

2
「所得区分の選択」

・該当する所得区分をすべてチェックする（例では、事業所得（営業等）をチェック）。

入力完了
（「次へ進む」をクリック）

3
「売上（収入）金額・仕入金額等の入力」

・「訂正・内容確認」をクリックして、1で入力した金額を確認する。非課税取引の金額などがあれば入力する。

入力完了
（「次へ進む」をクリック）

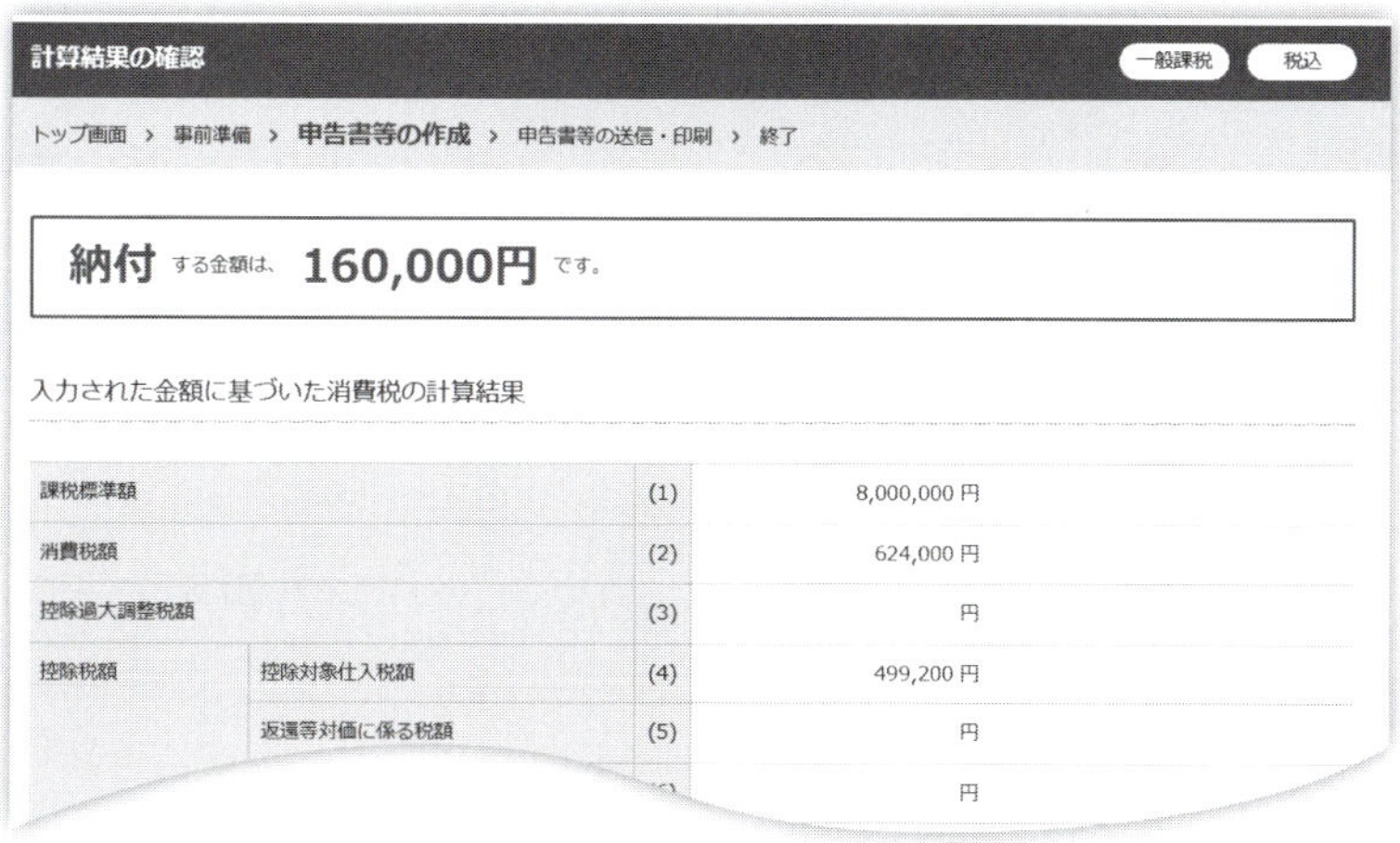

4
「計算結果の確認」

・計算結果が表示されるので確認する。

入力完了
（「次へ進む」をクリック）

・「納税地等入力」画面で、納付方法を確認、納税地（住所、提出する税務署）や氏名などを入力する。

3-13 申告

口座振替やクレジットカード納付もできる

税金の納付方法には、たくさんの選択肢があります。自分に合った方法を選んで、必ず期限通りに納めましょう。

窓口からの納付は現金のみ

消費税の納付期限は、申告と同じ翌年の3月31日です（土日の関係で1～2日ずれる場合あり）。税金を納付する方法は、左ページのような選択肢のなかから、自分で選べます。

窓口での納付はわかりやすい方法ですが、その都度税務署や金融機関に行く必要があり、現金納付に限られます。納付書が必須です。紛失などには注意しましょう。

納付に必要な情報をパソコンやスマホなどでQRコードにして、コンビニなどで納めることもできます（確定申告書等作成コーナーなどで作成できる。納付できる税額は30万円以下）。

口座振替には事前の届出が必要

口座振替（振替納税）は、最初に口座振替依頼書の提出が必要ですが、その年以降の税金は自動で引き落とされるため、手間がかかりません（引き落としは約1か月後）。

クレジットカードによる納付は、一定の決済手数料（金額は「国税クレジットカードお支払いサイト」で確認）がかかりますが、ポイントがたまるメリットがあります。e-Taxによる申告なら、インターネットバンキング、ダイレクト納付（e-Taxによる口座振替）など、パソコンやスマホから納付できます。

納付方法は、所得税などと同じにしておくと、支払い管理をしやすいでしょう。

キーワード

「予納ダイレクト」

1年間の消費税を一度に納付するのは負担が大きいという場合、解決方法の1つとして「予納ダイレクト」があります。

e-Taxのダイレクト納付を利用して、引き落としにより事前に一定額ずつを一定期間ごとに納めておき、申告時には確定した税額との差額を納める方法です。

少額ずつを計画的に納めることで、申告時の納税負担を小さくできます。

自分に合った納付方法を選ぶ

	注意ポイント
現金で納める 税務署や金融機関などの窓口で、現金と納付書により納める。	開庁や営業時間や休日などを確認しておく。
国税庁ホームページなどで作成するQRコードや、税務署発行の納付書を利用してコンビニで納める。	納付できるのは30万円以下の税額。
口座振替で納める 事前に税務署へ「口座振替依頼書」を提出して、口座からの自動引き落としにより納める（振替納税）。	振替納税の申込期限に注意する。
クレジットカードで納める 「国税クレジットカードお支払いサイト」にアクセス、登録手続きをして利用する。	決済手数料がかかる。
スマホで納める 「スマートフォン決済専用サイト」から、スマホの決済アプリ（○○ Payなど）を利用する。	納付できるのは30万円以下の税額。
e-Taxにより納める インターネットバンキングや、ダイレクト納付（e-Taxの口座振替）を利用する。	事前にe-Taxの利用登録や金融機関への届出などが必要。

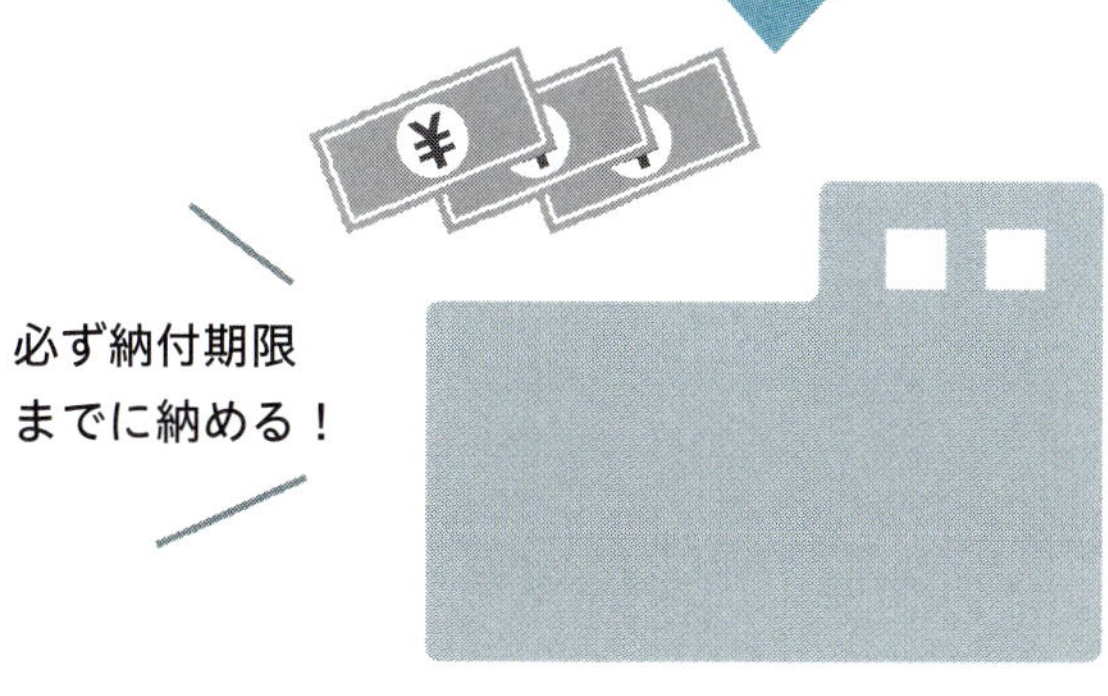
必ず納付期限
までに納める！

3-14 申告

申告や納付が遅れるとペナルティを受ける

申告内容に間違いがあった場合は修正申告などが必要です。内容によってはペナルティを受ける場合があります。

正しい申告を心がける

申告後に計算間違いなどに気づいたときは、間違いを正す手続きが必要です。**税額を少なく申告していた場合は、正しい税額を計算した申告書を再提出して、不足額を納めます（修正申告）。税額を多く申告していた場合は、「更正の請求」という手続きで還付を受けられます。**左ページの様式を使用するほか、確定申告書等作成コーナーには、「更正の請求書・修正申告書作成コーナー」が用意されています。なお、更正の請求には、原則申告書の提出期限から5年以内という期限があります。

消費税は複雑な税金です。課税事業者になったばかりの事業者は特に注意します。

遅れた日数には延滞税が上乗せされる

消費税の申告や納付が遅れた場合、**遅れた日数分の利子として、「延滞税」を税額に上乗せして納めます。**少ない税額を申告していた場合は、過少申告加算税が科せられる場合があります。

税務調査などで申告に間違いなどが見つかった場合は、自ら期限後申告をした場合よりペナルティが重くなります。申告をしていなかった場合は無申告加算税、悪質な税金逃れなどと判断されると、重加算税などが科せられることもあります。

過去に無申告加算税や重加算税を科せられていた場合、次のペナルティは通常よりも重くなることがあります。

キーワード

「税務調査」

提出した確定申告書は税務署のチェックを受けます。このとき内容などに疑問点があった場合、税務署の職員が事務所などにやってきて帳簿や関係書類などを調べることがあります。これが税務調査です。

インボイス制度により課税事業者が多くなり、消費税についても調査が増える可能性があります。インボイスや帳簿などは、わかりやすく整理して保存しておきましょう。

消費税申告の間違いを正すときに提出する書類

修正申告書

「消費税及び地方消費税の申告書」を使う

少ない金額で申告した場合に提出する。

消費税及び地方消費税の更正の請求書

税金を多く納めていた場合に提出する（還付を求める）。

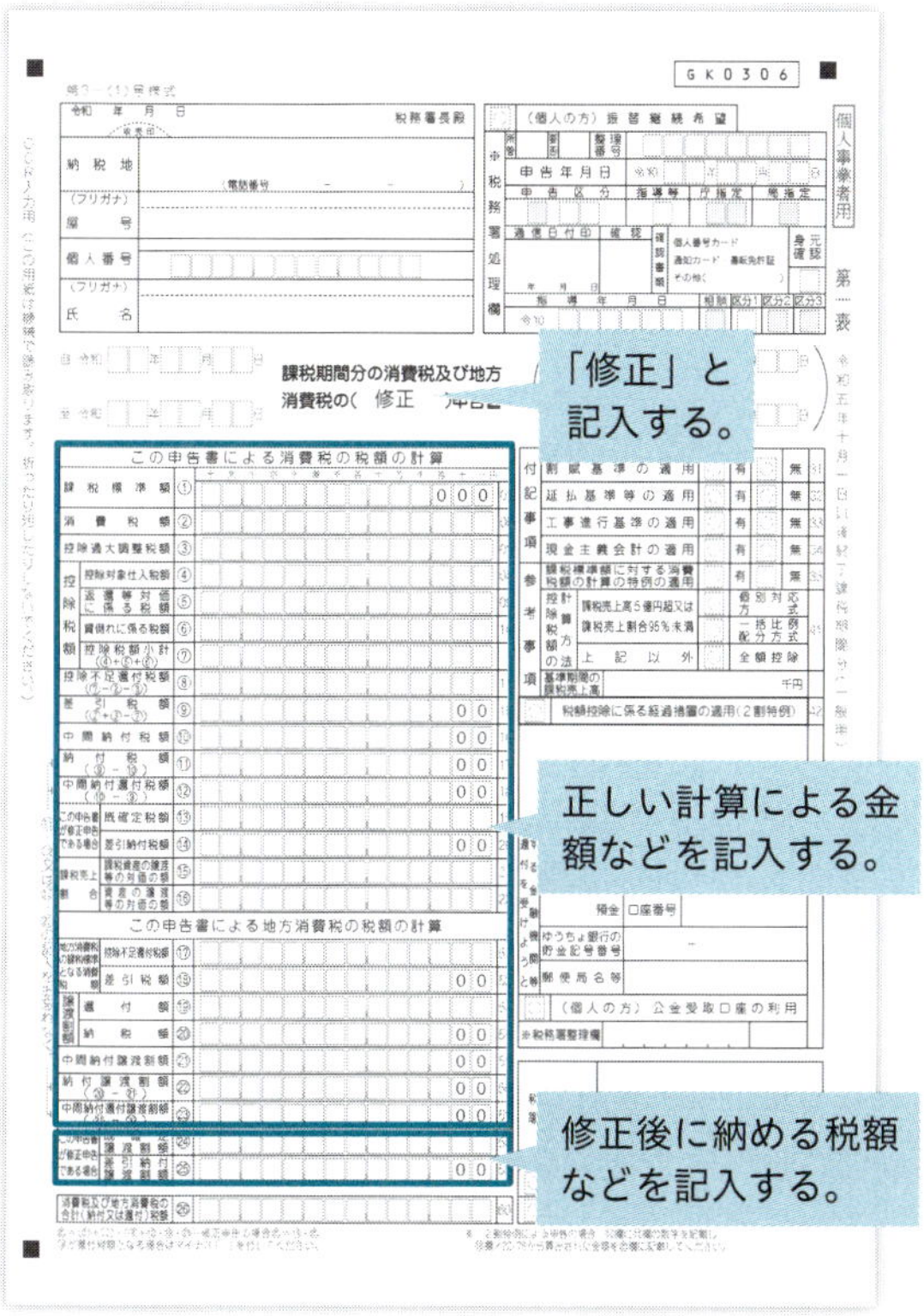
課税期間分の消費税及び地方消費税の（修正）申告書
この申告書による消費税の税額の計算
この申告書による地方消費税の税額の計算
「修正」と記入する。
正しい計算による金額などを記入する。
修正後に納める税額などを記入する。

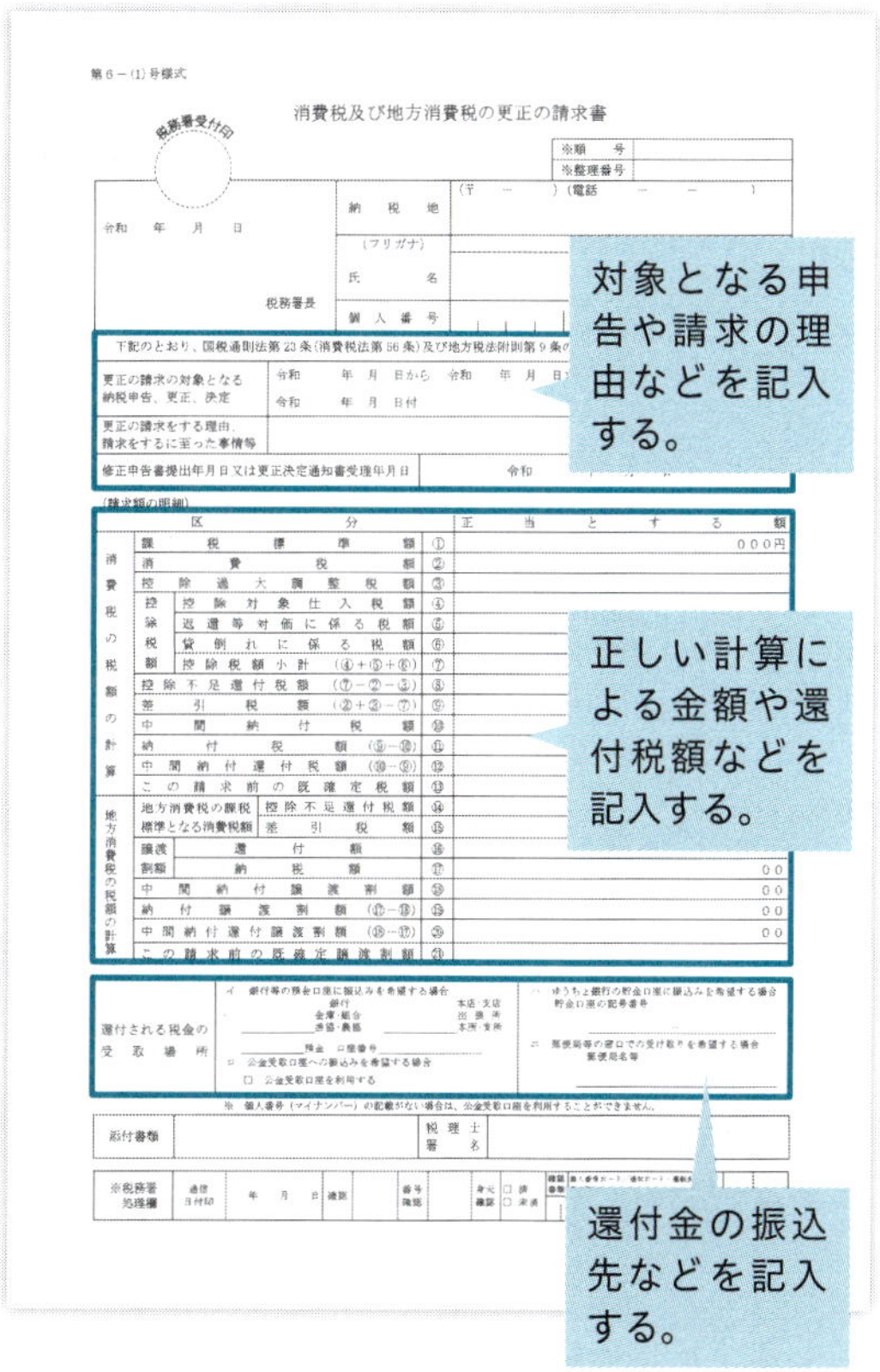
消費税及び地方消費税の更正の請求書
対象となる申告や請求の理由などを記入する。
正しい計算による金額や還付税額などを記入する。
還付金の振込先などを記入する。

申告でペナルティを受けるケース

ケース	ペナルティ
確定申告や納付が遅れた	**延滞税** 年 8.7%（最初の 2 か月は 2.4%）
期限までに申告書を提出しなかった	**無申告加算税** 税額の 10 ～ 30% ＊ ＊税務調査の通知前に、自ら申告・納付した場合は 5 %。
申告した税額が少なかった	**過少申告加算税** 追加で納める税額の 5 ～ 15% ＊ ＊税務調査の通知前に、自ら修正申告した場合はかからない。
所得隠しなど手口が悪質な場合	**重加算税** 追加で納める税額の 35%または 40%

コラム・もっと知りたい

納税資金をしっかり確保しておこう

消費税を納めるようになったら、そのための資金のことも考えます。納税時期になって「お金が足りない」では困ります。消費税は所得税と違って、事業自体が赤字でも納付が必要になることがあるので要注意です。

売上の予測から納税額を概算して、おおよその月割り額が予測できれば、運転資金の口座とは別の口座で積み立てておくとよいでしょう。金融機関で、1年満期の「定期積金」などを活用します。納税資金の積立では、国税庁の予納ダイレクト（↓112ページ）を利用することもできます。

また、年1回の納税負担が重い場合は（同じ月に所得税も納めることになる）、前年の消費税額が48万円（国税分）以下でも使える「任意の中間申告」（自主的な中間申告）を利用して、計画的に納税する方法もあります。

納税が遅れると、日数分の延滞税がかかります。期限までに必ず納めましょう。

確実に納税するために

納税資金を積み立てておく

売上などを予想して納税額を試算する。

3月末日
納税

試算した納税額の1/12を毎月貯蓄する（定期積金などを利用）。

貯めておいたお金を基本に、差額を調整して納める

無理なく
納税資金を
準備
できる

計画的に納める（任意の中間申告の例）

「任意の中間申告書を提出する旨の届出書」を税務署に提出する*。選べるのは年1回の中間申告のみ。

8月末日
納税

3月末日
納税

前年の消費税額の1/2

実際の消費税額－中間申告した税額

1回当たり
の納税額を
少なく
できる

＊提出期限は、中間申告の対象期間の末日。

巻末特集

これから消費税の申告を行っていく事業者に、
いざというとき役に立つ情報をまとめました。

消費税に関する主な届出まとめ

消費税はさまざまな場面で届出が必要になります。いつどんな届出が必要なのか整理しておきます。まぎらわしいものも多いので注意しましょう。

課税事業者になるとき／免税事業者に戻るときの届出

ケース

基準期間の課税売上高が 1000 万円超で課税事業者になる

「消費税課税事業者届出書（基準期間用）」

注・特定期間による場合は「特定期間用」を使う。

提出期限 すみやかに

▶ 29 ページ

ケース

基準期間の課税売上高が 1000 万円以下で免税事業者になる

「消費税の納税義務者でなくなった旨の届出書」

注・特定期間による場合は「特定期間用」を使う。

提出期限 すみやかに

ケース

自らの選択で課税事業者になる

「消費税課税事業者選択届出書」

注・インボイス制度に登録する場合は届出不要（令和 11 年まで）。

提出期限 選択しようとする課税期間の初日の前日まで

▶ 29 ページ

ケース

課税事業者をやめて免税事業者になる

「消費税課税事業者選択不適用届出書」

提出期限 選択をやめようとする課税期間の初日の前日まで

他にもさまざまなケースで届出が必要になる場合があります。国税庁ホームページなどで確認しておきましょう。

簡易課税制度に関する届出

ケース
簡易課税制度の適用を受ける

「消費税簡易課税制度選択届出書」

提出期限 適用を受けようとする課税期間の初日の前日まで

注・インボイス制度に登録する場合は、届出の年から適用を受けられる（令和11年まで）。

▶39ページ

ケース
簡易課税制度の適用をやめる

「消費税簡易課税制度選択不適用届出書」

提出期限 適用をやめようとする課税期間の初日の前日まで

▶39ページ

インボイス制度に関する届出

ケース
インボイス発行事業者になる

「適格請求書発行事業者の登録申請書」

提出期限 登録希望日（提出日から15日以後の登録を受ける日として希望する日）を記載して提出（令和11年までの経過措置）

▶61、62ページ

ケース
インボイス発行事業者をやめる

「適格請求書発行事業者の登録の取消しを求める旨の届出書」

提出期限 取り消したい課税期間の初日から起算して15日前の日まで

▶63ページ

ケース
インボイス発行事業者が亡くなった

「適格請求書発行事業者の死亡届出書」

提出期限 インボイス発行事業者が亡くなってからすみやかに

注・「適格請求書発行事業者の登録の取消しを求める旨の届出書」の提出は不要。

▶63ページ

簡易課税の事業区分選択フローチャート

簡易課税制度では、事業区分により「みなし仕入率」が異なります。
わかりにくいこともあるので、このフローチャートで確認してみましょう。
判定は取引ごとに行います。

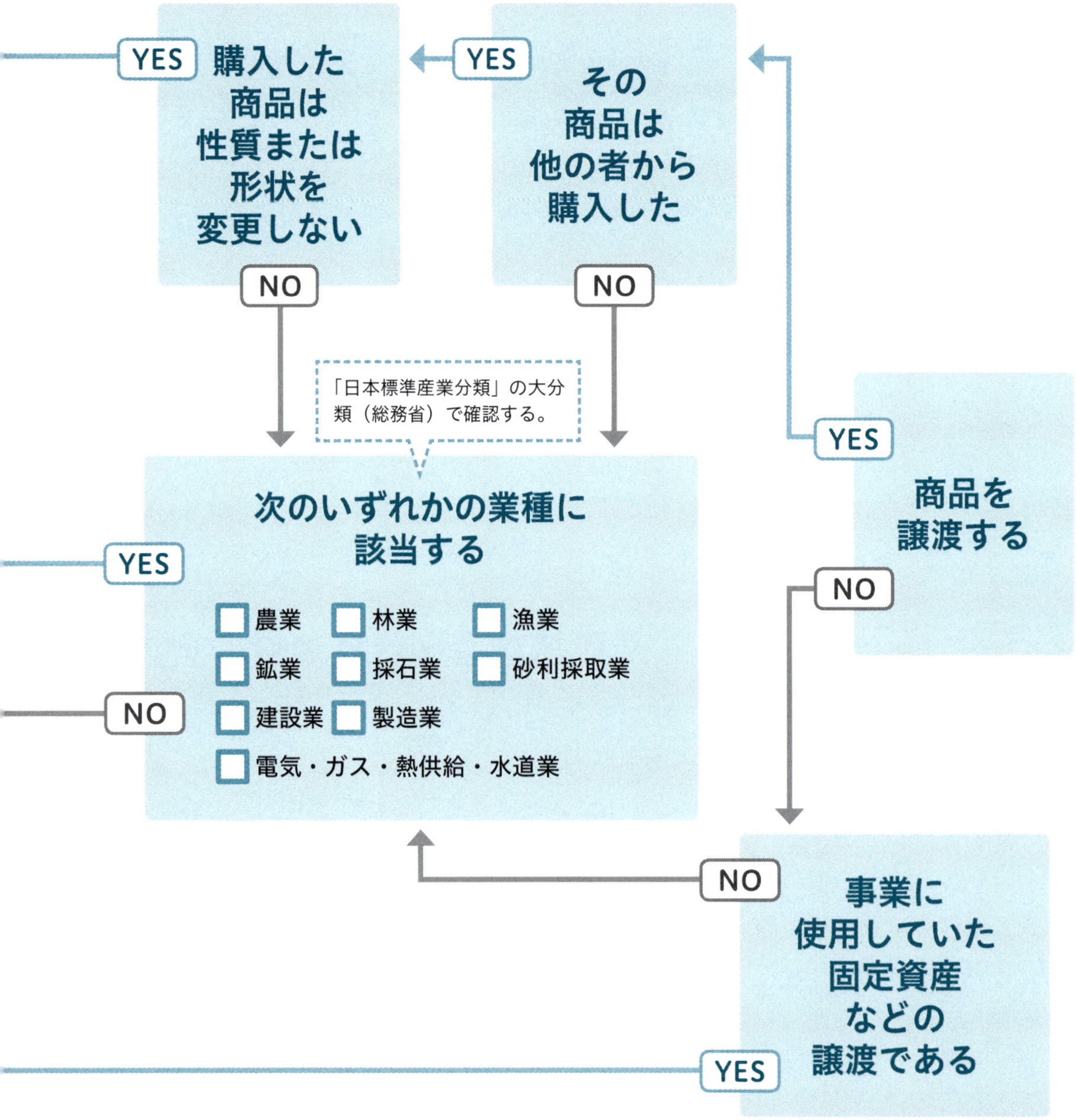

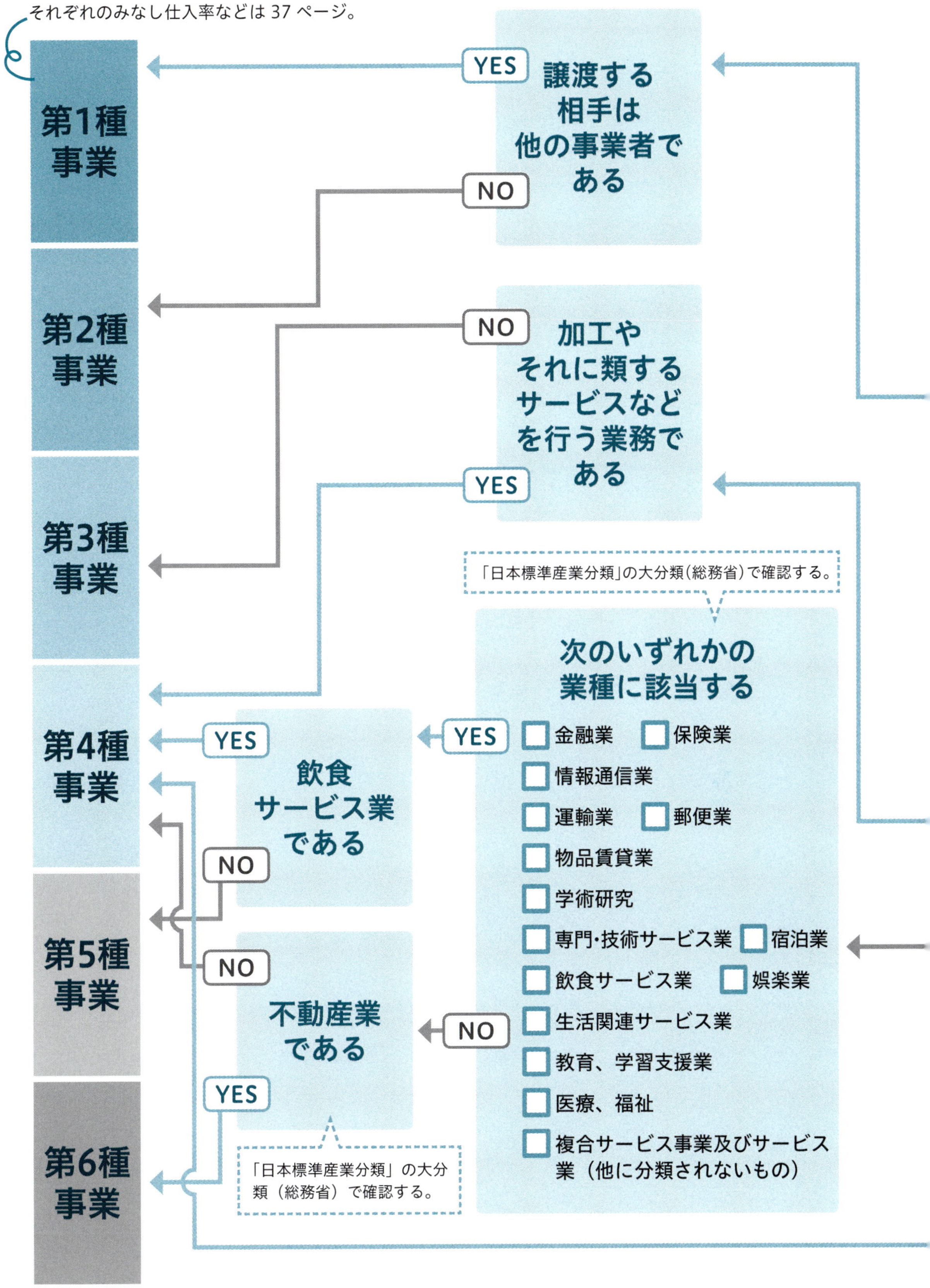
それぞれのみなし仕入率などは 37 ページ。
第1種事業
第2種事業
第3種事業
第4種事業
第5種事業
第6種事業
譲渡する相手は他の事業者である
YES
NO
加工やそれに類するサービスなどを行う業務である
NO
YES
「日本標準産業分類」の大分類（総務省）で確認する。
次のいずれかの業種に該当する
金融業
保険業
情報通信業
運輸業
郵便業
物品賃貸業
学術研究
専門・技術サービス業
宿泊業
飲食サービス業
娯楽業
生活関連サービス業
教育、学習支援業
医療、福祉
複合サービス事業及びサービス業（他に分類されないもの）
YES
NO
飲食サービス業である
YES
NO
不動産業である
NO
YES
「日本標準産業分類」の大分類（総務省）で確認する。

勘定科目別　消費税の税区分

取引を帳簿などに記録するとき、会計ソフトなら税区分の判定は勘定科目で自動的に行われますが、チェックできるようにしておきましょう。

	勘定科目	税区分	注意ポイント
売上	商品や製品	課税	
	店舗や事務所などの家賃収入	課税	
	居住用住宅の家賃収入	非課税	
	土地の売却代金	非課税	
	受取利息	非課税	
	受取配当金	不課税	
	補助金	不課税	
	輸出取引の収入	免税	
仕入	商品や製品、材料	課税	免税事業者との取引を区別する
	土地の仕入代金	非課税	
	輸入取引の支払い	課税	関税は不課税

課税取引は、それぞれ標準税率と軽減税率の区別も必要です。

勘定科目		税区分	注意ポイント
経費等	租税公課	不課税	金券ショップでの印紙などの購入は課税
	荷造運賃	課税	海外発送は免税
	水道光熱費	課税	
	旅費交通費	課税	海外渡航費や海外の宿泊費、滞在費などは免税
	通信費	課税	国際電話や国際郵便などは免税
	広告宣伝費	課税	プリペイドカードの購入費などは非課税
	接待交際費	課税	取引先への慶弔費や見舞金、餞別などは不課税
	損害保険料	非課税	
	修繕費	課税	
	消耗品費	課税	
	減価償却費	不課税	資産の購入時に課税
	福利厚生費	課税	従業員への慶弔費や見舞金、法定福利費などは非課税
	給料賃金	不課税	賞与や退職金を含む。通勤手当は課税
	外注工賃	課税	
	利子割引料	非課税	
	地代家賃	課税（事務所の家賃や共益費、駐車場代）	社宅の家賃、地代は非課税
	貸倒金	取引のときの税区分	別途、税額控除あり
	支払手数料	課税	登記、住民票など行政手数料、 クレジット手数料は非課税
	雑費	支出の内容による	
	専従者給与	不課税	通勤手当は課税

た

さ

さくいん

あ

か

● 監修者

吉田信康（よしだ・のぶやす）

税理士・吉田信康税理士事務所代表

1960年生まれ。早稲田大学商学部卒業。野村證券勤務を経て、1998年税理士登録。吉田信康税理士事務所を開業し、中小企業の税務顧問として税理士業務を行うかたわら、確定申告や証券税制などに関する各種研修講師としても活躍。また、会計ソフト「弥生会計」のセミナーを開催するなど、起業家のためのパソコン会計による帳簿入力指導も精力的に行っている。

● 本文デザイン　有限会社南雲デザイン
● イラスト　滝口和
● DTP　株式会社明昌堂
● 編集協力　株式会社オフィス201、横山渉、寺尾徳子
● 企画・編集　成美堂出版編集部

本書に関する正誤等の最新情報は、下記のアドレスで確認することができます。
https://www.seibidoshuppan.co.jp/support/

※上記アドレスに掲載されていない箇所で、正誤についてお気づきの場合は、書名・発行日・質問事項・氏名・住所・FAX 番号を明記の上、成美堂出版まで郵送または FAX でお問い合わせください。電話でのお問い合わせはお受けできません。

※本書の正誤に関するご質問以外にはお答えできません。また、税務相談などは行っておりません。

※内容によっては、ご質問をいただいてから回答を郵送または FAX で発送するまでにお時間をいただく場合があります。

個人事業者・フリーランスの消費税申告

2024年12月10日発行

監　修　吉《よし》田《だ》信《のぶ》康《やす》

発行者　深見公子

発行所　成美堂出版

〒162-8445　東京都新宿区新小川町1-7

電話(03)5206-8151　FAX(03)5206-8159

印　刷　大盛印刷株式会社

ISBN978-4-415-33491-2

落丁・乱丁などの不良本はお取り替えします

定価はカバーに表示してあります